高等学校交通运输与工程类专业规划教材
高等学校应用型本科规划教材

Gonglu Gongcheng Jixiehua Shigong Jishu
公路工程机械化施工技术

（第二版）

徐永杰 编 著
郭小宏 主 审

人民交通出版社股份有限公司
China Communications Press Co.,Ltd.

内 容 提 要

本书较全面地阐述了公路工程机械化施工中各种常用工程机械的主要性能、组成、施工技术、施工组织及运用。

全书共分六章,分别为工程机械基础知识、土石方工程机械及其施工技术、压实机械及其施工技术、路面工程机械及其施工技术、桥梁工程机械及其施工技术、养护机械及其应用等。

本书既可作为土木工程专业公路与桥梁方向应用型本科通用教材,也可用于指导路桥、铁路、市政、水电施工的技术人员进行机械化施工之用,还可作为公路工程机械化施工人员的培训教材。

图书在版编目(CIP)数据

公路工程机械化施工技术/徐永杰编著. — 2 版
. — 北京:人民交通出版社股份有限公司,2017.8
　ISBN 978-7-114-13104-2

　Ⅰ. ①公⋯　Ⅱ. ①徐⋯　Ⅲ. ①道路工程—机械化施工
Ⅳ. ①U415.6

中国版本图书馆 CIP 数据核字(2016)第 313548 号

高等学校交通运输与工程类专业规划教材
高等学校应用型本科规划教材

书　　　名:	公路工程机械化施工技术(第二版)
著　作　者:	徐永杰
责任编辑:	刘永超　卢俊丽
出版发行:	人民交通出版社股份有限公司
地　　　址:	(100011)北京市朝阳区安定门外外馆斜街 3 号
网　　　址:	http://www.ccpress.com.cn
销售电话:	(010)59757973
总 经 销:	人民交通出版社股份有限公司发行部
经　　销:	各地新华书店
印　　刷:	北京虎彩文化传播有限公司
开　　本:	787×1092　1/16
印　　张:	16
字　　数:	385 千
版　　次:	2008 年 1 月　第 1 版　2017 年 8 月　第 2 版
印　　次:	2021 年 4 月　第 2 版　第 3 次印刷
书　　号:	ISBN 978-7-114-13104-2
定　　价:	32.00 元

(有印刷、装订质量问题的图书由本公司负责调换)

高等学校应用型本科规划教材
编委会

主　任　委　员：张起森

副主任委员：(按姓氏笔画排序)

　　　　　　万德臣　马鹤龄　刘培文　伍必庆
　　　　　　汤跃群　张永清　吴宗元　杨少伟
　　　　　　杨渡军　武　鹤　赵永平　谈传生
　　　　　　倪宏革　章剑青

编　写　委　员：(按姓氏笔画排序)

　　　　　　于吉太　于少春　王丽荣　王保群
　　　　　　朱　霞　张鹏飞　陈道军　谷　趣
　　　　　　赵志蒙　查旭东　唐　军　曹晓岩
　　　　　　葛建民　韩雪峰　蔡　瑛

主要参编院校：长沙理工大学　　　　　　长安大学
　　　　　　重庆交通大学　　　　　　东南大学
　　　　　　华中科技大学　　　　　　山东交通学院
　　　　　　黑龙江工程学院　　　　　内蒙古大学
　　　　　　交通运输部管理干部学院　辽宁省交通高等专科学校
　　　　　　鲁东大学

秘　书　组：李　喆(人民交通出版社股份有限公司)

第二版前言

《公路工程机械化施工技术》是土木工程专业公路与桥梁方向的一门重要的专业限定选修课。本课程主要研究公路与桥梁工程机械化施工中常用的各种工程机械的组成、性能、施工技术、施工组织、施工作业及选用。学习本课程后,将为学生今后进行公路施工和桥梁施工打下坚实的基础。

本教材属土木工程专业公路与桥梁方向应用型本科规划教材。本教材的编写严格按照教学大纲的要求,采用规定的统一格式,结合近年来我国公路与桥梁机械化施工实践及一系列的理论研究成果,并参考国外公路施工经验。教材反映了新规范、新机械、新工艺和科技发展的要求,同时考虑了地域特点,体现了现代公路工程机械化施工的发展趋势。

据土木工程专业公路与桥梁方向学生所学知识的结构(如缺乏机械原理、材料性能与加工、机械制图与识图等知识),该教材以各类工程机械的作用、工作原理、性能、施工技术、施工组织、施工作业及选用为主,以构造组成为辅,注重学生的可接受性。教材每单元都有明确的教学目标和复习思考题,便于学习与巩固。

本教材可作为土木工程专业公路与桥梁方向应用型本科通用教材,也可用于指导路桥、铁路、市政、水电施工的技术人员进行机械化施工之用,也可作为公路工程机械化施工人员的培训教材。本教材计划课时40~60学时,由六章组成。

本教材绪论、第一章、第二章和第三章由鲁东大学土木工程学院徐永杰副教授编著;第四章由长安大学公路学院徐柴丹丹编写;第五章、第六章由内蒙古大学祁贵珍副教授编写,全书由鲁东大学土木工程学院徐永杰副教授负责统稿,并委托长安大学博士生导师郭小宏教授主审,同时得到了人民交通出版社韩敏总编,卢仲贤、刘永超和丁润铎等编辑的大力帮助与鼎力支持,在此表示衷心的感谢!

由于我国高等级公路机械化施工技术发展迅速,新技术、新方法不断涌现,由于编者所处的地域、准备的资料与学术水平的限制,书中缺点与疏漏在所难免,希望同行专家和使用该教材的单位与个人提出宝贵意见,各种信息请寄山东省烟台市芝罘区红旗中路186号、鲁东大学土木工程学院徐永杰(邮编264025、邮箱xuge18@sina.com)处,以利适时修订。同时对提出宝贵意见的同行与专家,表示衷心的感谢!

编著者
2017年3月

第一版前言

《公路工程机械化施工技术》是土木工程专业公路与桥梁方向的一门重要的专业限定选修课。本课程主要研究公路与桥梁工程机械化施工中常用的各种工程机械的组成、性能、施工技术、施工组织、施工作业及选用。学生学习了本课程后,将为今后进行公路施工和桥梁施工打下坚实的基础。

本教材属土木工程专业公路与桥梁方向应用型本科规划教材。本教材的编写是严格按照教学大纲要求,结合近年来我国公路与桥梁机械化施工实践及一系列的理论研究成果,并参考了国外公路施工经验。教材反映了新规范、新机械、新工艺和科技发展的要求,同时考虑了地域特点,体现了现代公路工程机械化施工的发展趋势。

根据土木工程专业公路与桥梁方向学生所学知识的结构(如缺乏机械原理、材料性能与加工、机械制图与识图等知识),该教材以机械的性能、施工技术、施工组织、施工作业及选用为主,构造组成为辅,注重学生的可接受性。教材每单元都有明确的教学目标和复习题,便于学习与巩固。

该教材既可作为土木工程专业公路与桥梁方向应用型本科通用教材,又可用于指导路桥、铁路、市政、水电施工的技术人员进行机械化施工之用,也可作为公路工程机械化施工人员的培训教材。

本教材计划课时42学时,由六章组成(详见目录)。为考虑知识的系统性,超出课时要求部分的内容用黑体表示。该教材全部内容由鲁东大学土木工程学院徐永杰副教授编著,并委托长安大学博士生导师冯忠绪教授主审,同时得到了人民交通出版社卢仲贤编审和刘永超编辑的帮助与支持,在此表示感谢!

  由于我国高等级公路机械化施工技术发展迅速,新技术、新方法不断涌现,编者所处的地域、准备的资料与学术水平的限制,书中缺点与疏漏在所难免,希望同行专家和使用该教材的单位与个人提出宝贵意见,各种信息请寄鲁东大学土木工程学院徐永杰(邮编264025),以利适时修订。同时对提出宝贵意见的同行与专家,表示衷心的感谢!

徐永杰

2007 年 7 月

目录 CONTENTS

- 绪论 ·· 1
  - 第一节　公路工程机械化施工的意义 ·· 2
  - 第二节　公路工程机械化施工的特点和要求 ·· 3
  - 第三节　施工机械及其装备 ·· 3
  - 第四节　施工机械管理 ··· 6
  - 复习思考题 ·· 7
- 第一章　工程机械基础知识 ··· 8
  - 第一节　内燃机 ··· 8
  - 第二节　工程机械底盘 ··· 23
  - 第三节　工程机械液压与液力传动 ··· 36
  - 第四节　工程机械的运行材料 ·· 42
  - 第五节　工程机械使用性能 ·· 47
  - 复习思考题 ··· 48
- 第二章　土石方工程机械及其施工技术 ··· 50
  - 第一节　土石方工程机械的合理选择与组合 ······································· 50
  - 第二节　推土机及其施工技术 ·· 57
  - 第三节　铲运机及其施工技术 ·· 63
  - 第四节　装载机及其施工技术 ·· 68
  - 第五节　挖掘机及其施工技术 ·· 74
  - 第六节　平地机及其施工技术 ·· 80
  - 第七节　石方工程机械及路基土石方爆破施工 ···································· 86

复习思考题 ··· 95

第三章　压实机械及其施工技术 ··· 97
第一节　概述 ··· 97
第二节　常用各种压路机 ··· 99
第三节　压实机械的选用 ··· 103
第四节　路基及边坡压实技术 ··· 111
第五节　路面压实技术 ··· 114
　　复习思考题 ·· 121

第四章　路面工程机械及其施工技术 ··································· 122
第一节　稳定土路面机械及其施工技术 ····························· 122
第二节　沥青混合料路面机械及其施工技术 ····················· 131
第三节　水泥混凝土路面机械及其施工技术 ····················· 153
第四节　路面机械的选配 ··· 167
　　复习思考题 ·· 170

第五章　桥梁工程机械及其施工技术 ··································· 172
第一节　桩工机械及其施工技术 ··· 173
第二节　水泥混凝土机械及其施工技术 ····························· 191
第三节　起重机械与架桥设备 ··· 204
　　复习思考题 ·· 218

第六章　养护机械及其应用 ··· 219
第一节　清扫车及其应用 ··· 220
第二节　洒水车及其应用 ··· 222
第三节　排障车及其应用 ··· 224
第四节　除雪机械及其应用 ··· 226
第五节　画线机械及其应用 ··· 227
第六节　路面铣削机械及其应用 ··· 230
第七节　沥青路面修补车及其应用 ····································· 232
第八节　水泥路面维修机械及其应用 ································· 234
第九节　沥青路面再生机械及其应用 ································· 236
第十节　乳化沥青稀浆封层机及其应用 ····························· 237
　　复习思考题 ·· 239

参考文献 ·· 240

绪论

[**重点内容和学习要求**]

本章重点描述公路工程机械化施工的特点与意义;论述公路工程机械的类别、发展趋势、装备要求和施工机械管理。

通过学习,知道公路工程机械化施工的特点与意义;了解公路工程机械的类别、发展趋势、装备要求和施工机械管理。

随着我国改革开放的进一步深化,我国现代化建设事业的发展非常迅猛,公路交通事业也有了长足的进步。公路交通以其快捷、方便及高效等特点,在国家"大交通"体系中,占有十分重要的地位。

近年来,我国加大了公路建设投入的力度,公路等级不断提高,对公路施工机械化程度的要求也越来越高,采用的大型和进口设备日益增多。目前,公路建设的特点是:工程量浩大,工程质量要求高,施工工艺复杂,建设周期短,并且普遍采用招标制。因此,任何一个施工企业,要在确保施工质量的同时,获得较好的经济效益,必须以现代化的生产模式进行施工和管理。而机械化施工则是必备的措施,也是公路建设事业的必然趋势。

第一节　公路工程机械化施工的意义

公路工程机械化施工是指通过合理地选用施工机械、科学地组织施工以完成工程作业的全过程。而公路工程机械化施工是以机械化程度来度量的。

$$机械化程度 = \frac{利用机械完成的实际工程量}{全部工程量} \times 100\%$$

上式表明,由机械完成的实际工程量占总工程量的比例越大,施工的机械化程度就越高。但是,机械化程度的高低,并不能完全说明机械化施工的优越性。因为,完成相同的工作量,即使机械化程度一定时,往往由于施工技术、施工组织和管理水平等原因,在节约劳动力、加快施工进度和技术经济效果等方面,也可能会出现较大的差异。当然,没有一定的机械化程度,某些施工内容是很难顺利完成的,但推行机械化施工,并不能停留在仅仅为了代替人的劳动或完成人们无法完成的施工作业水平上。机械化施工应该有着更广泛的内涵,它是涉及施工机械、施工技术、施工组织和施工管理等多科学的一门学科。因此,机械化施工必须具备以下主要因素:

1. 要有完善的机械化装备

机械化施工的主体是施工机械,没有一定数量、种类的施工机械,机械化施工就无从谈起。在机械化施工中,要尽量利用机械代替人工,以达到减轻人的体力劳动、改善劳动条件的目的;对人力无法完成或危险的工程、工序使用机械,不但可达到设计的要求,而且有利于克服和减少公害,扩大施工范围。另外,要根据施工对象和施工质量的要求,尽量选择结构合理、性能优良的大型先进的机械设备,并进行合理的组合,以确保机械化施工的质量,最终取得良好的经济效益。

2. 要有先进的施工技术

机械化施工选用的机械种类繁多,任何一种施工机械都有一定的使用范围和使用技术要求。在机械化施工过程中,要根据不同的作业项目,选择适宜的机种和机型,运用先进的施工技术,以充分发挥机械的效能,提高施工质量,缩短施工周期,降低施工成本。

3. 要有合理的施工组织

影响公路工程施工的因素有很多,既有人为因素,也有自然因素,而且公路工程施工战线长,工程量大,运用的机械数量、种类繁多。如果没有周密的计划,合理、科学的组织,必将造成各项分部工程、各道作业工序之间相互矛盾,机械和劳动力调配紊乱,从而导致各种消耗增加、工期延长、质量和安全难以保证。因此,机械化施工必须运用先进科学的施工技术,对施工组织进行优化,以最佳的方案组织施工,以便更好地发挥机械化施工的作用,充分体现出其优越性。

4. 要有科学的施工管理

施工机械管理的目的,在于按照机械本身固有的规律和客观的经济规律,使机械经常保持完好的状态,充分发挥机械的性能,提高其生产率和利用率,延长机械的使用寿命,降低施工成本,从而高速、高效地为公路建设服务。

第二节 公路工程机械化施工的特点和要求

公路工程机械化施工是减轻人工的劳动强度、提高工效、加快施工进度、确保施工质量、节约资金和降低成本的重要手段,与人力施工相比,具有特殊性。因而,在施工技术、施工组织和管理上,要有更高的要求。

一、机械化施工的特点

1. 能完成独特的施工任务

在公路施工中,有些作业项目是人力无法完成的,即便能完成,但具有一定的危险性,必须借助于机械才能按一定的设计要求完成。

2. 能改善劳动条件

施工机械使用操作灵活、生产率高。利用机械代替人工,不但可减轻人工的劳动强度,并且能在一定的工期和有限的工作面上,完成大量的工作。

3. 大幅度地提高劳动生产率

试验表明,一台斗容量为 $0.5m^3$ 的挖掘机可代替 80~90 个人的体力劳动;一台中型推土机相当于 100~200 人的工作量。由此可见,机械化施工与人力施工相比,其生产率可提高几十倍,甚至几百倍。

4. 机动灵活

公路施工战线很长,随着工程的进展,施工队伍是经常转移的。相对而言,机械的调转比大批人员的转移方便得多,更适宜于流动性较大的工程。

二、机械化施工的要求

(1)要有足够数量、种类和规格的机械设备。
(2)要有充足的燃料能源、附属设施,良好的零配件供应及适应的运输条件。
(3)要具有一定业务专长的技术人员、管理人员和技术工人。
(4)要有科学的施工组织与管理。

第三节 施工机械及其装备

一、施工机械的类别和发展趋势

公路工程施工范围广泛(包括路基、路面、桥梁、涵洞、隧道、排水系统、安全防护、绿化和交通监控等项目),作业条件复杂,使用的机械种类、型号繁多。按照我国机械制造业通常的分类,工程机械主要包括挖掘机械、铲土运输机械、压实机械、起重机械、桩工机械、钢筋混凝土机械、路面机械和风动工具八大类。一个施工队伍所拥有的机械设备的数量、适应性、先进性和配套性等因素,决定着综合机械化施工的水平。

随着科学技术的发展,为适应各种公路工程建设的需要,公路工程机械正向着高速、大功率、高效的方向发展,出现了专用大型化、多能小型化、组装化、机电液一体化的发展趋势。

1. 专用大型化

专用大型化是指发展大功率、大容量、高性能、专门用途的新机种,以适应大型工程的需要。其中,有的采用新型大功率发动机,有的采用多台发动机或多机联合使用,如图 0-1 所示。

图 0-1 专用大型化施工机械

2. 多能小型化

多能小型化是指为适应不同作业对象而发展起来的功能多、利用率高、机动轻便的小型施工机械。如挖掘机通过更换工作装置,可实现正铲、反铲、拉铲、抓斗、装载、起重、打桩、钻孔等多种作业,如图 0-2 所示。

图 0-2 多能小型化施工机械

3. 液压化

在各种施工机械上,广泛采用液压与液力传动技术,从而简化了传动机构、减轻了机械重量,如图 0-3 所示。同时,使机械工作更为可靠、操作更为轻便、工作效率更高。

图 0-3 液压化施工机械

4. 组装化

将某些具有一定性能的独立组件,在施工现场按作业要求进行组合安装,成为具有所需工作性能的机械。各组件相互联合,拆装方便,有利于组织专业化、系列化,并扩大了施工范围,如图 0-4 所示。

图 0-4 组装化施工机械

5. 机电液一体化

机电液一体化是将微电子技术、计算机技术、信息技术、机械技术和液压与液力技术相互融合而构成的一门独立交叉的学科。可实现无线电遥控、自动控制、自动安全检测等,是今后发展的主要趋势。

二、施工机械的装备

对于一个施工队伍而言,具有与每一项工程任务完全相适应的机械装备是比较困难的,也是没必要的。机械的拥有量和机种机型的配置,既要有利于生产的需要,又要使机械设备都能得到充分利用,发挥出最大效能。同时,还要充分考虑到长远发展的规划,以取得最好的经济效益。因此,在确定装备标准和进行装备规划时,应考虑以下几个因素:

(1)要按专业化和生产协作制订装备标准,应从全局出发,不要片面求全,并不断提高专业化程度。

(2)要形成一定的机械联合作业能力,以保证完成一般的施工任务。机械的种类、规格和数量要适当,比例要协调,以达到经济合理的目的。

(3)要有与施工机械装备情况相适应的维修能力,保证机械经常处于良好的技术状况,使机械能安全、高效地工作。

(4)装备规划要从实际出发,逐步改变机种短缺、数量不足、设备陈旧等状况,从而逐步提高机械装备水平。

第四节　施工机械管理

随着科学技术的进步和生产规模的不断扩大,机械设备在工程施工中的地位和作用越来越重要。从某种意义上讲,施工机械对公路工程施工起着决定性的作用。因此,加强施工机械的管理工作,已成为施工企业机械管理各级职能部门的一项重要任务。要把企业的机械用好,使之在使用过程中达到高产、耐用、优质、低成本的效果,必须依靠科学的管理。

施工机械管理的目的,就在于按照机械固有的规律,同时也按照客观的经济规律,使其经常处于完好状态,提高其生产率和利用率,延长机械使用寿命,不断降低成本,力求最大限度地发挥每一台机械设备的效能,从而高速度、高质量地为公路建设服务。这就是机械设备管理工作的重大意义所在。

施工机械管理,从工作内容来说,应该包括设备运动全过程的管理。即从选购、投入生产领域以及在生产领域内使用、维修养护及其补偿直至报废退出施工生产领域的全过程。按物质的运动形态要进行技术管理,按价值运动形态要进行经济管理。过去那种技术管理由机械部门承担、经济管理由财务部门承担的办法,已经不能适应现在施工机械管理工作。必须按自然和经济两大规律办事,既要尊重科学,又要讲究经济效益,各部门的分工只是在职能上各有侧重。

选用设备是管理工作中重要的一环,其可靠性、经济性、可维修性等对设备的运行、维修以及使用费用的影响很大。若设备本身在设计与制造中存在先天不足,那么即使后天通过维护、修理,甚至改造也难以解决问题。因此,应从选型开始管起,才能保证设备的管理费用最低。

施工机械是企业固定资产的重要组成部分,一般占施工企业固定资产投资总额的70%～80%;同时,随着机械化施工的发展,施工机械费用在工程成本中所占的比例也越来越大。可见,施工机械在施工企业管理中占有很重要的地位。施工机械管理的好坏,不仅会影响施工企业的技术经济指标,而且会直接影响到施工进度和工期,严重时会影响到建设投资能否尽早发挥经济效益。

施工机械管理的具体内容有:

1. 合理选用机械,发挥机械效能

以往由于设备部门无权过问机械的选用问题,故常有选入的机械性能不好,或不符合使用单位现场的要求。造成设备的大量积压,或者大量增加使用费用的支出。

2. 正确使用,提高生产率

设备就其价值而论,使用阶段是设备寿命周期中最长的一段时间,也是决定寿命周期长短的主要环节。任何施工机械都有一定的使用范围和特定的使用条件,如土方机械的经济运距、限制坡度、超载等。只有按照一定的标准和规定正确使用,才能保证安全生产,取得较好的经济效益。

3. 做好维修养护,提高机械完好率

施工机械在使用过程中,由于设备的物质运动,必然会导致技术状况的不断变化,以及某些不可避免的不正常现象(如松动、干摩擦、声响异常等),这些设备的隐患如不及时处理,会造成设备过早磨损,甚至导致严重事故。做好设备的维修养护工作,及时处理发生的问题,随时改善设备的技术状况,防患于未然,把事故消灭在发生之前,就能掌握主动权。实践证明,机械的寿命在很大程度上取决于维修养护的好坏。

4. 加强配件管理,做到合理储备

设立专门的配件仓库,由专人负责管理,对配件进行合理储备。配件管理人员要深入调查,用概率法统计所属机型易磨损、易损坏的配件,并要求技术人员提供这方面的资料,以便做到合理储备。

5. 更新改造,满足生产发展需要

更新改造,就是把机型老化、生产效率低、能源消耗高的机械淘汰,代之以结构先进、技术完善、效率高、性能好、能源消耗低的机械设备。机械设备陈旧,不但生产效率低,而且也会使企业背上沉重的固定资产包袱,影响企业的经济效益。

【复习思考题】

1. 确定装备标准和进行装备规划时,应考虑的因素有哪些?
2. 公路工程机械化施工的特点是什么?
3. 公路工程机械化施工的意义和内涵是什么?

第一章 工程机械基础知识

[重点内容和学习要求]

本章重点讲述内燃机的工作原理,内燃机的主要技术性能指标和外特性,工程机械使用性能;论述内燃机的主要组成,工程机械底盘传动系、行驶系、转向系和制动系的作用,主要组成和原理,液力传动系统和液压系统的组成及主要部件的工作原理,工程机械运行材料。

通过学习,懂得内燃机的工作原理及其主要技术性能与指标,懂得工程机械的使用性能;了解内燃机、底盘及液压系统的基本知识,知道如何选择工程机械运行材料。

工程机械由基础车和工作装置两部分组成。工程机械的基础车包括动力装置和底盘两部分。

第一节 内 燃 机

工程机械的动力装置,除一些固定设备或移动距离短、移动速度慢的机械设备采用电动机以外,多数采用内燃机(或称发动机)。

内燃机是把燃料的化学能,经过燃烧,将释放出的热能在汽缸内部转变为机械能的装置。目前,工程机械用内燃机绝大多数采用往复运动活塞式内燃机。本节主要介绍这种类型的内燃机。

往复活塞式内燃机有各种不同的分类法。按使用燃料不同分为汽油内燃机(简称汽油机)和柴油内燃机(简称柴油机);按内燃机完成一个工作循环冲程数不同分有四冲程内燃机和二冲程内燃机;按燃料点燃方法不同分为点燃式内燃机和压燃式内燃机;按内燃机缸数不同分为单缸内燃机和多缸内燃机;按汽缸排列形式不同分为单排直列型、双排V型和单排对置型等。

一、内燃机的基本术语

图1-1为单缸四冲程柴油机工作原理示意图。在圆筒形的汽缸4内有一可上下移动的活塞5,连杆7的小头通过活塞销6与活塞5相连,其大头与曲轴8连接。活塞的上下往复运动通过连杆转变为曲轴的旋转运动。活塞往复一次,曲轴旋转一圈。

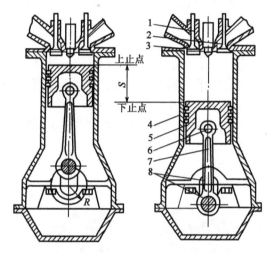

图1-1 单缸四冲程柴油机工作原理示意图
1-排气门;2-进气门;3-喷油器;4-汽缸;5-活塞;6-活塞销;7-连杆;8-曲轴

(1)上止点:活塞离曲轴中心最远处,即活塞顶在汽缸中的最高位置。

(2)下止点:活塞离曲轴中心最近处,即活塞顶在汽缸中的最低位置。

(3)活塞行程:活塞在上下止点之间运动,其上下两止点间的距离称为活塞行程,用S表示。若用符号R表示曲轴的回转半径,则$S=2R$。

(4)汽缸的工作容积:活塞从上止点运动到下止点所扫过的汽缸容积,称为汽缸工作容积,用V_h表示,单位为升(L)。

$$V_h = \frac{\pi D^2 \times S}{4 \times 10^6} \quad (L) \tag{1-1}$$

式中:D——汽缸直径,mm;
   S——活塞行程,mm。

多缸内燃机各缸的工作容积之和,称为内燃机排量,用V_l表示。

$$V_l = V_h \cdot i \quad (L) \tag{1-2}$$

式中:i——汽缸数。

(5)燃烧室容积:当活塞位于上止点时,活塞顶上方的汽缸容积,称为燃烧室容积,用V_c表示。

(6)汽缸总容积:当活塞位于下止点时,活塞顶上方的容积,称为汽缸总容积,用 V_a 表示。

$$V_a = V_c + V_h \tag{1-3}$$

(7)压缩比:汽缸总容积与燃烧室容积之比,称为压缩比,用 ε 表示。

$$\varepsilon = \frac{V_a}{V_c} = \frac{V_h + V_c}{V_c} = 1 + \frac{V_h}{V_c} \tag{1-4}$$

压缩比表示汽缸内的气体(空气或可燃混合气)在汽缸内被压缩的程度,它是内燃机的主要性能参数之一。一般压缩比越大,压缩终了时汽缸内气体的压力和温度越高,燃料的燃烧情况越好,但压缩比也不宜太大。目前,柴油机的压缩比为 12~22;汽油机压缩比为 9~12,其中,9~10.5 主要用于涡轮增压发动机,10.0~12 则主要用于自然吸气发动机。

二、内燃机的工作原理

为了使燃料燃烧的热能转变为机械能,内燃机必须经过进气、压缩、做功和排气四个连续工作过程。每完成上述四个连续工作过程称为一个工作循环。活塞往返四个行程完成一个工作循环,称为四冲程内燃机;活塞往返两个行程完成一个工作循环,称为二冲程内燃机。因目前工程机械二冲程内燃机应用较少,这里只介绍四冲程内燃机的工作原理。单缸四冲程柴油机的工作过程,如图 1-2 所示。

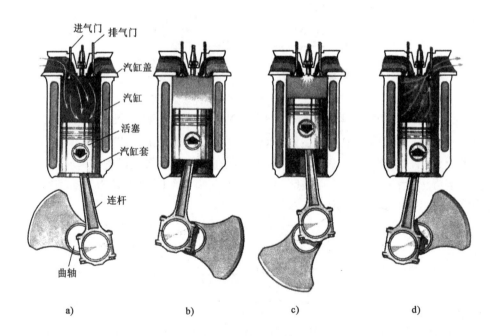

图 1-2 单缸四冲程柴油机的工作过程
a)进气行程;b)压缩行程;c)做功行程;d)排气行程

1. 单缸四冲程柴油机的工作原理

1)进气行程(图 1-2a)

在进气行程开始时,活塞位于上止点,此时进气门打开,排气门关闭。活塞由曲轴带动,由上止点向下止点移动时,活塞顶上方的汽缸容积增大,汽缸内压力下降,小于大气压力,产生一定的真空度。这时,新鲜空气在内外压力差的作用下,被吸入汽缸内,至活塞到达下止点,进气门关闭,进气行程终了(曲轴旋转180°)。

2) 压缩行程(图1-2b)

曲轴继续旋转,活塞又由下止点向上止点移动,此时进、排气门均关闭,活塞顶上方的汽缸容积逐渐减小,汽缸内气体的压力和温度不断升高,这为柴油喷入汽缸自行着火燃烧创造了有利条件,当活塞运行到上止点时,压缩行程终了(曲轴旋转360°)。

3) 做功行程(图1-2c)

当压缩行程接近终了时,喷油器将高压雾化柴油喷入汽缸,细小的油雾在高温下迅速蒸发,与空气混合形成可燃混合气。由于压缩行程终了时,汽缸内温度高于柴油自燃条件,柴油便自行着火燃烧。由于进、排气门都关闭,高温高压的气体膨胀而推动活塞从上止点向下止点移动,通过连杆推动曲轴旋转。这样,燃料燃烧所产生的热能便转化为曲轴运动的机械能,而对外做功(曲轴旋转540°)。

4) 排气行程(图1-2d)

曲轴因惯性继续旋转,推动活塞由下止点向上止点移动,此时排气门打开,进气门关闭,燃烧后的废气经排气门排入大气。活塞到达上止点时,排气门关闭,排气行程终了(曲轴旋转720°)。

四冲程柴油机从进气、压缩、做功到排气,活塞运行四个行程,完成了一个工作循环。当活塞再次从上止点向下止点移动时,又开始了新的工作循环。如此周而复始地连续进行,柴油机实现持续运转。

2. 增压柴油机的工作原理

从柴油机的工作原理可以看出,在柴油机的进气行程中,是利用汽缸内的气压差将空气吸入汽缸里的,气体的密度较低,使内燃机的空气量不足,使柴油燃烧不完全。为了克服这一缺点,大部分柴油机增设了增压器。

根据驱动增压器的动力源不同分为机械增压和废气涡轮增压,由于废气涡轮增压结构紧凑、体积小、效率高、不消耗内燃机功率,所以它在内燃机上获得了广泛的应用。

废气涡轮增压器工作原理,如图1-3所示。柴油机工作时,排出的高温废气以一定的压力和速度进入增压器的涡轮壳4内,冲击涡轮3,使涡轮高速运转,然后排入大气。涡轮与压力机叶轮8同装一根转子轴5上,故叶轮同速旋转。一方面将经空气滤清器滤清的空气吸入压力机壳9内,另一方面又把空气甩向叶轮边缘,使其降速增压。增压后的空气经进气管进入汽缸,提高了内燃机的空气量,从而使内燃机发出了更大的功率。同时,由于柴油燃烧较完全,也降低了耗油率,减少了排气污染,还可以改善内燃机对各种工作条件的适应,扩大了内燃机的使用范围。

柴油机与汽油机相比较,各有特点,柴油机具有压缩比高、耗油率低、燃料经济性较好等特点,故柴油机广泛应用于大中型工程机械和载货汽车上。汽油机具有转速高、重量轻、工作噪声小、起动容易、制造维修费用低等特点,故常用在一些小型工程机械上。

3. 单缸四冲程汽油机的工作原理

四冲程汽油机与柴油机一样,每个工作循环也经历进气、压缩、做功、排气四个行程。但因汽油机所用燃料是汽油,易挥发,其自燃温度比柴油高得多,所以可燃混合气形成及点火方式与柴油机不同。汽油机进气行程进入汽缸的不是纯空气,而是可燃混合气,是由电子控制系统控制喷油器,将汽油喷入进气门的外侧,储存并汽化后进入汽缸的。在压缩行程接近终了时,可燃混合气用火花塞强制点火燃烧。

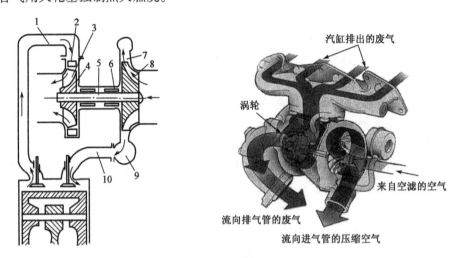

图1-3　废气涡轮增压器工作原理

1-排气管;2-喷嘴环;3-涡轮;4-涡轮壳;5-转子轴;6-轴承;7-扩压器;8-压气机叶轮;9-压气机壳;10-进气管

4. 柴油机、汽油机的特点与应用

柴油机具有压缩比高、耗油率低、燃料经济性较好等特点,故柴油机广泛应用于大中型工程机械和载重汽车上。汽油机具有转速高、重量轻、工作噪音小、起动容易、制造维修费用低等特点,故一般用在一些小型工程机械上。柴油机与汽油机的区别,见表1-1。

柴油机与汽油机的区别　　　　　表1-1

序号	区别	汽油机	柴油机
1	构造	汽缸顶部有火花塞,喷油嘴在进气管道处	汽缸顶部有喷油嘴
2	燃料	汽油	柴油
3	吸气冲程	吸入汽油与空气的混合气	吸入空气
4	压缩比 ε	9～12	12～22
5	点火方式	压缩冲程末,火花塞产生电火花点燃燃料(点燃式)	压缩冲程末,喷油嘴向汽缸内喷进柴油、遇温度超过柴油点的空气而自动点燃(压燃式)
6	热效率	20%～30%	30%～45%
7	应用	转速高、重量轻、工作噪声小、起动容易、制造维修费用低,一般用在汽车和一些小型工程机械上	柴油机压缩比高、耗油率低、燃料经济性较好,广泛应用于大中型工程机械和载重汽车上

三、内燃机的构造

现代工程机械用内燃机形式很多,同一类型也各有差异,但就四冲程内燃机而言,其主要组成是基本一致的。图1-4为柴油机总体构造示意图。图1-5为汽油机总体构造示意图。

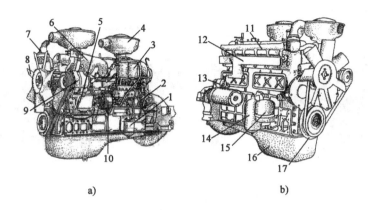

图1-4 柴油机总体构造示意图

1-油水分离器;2-喷油泵;3-柴油滤清器;4-空气滤清器;5-空气压缩机;6-进气管;7-节温器;8-风扇;9-发电机;10-供油自动提前器;11-出水管总成;12-排气管;13-起动机;14-机油滤清器;15-分流离心式机油滤清器;16-油底壳;17-皮带轮减振器

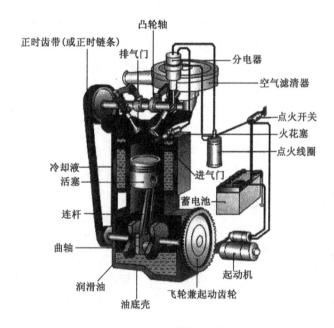

图1-5 汽油机总体构造示意图

为保证能量的转换和内燃机的正常运转,柴油机通常由曲柄连杆机构、配气机构、燃料供给系、润滑系、冷却系和起动系组成;汽油机除了上述组成外增加点火系。

1. 曲柄连杆机构

曲柄连杆机构是将活塞的往复运动转变成曲轴的旋转运动,并向外传递动力的机构。它主要由机体组、活塞连杆组、曲轴飞轮组三部分组成。

(1)机体组主要由汽缸体、汽缸盖、曲轴箱、汽缸套和汽缸垫和油底壳等组成,如图1-6所示。

汽缸体是以汽缸组成的机体,是内燃机的安装机体。汽缸体的上平面安装汽缸盖,下平面安装下曲轴箱(也称油底壳),汽缸体内加工有镗孔,用以安装活塞,水冷式内燃机汽缸盖与汽

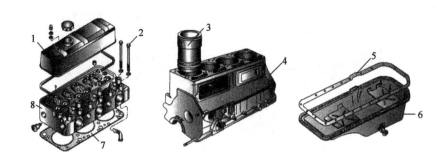

图1-6 机体组
1-汽缸罩;2-连接螺栓;3-汽缸套;4-汽缸体;5-垫片;6-油底壳;7-汽缸垫;8-汽缸盖

缸体内壁铸有装冷却液的水套。

汽缸套是汽缸的最易磨损部位,为延长汽缸体使用寿命和避免采用过多优质材料,大多柴油机采用在汽缸内镶入用耐磨材料制成的汽缸套。

汽缸盖用来封闭汽缸的上部,并与汽缸、活塞顶部共同构成燃烧室。为了保证汽缸体与汽缸盖接合平面的密封,在汽缸体与汽缸盖间垫上汽缸垫。曲轴箱分为上、下两部分,上曲轴箱一般与汽缸体铸成一体,是安装曲轴和凸轮轴的基础;下曲轴箱(也称油底壳)是用钢板件冲压而成的盆状壳体,用来储存润滑油和封闭汽缸体下部。

(2)活塞连杆组主要由活塞、活塞环、活塞销和连杆组成,如图1-7所示。

活塞的主要作用是承受气体压力,并通过连杆传给曲轴。活塞一般是由铝合金制成的。

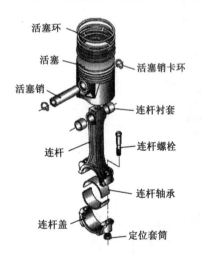

图1-7 活塞连杆组

活塞上部有若干环槽,用以安装活塞环,活塞中部有活塞销座,用来安装活塞销使活塞与连杆相连。

活塞环分为气环和油环两类。气环的作用是保证活塞与汽缸壁间的密封;油环是刮去汽缸壁上多余的润滑油。

连杆的主要作用是连接活塞与曲轴,并将活塞的往复运动转变为曲轴的旋转运动,连杆的上端孔内压有青铜衬套,活塞销穿过衬套孔与连杆铰接,连杆的下端通过连杆轴承与曲轴的曲柄销铰接。连杆大头一般剖分为两部分,安装时连杆螺栓将连杆盖和曲轴及连杆铰接在一起。

(3)曲轴飞轮组主要由曲轴和飞轮等组成,如图1-8所示。

曲轴的功用是把活塞连杆组传来的气体压力转换为转矩对外输出和驱动配气机构及其他附属机构。曲轴主要由主轴颈,曲柄销与平衡重等组成。主轴颈是曲轴的支承部分,安装在汽缸体的主轴承座中。曲柄销与连杆大头相配合。平衡重的作用是平衡曲轴运转时产生的惯性力和惯性力矩,使内燃机运转平稳。曲轴的前端通过键槽和螺纹安装正时齿轮、皮带轮和起动爪等。后端通过凸缘盘安装飞轮。

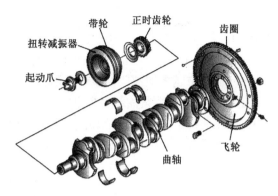

图 1-8　曲轴飞轮组

飞轮是一个铸铁圆盘,其作用是将做功行程的部分能量储存起来,以便带动曲轴完成其他几个辅助行程,保证内燃机连续运转。飞轮外圆上装有起动齿圈,内燃机起动时与起动机齿轮啮合,使内燃机起动。飞轮上通常有第一缸上止点记号,有的还刻有供油提前角(或点火提前角)刻线,以便检验和调整气门间隙、喷油正时或点火正时等。

2. 配气机构

配气机构(图1-9)的作用是按照内燃机各缸工作行程要求,定时地开启和关闭进、排气门。进气门开启使新鲜空气或可燃混合气进入汽缸,排气门开启使燃烧后的废气排出汽缸,气门关闭使汽缸密封。

图 1-9　配气机构
a)凸轮轴上置式；b)凸轮轴中置式；c)凸轮轴下置式

配气机构按凸轮轴的布置形式分为凸轮轴上置式、凸轮轴中置式和凸轮轴下置式三种(图1-9);按配气机构的驱动分为齿轮驱动、链条驱动和皮带驱动。

柴油机由于驱动力大,采用齿轮驱动的较多,且布置为凸轮轴下置式配气机构,凸轮轴下置式配气机构凸轮轴装在下曲轴箱内。上置和中置凸轮轴的配气机构没有摇臂和摇臂轴,推杆变短。由于其结构更简单,因此广泛用在小轿车上。

3. 柴油机燃料供给系

1)柴油机燃料供给系的功用、分类和组成

柴油机燃料供给系的功用是按柴油机各种不同工况的要求,定时、定量、定压地将柴油喷入燃烧室,使其与汽缸内的高压空气进行混合和燃烧,并排出废气。

柴油机燃料供给系由空气供给、燃油供给、混合气形成和废气排出四部分组成。空气供给部分由空气滤清器、进气管等组成;废气排出部分由排气管和排气消声器等组成;混合气形成部分是燃烧室。

燃油供给部分目前常用的有柱塞式喷油泵、分配式喷油泵和、PT泵和喷嘴泵等。由于柱塞喷油泵式供油装置工作可靠、使用寿命长,因此被广泛用在柴油机上。但随着分配式喷油泵、PT泵和喷嘴泵性能的改进,也越来越多地被柴油机所采用。

柴油机燃燃料供给系(图1-10),一般由柴油箱1、输油泵2、柴油滤清器4、喷油泵6、喷油器7等组成。柴油从柴油箱被输油泵吸出,经柴油滤清器滤清后被送入喷油泵,喷油泵将低压油提高压力后,经高压油管送入喷油器,由喷油器喷入燃烧室。

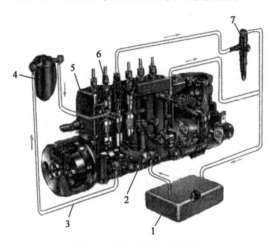

图1-10 柴油机燃料系组成
1-柴油箱;2-输油泵;3-油管;4-柴油滤清器;5-调速器;6-喷油泵;7-喷油器

(1)喷油泵。

喷油泵又叫高压油泵。它的作用是根据内燃机不同工况,将一定量的柴油提高油压,并定时、定量地送入喷油器。多缸柴油机的喷油泵还应保证按内燃机做功顺序供油、对各缸的供油量应均匀、各缸供油提前角应相等。

柱塞式喷油泵是利用容积的变化来提高柴油的压力。

(2)调速器。

调速器的作用是在柴油机工作时,能随外界负荷的变化自动调节供油量,使其转速保持稳定。

目前,柴油机都采用离心式调速器。离心式调速器是利用随发动机一起旋转的离心件的离心力来调节供油量,从而使发动机自动地适应外界负荷的变化。

(3)输油泵。

输油泵作用是将柴油自油箱以一定压力送入喷油泵。活塞式喷油泵由于工作可靠而被广泛使用。它是利用泵体内活塞的往复运动,在压差的作用下,将柴油吸入和压出的。输油泵上的手油泵是在柴油机起动前向喷油泵泵油或排除油路中空气。

(4)喷油器。

喷油器作用是将柴油雾化并喷入燃烧室。目前,柴油机常用的喷油器有孔式和轴针式喷油器。

孔式喷油器一般有1~8个直径很小的喷孔,轴针式喷油器只有一个直径较大的喷孔,具有自洁作用,一般不容易堵塞。

2)汽油机燃料供给系

汽油机燃料供给系的功用是根据内燃机各种不同工况的要求,将汽油与空气混合成一定数量和浓度的可燃混合气,供入汽缸,在临近压缩终点时燃烧做功,将燃烧的废气排入大气。

20世纪的汽油机燃料供给系用化油器式的较多,现在的汽油机燃料供给系多用电子喷射式,因汽油机在工程机械上的使用较少,这里不再叙述其结构与工作原理。

4. 内燃机润滑系

润滑系的作用是连续不断地向各运动机件供给润滑油,以减小运动机件的磨损。同时,还具有冷却、清洗和密封作用。

内燃机零件的润滑方式有压力润滑和飞溅润滑两种。曲轴主轴承、连杆轴承及凸轮轴承等承受的载荷及相对运动速度较大,为了减小摩擦力,形成液体润滑,采用压力润滑方式。其他载荷较轻、相对运动速度较小的零件,如汽缸壁、配气机构的凸轮、挺杆等,以内燃机工作时运转零件飞溅起来的油滴或油雾来润滑,称为飞溅润滑。内燃机辅助系统中的某些总成,如水泵、发电机等,只需定期加注润滑脂或润滑油。

润滑系(图1-11)一般由机油泵、机油滤清器、限压阀、油压表及油道和油管等组成。

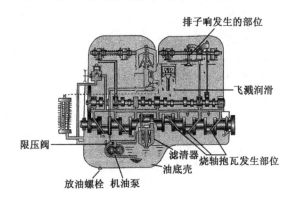

图1-11 柴油机润滑系示意图

润滑系的油路也各有不同,大部分柴油机采用粗滤器与细滤器并联的油路。在内燃机工作时,机油经集滤器初步过滤后,被油泵压送出来分两路。其中,大部分润滑油经粗滤器进入内燃机主油道,润滑各运动机件,小部分流经细滤器,最后两部分润滑油均流回油底壳。限压阀安在机油泵出口,用以限制润滑系内油压。旁通阀与粗滤器并联,当粗滤器堵塞时,它被打开,以保证内燃机零件的润滑。

目前,也有部分工程机械的润滑系采用粗细滤清器串联或只有一个滤清器,内燃机工作时,只有一个油路,即经过滤的机油直接到主油道。

5. 内燃机冷却系

冷却系的任务是保证内燃机在正常温度下工作。因为内燃机温度过高会使部分零件受热膨胀变形,使配合间隙遭到破坏,润滑油也会因温度过高而使黏度下降影响润滑。所以内燃机必须适度冷却。内燃机冷却系有风冷和水冷两种形式(图1-12)。风冷却系是利用风扇向铸件散热片、汽缸体和汽缸盖吹风,将热量直接散到大气中。水冷却系是利用冷却水循环流动带走热量的。

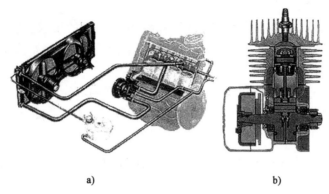

图1-12 内燃机冷却系
a)水冷;b)风冷

水冷却系冷却效率较好,目前在大多数内燃机上应用。
水冷却系(图1-13):一般由水泵、散热器、风扇、水套和节温器等组成。

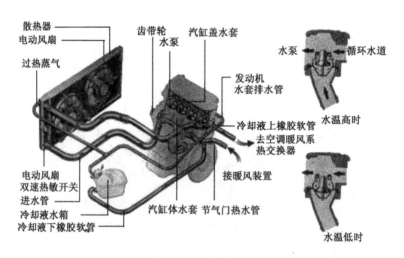

图1-13 内强制循环式水冷却系示意图

内燃机工作时,水泵将冷却液由散热器吸出送入内燃机缸体和缸盖水套。在此处,冷却液吸收热量,温度升高,然后流回散热器。由于风扇的强力抽吸,空气高速流经散热器,带走热量,使水冷却,冷却了的水流到散热器底部,又在水泵作用下,进行下一次循环,如此往复,使内燃机的温度降低。

节温器的作用是在内燃机温度较低时,使冷却液进行小循环,即冷却液不经散热器直接流回水泵,使内燃机温度不至于太低。在内燃机温度较高时,进行正常水循环。

冷却系所用的冷却液一般是清洁的软水或防冻液。使用水冷却时,在北方地区的冬季,长时间停车时应将水放净,否则易将机体冻裂。使用防冻液时,可冬夏通用。

6. 内燃机起动系

起动系的功用就是使内燃机由静止状态进入到工作状态,实现内燃机的起动。

内燃机起动方法较多,目前常用的有人力起动(手摇、绳拉)、电动机起动(图1-5)、汽油起动机起动、压缩空气起动等。现代高速内燃机广泛采用电动机起动。

四、内燃机的主要性能指标和外特性

评价一台内燃机的好坏,需要有一批性能指标来衡量。常见的性能指标有动力性能指标、经济性能指标、运转性能指标和可靠性、耐久性能指标等。

1. 动力性能指标

1) 有效转矩

内燃机曲轴输出的平均转矩称为有效转矩,以 T_e 表示,单位为 N·m。有效转矩与外界施加于内燃机曲轴上的阻力矩相平衡,可以用内燃机台架试验方法测得。

2) 平均有效压力

平均有效压力指单位汽缸工作容积所输出的有效功,以 P_{me} 表示,单位为 kPa。平均有效压力越大,动力性能越好。

3) 有效功率

内燃机曲轴输出的功率称为有效功率,用 P_e 表示。它等于有效转矩与曲轴角速度的乘积。

$$P_e = T_e \frac{2\pi n}{60} \times 10^{-3} = \frac{T_e n}{9550} \quad (kW)$$

式中:T_e——有效转矩,N·m;
$\quad n$——曲轴转速,r/min。

有效功率也可以由下式计算:

$$P_e = \frac{P_{me} V_s n i}{30\tau} \quad (kW)$$

式中:P_{me}——平均有效压力,kPa;
$\quad V_s$——汽缸工作容积,m³;
$\quad n$——曲轴转速,r/min;
$\quad i$——汽缸数;
$\quad \tau$——冲程系数,二冲程 $\tau=1$、四冲程 $\tau=2$。

内燃机制造厂按国家规定标定的有效功率,称为标定功率。标定功率时的内燃机转速称为标定转速,内燃机名称牌上标明的功率就是标定功率。

标定功率是根据内燃机用途、使用特点以及连续运转时间来确定的,各个国家有所不同,我国内燃机功率标定分以下四级(表1-2)。

我国内燃机功率标定　　　　　　　　　表1-2

分级	含义	应用
15min 功率	在标准环境条件下,内燃机能连续稳定运转15min时的最大有效功率	汽车等
1h 功率	在标准环境条件下,内燃机能连续稳定运转1h时的最大有效功率	工程机械、拖拉机等
12h 功率	在标准环境条件下,内燃机能连续稳定运转12h时的最大有效功率	部分拖拉机和电站等
持续功率	在标准环境条件下,内燃机能长期连续稳定运转的最大有效功率	铁路机车、船舶和发电机组等

内燃机还常用升功率 P_c 比较不同内燃机动力性能,它是指内燃机在标定工况下每升汽缸工作容积所发出的有效功率。升功率越大,内燃机动力性能越好。

$$P_c = \frac{P_e}{V_s i} \quad (\text{kW/L})$$

2. 经济性能指标

1) 燃油消耗率

内燃机每发出 1kW 有效功率,在 1h 内所消耗的燃油质量(以 g 为单位),称为燃油消耗率,用 g_e 表示。可按下式计算:

$$g_e = \frac{G}{P_e} \quad [\text{g}/(\text{kW} \cdot \text{h})]$$

式中:G——内燃机每小时消耗的燃油质量,kg/h;
　　　P_e——内燃机的有效功率,kW。

2) 有效热效率

燃料中所含的热量转变为有效功的比例称为有效热效率,用 η_e 表示。

$$\eta_e = \frac{W_e}{Q_1}$$

式中:W_e——内燃机有效功,kJ;
　　　Q_1——燃料中所含的热量,kJ。

当测得内燃机有效功率 P_e 和每小时消耗的燃油质量 B 时,则:

$$\eta_e = \frac{3.6 \times 10^3 P_e}{B H_u}$$

或

$$\eta_e = \frac{3.6 \times 10^6}{b_e H_u}$$

式中:H_u——燃料低热值,kJ/kg。

现代汽车汽油机 η_e 值一般为 0.30 左右、柴油机一般为 0.40 左右。

3. 运转性能指标

内燃机的运转性能指标主要指排放指标、噪声、起动性能等。

1) 排放指标

内燃机的排气中含有多种对人体有害的物质,主要有一氧化碳(CO)、碳氢化合物(HC)、氮氧化物(NO_x)、二氧化硫(SO_2)、醛类和微粒(含炭烟)等。其主要危害见表1-3。

内燃机主要有害排放及危害　　　　表1-3

有害排放	有害物特征	危害
CO	无色、无臭、有毒气体	使人出现恶心、头晕、疲劳等缺氧症状,严重时窒息死亡
NO_2	赤褐色带刺激性的气体	伤害心、肝、肾。与光化学反应形成臭氧和醛等
HC	刺激性的气体	破坏造血机能,造成贫血、神经衰弱,降低肺对传染病的抵抗力。与光化学反应形成臭氧和醛等

续上表

有害排放	有害物特征	危害
光化学烟雾	HC 与 NO_x 在阳光作用下所形成的烟雾,有刺激性	降低大气可见度,伤害眼睛、咽喉,影响植物生长
醛类	较强的刺激性臭味	伤害眼睛、上呼吸道、中枢神经
微粒	炭烟等	伤害肺组织
SO_2	无色、刺激性气体	刺激鼻喉,引起咳嗽、胸闷,支气管炎等

在 1955 年 9 月,美国洛杉矶的光化学烟雾非常浓烈,两天之内就有 400 多名 65 岁以上的老年人死亡,比平时高出几倍。此外,还有几千人受到不同程度的伤害,地里的蔬菜变质、四分之一的森林干枯而死,那一幕幕惨状至今令人难忘。

目前,世界汽车保有量 6.6 亿辆,每年排向大气中的有害物质高达 7 亿多吨,严重污染了大气,已形成公害。为此,各国都制定了相应的汽车排放标准,如美国加州汽车排放法规,它是目前世界上最严的标准,规定 2004 年后生产的汽油轿车排放必须满足表 1-4 的低排放要求。

美国加州汽车排放法规(2004 年实施)的标准　　　　表 1-4

排放物		NMOG	CO	NO_x	甲醛
要求	g/mile	0.075	3.4	0.05	0.0145
	(g/km)	(0.047)	(2.11)	(0.03)	(0.009)

注:1. 用"非甲烷有机气体"NMOG 替代了传统的碳氢化合物 HC,因为排气中的组合物会随燃料的改变而改变,而 NMOG 的不同组成物对环境的影响不同,给予不同的加权后再叠加。

2. 表中指标测试耐久性要求为 50000mile❶。

我国排放标准参照欧洲法规体系,2000 年开始执行 EUⅠ标准,2003 年开始执行 EUⅡ标准。

2) 噪声

噪声是内燃机工作时发出的一种声强和频率无一定规律的声音,主要有燃烧噪声和机械噪声。它不仅损害人的听觉器官,还会伤害神经系统、心血管系统、消化系统和内分泌系统,容易使人性情烦躁、反应迟钝,甚至耳聋,诱发高血压和神经系统的疾病。汽车是城市主要噪声源之一,内燃机又是汽车的主要噪声源,应该给予控制。我国的噪声标准中规定,小型水冷汽油机噪声不大于 110dB(A)、轿车的噪声不大于 82dB(A)。

3) 起动性能

起动性能是表征内燃机起动难易的指标。内燃机起动性能好,便于汽车起步行驶,同时减少了起动时的功率消耗和内燃机的磨损。

起动性能一般以一定条件下的起动时间长短来衡量。我国标准规定,不采用特殊的低温起动措施,汽油机在 -10℃、柴油机在 -5℃ 以下的气温条件下起动,能在 15s 以内自行运转。

4. 可靠性与耐久性能指标

可靠性与耐久性也是汽车内燃机使用中的两个重要指标。

---

❶ 1mile = 1609.344m。

1) 可靠性

可靠性是指内燃机在规定的运转条件下,具有持续工作,不致因为故障而影响正常运转的能力。一般以保证期内的不停车故障数、停车故障数、更换主要零件和重要零件数等具体指标来衡量。按照汽车内燃机可靠性试验方法的规定,我国汽车内燃机应能在标定工况下连续运行 300~1000h。

2) 耐久性

耐久性是指内燃机在规定的运转条件下,长期工作而不大修的性能。一般以内燃机从开始使用到第一次大修前累计运转的时间表示。

上述内燃机的动力性能指标、经济性能指标、运转性能指标和可靠性、耐久性等指标,对不同用途的内燃机要求是不同的。各项指标之间既相互联系又相互制约,往往为了降低排气污染,而不得不牺牲内燃机的动力和经济性能指标。

5. 内燃机的外特性

内燃机的性能随内燃机工作情况和调整情况而变化的规律称为内燃机特性。内燃机特性有负荷特性、速度特性和调速特性。通常,用于评价内燃机动力性和经济性的是速度特性。一般内燃机铭牌上标明的性能参数,都是以外特性为依据的。

内燃机的外特性,是指当功率调节机构固定在标定功率(汽油机的节气门全开或柴油机喷油泵供油拉杆处在最大供油位置时),内燃机的有效功率 N_e、有效转矩 M_e、有效耗油率 g_e 随内燃机转速变化的规律。表示其变化规律的曲线,称为内燃机的外速度特性曲线,简称外特性曲线,如图 1-14 和图 1-15 所示。

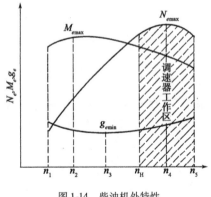

图 1-14 柴油机外特性

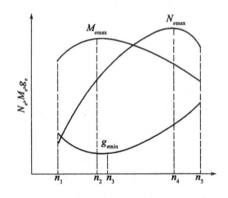

图 1-15 汽油机外特性

图 1-14 为柴油机外特性曲线。在低速区,转矩曲线 M_e 随内燃机转速的增加而缓慢增加;在中速区,转矩随转速变化很小;在高速区,转矩随转速的增加而降低。柴油机转矩曲线较平缓,这对柴油机运转的稳定性和克服超载能力是很不利的。为此,柴油机必须装有调速器。柴油机耗油率曲线 g_e 较平坦,说明柴油机经济性比较好。柴油机 M_{emax} 位于低速区,且随转速变化不大,故低速区是高效区。因此,要求在低速大转矩工况下工作的工程机械,内燃机采用柴油机较为有利。

图 1-15 为汽油机外特性曲线,各曲线变化规律与柴油机的外特性曲线基本一致,只是汽油机的耗油率曲线 g_e 较陡,汽油机 M_{emax} 在中速区内,故汽油机在中速区工作可获得较好的动力性和经济性。

第二节　工程机械底盘

工程机械底盘是全机的基础。内燃机、工作装置和电气设备均装在它上面。底盘由传动系、行驶系、转向系和制动系组成。

一、工程机械传动系

1. 传动系作用、分类及组成

工程机械传动系的基本作用是将发动机的动力传递给驱动轮,使机械根据需要实现平稳起步、停车、改变行驶速度(牵引力)和行驶方向;将发动机动力传给工作装置,使机械完成各种工作动作。

工程机械传动系按传动方式分有机械传动、液力机械传动、液压传动和电传动四种。

图1-16为轮式车辆传动系示意图。内燃机输出的转矩经离合器1、变速器2、万向节3、主传动器4、差速器5和半轴6最后传递给驱动轮,使车辆行驶。

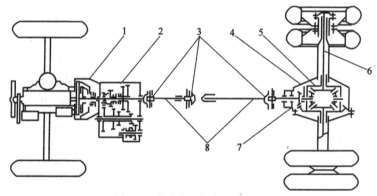

图1-16　轮式车辆传动系示意图
1-离合器;2-变速器;3-万向节;4-驱动桥;5-差速器;6-半轴;7-主传动器;8-传动轴

图1-17为履带式车辆传动系示意图。内燃机输出的转矩经主离合器3、变速器4、主传动器5、转向离合器6、最终传动装置7最后传给驱动链轮8,使履带式车辆行驶。

图1-18为液力机械传动系示意图(ZL50型装载机)。内燃机的动力经液力变矩器1及具有双行星排的动力换挡行星变速器3传给前后驱动桥。

图1-19为全液压传动系统示意图(挖掘机)。柴油机9通过分动箱8直接驱动5个液压泵,其中两个双向变量柱塞泵2供行走装置中柱塞式液压马达6用,两个辅助齿轮泵1作为行走装置液压系统补油用,另一个齿轮泵7供工作装置用。行走装置是由柱塞式液压马达通过齿轮箱3来驱动四个行走轮的。有的机械也直接用液压马达驱动行走轮,进一步简化了传动系。

2. 机械传动主要部件

1) 离合器

离合器主要用于接合或切断内燃机与传动系之间的动力。可使工程机械平稳起步、停驶或换挡。在外界负荷急剧增加时,可以利用离合器打滑,防止传动系零部件过载损坏。

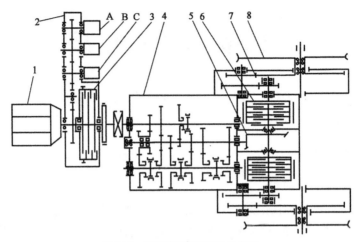

图 1-17 履带式车辆传动系示意图

1-内燃机;2-齿轮箱;3-主离合器;4-变速器;5-主传动器;6-转向离合器;7-最终传动装置;8-驱动链轮;A-工作装置液压泵;B-离合器液压泵;C-转向离合器液压泵

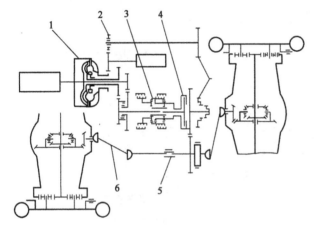

图 1-18 ZL50 型装载机传动系统简图

1-液力变矩器;2-单向离合器;3-行星变速器;4-换挡离合器;5-脱桥机构;6-传动轴

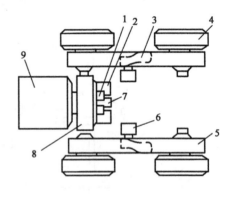

图 1-19 全液压式传动系统示意图

1-辅助齿轮泵;2-双向变量柱塞泵;3-小齿轮箱;4-行走轮;5-行走减速器;6-柱塞液压马达;7-齿轮式液压泵;8-分动箱;9-柴油机

离合器按其工作原理分为摩擦式离合器、液力式离合器和电力式离合器。目前,在工程机械上广泛采用摩擦式离合器。摩擦式离合器按其压紧机构的构造分为常合式离合器和非常合式离合器,前者一般用于轮式工程机械,后者常用于履带式工程机械。按摩擦片的数目分为单片式、双片式和多片式,多片式摩擦离合器传动转矩较大,一般多用于大型工程机械。按摩擦表面的干湿分为干式和湿式两种,湿式离合器的摩擦片浸在油液中,散热条件好,使用寿命长,重型、大功率工程机械采用较多。

摩擦离合器一般由主动部分、从动部分、压紧机构和操纵机构四部分组成。

（1）常合式摩擦离合器(图 1-20)。它是利用内燃机飞轮 4 作为主动部分;从动部分是从动盘 3,它既可带动从动轴 2 旋转,又可沿从动轴轴向移动;压紧机构是压盘 5、压紧弹簧 8、分离杠杆 7 等。压紧弹簧装配时有预紧力,通过压盘将从动盘紧紧压在飞轮外端面,此时,离合器处于接合状态。当驾驶员踩下离合器踏板12时,拉杆13拉动分离叉11外端向右移动,分离叉内端则通过分离轴承9推动分离杠杆7的内端向前移动,分离杠杆外端便拉动压盘向后移动,使其在进一步压紧弹簧的同时,解除对从动盘的压力,于是离合器处于分离状态。

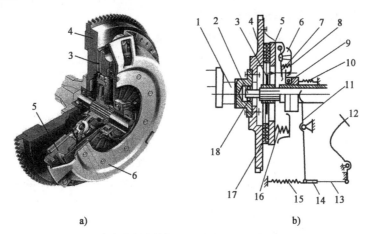

图 1-20　常合式摩擦离合器的基本组成和工作原理示意图

1-曲轴;2-从动轴;3-从动盘;4-飞轮;5-压盘;6-离合器盖;7-分离杠杆;8-压紧弹簧;9-分离轴承;10、15-复位弹簧;11-分离叉;12-踏板;13-拉杆;14-拉杆调节叉;16-压紧弹簧;17-从动盘摩擦片;18-轴承

（2）非常合式摩擦离合器（图1-21）。它与常合式摩擦离合器工作原理基本相同,只是它的压紧力不是弹簧施加的,而是杠杆施加的。杠杆系统由三个均布的压爪5和三个弹性推杆6组成,二者铰接。压爪的前端可压在压盘4的背后,弹性推杆内端铰接在分离套上,分离套可用操纵杆通过杠杆—拉杆系统使它做轴向移动。分离套向后移,压爪前端离开压盘背面,离合器分离（图1-21a）;分离套向前,通过三个弹性推杆向外顶,使三个压爪前端紧压在压盘后端面,就可使离合器接合（图1-21c）;弹性推杆处于垂直位置是接合不稳定状态（图1-21b）,即由于机械的振动有可能仍被振回到分离位置。驾驶员不操纵时,在拉杆作用下,离合器既可处于接合状态又可处于分离状态,便于驾驶员对其他操纵元件的操作,这对工程机械是十分重要的。

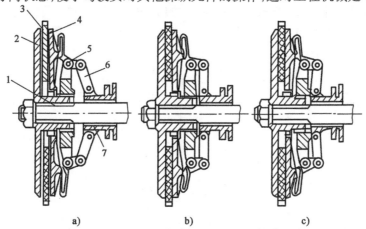

图 1-21　非常合式摩擦离合器的基本组成和工作原理示意图
a)分离位置; b)不稳定接合位置; c)完全接合位置
1-离合器轴;2-从动盘;3-主动盘;4-压盘;5-压爪;6-弹性推杆;7-分离套

2)变速器

变速器的作用：

(1)变矩变速,即在不改变发动机转矩和转速的情况下,改变工程机械的牵引力和运行速度。

(2)实现空挡,以利于发动机起动和在发动机不熄火的情况下长时间停车。

(3)实现倒挡,以改变机械运行方向。

(4)实现动力输出,以驱动机械行驶和附属设备工作(如油泵、动力绞盘等)。

变速器按传动比变化方式分为有级式和无级式,所谓传动比就是输入轴转速与输出轴转速之比,有级变速器具有若干个数值一定的传动比,常用的为齿轮式变速器;无级变速器其传动比是无等级连续变化的。按操纵方式分为机械换挡和动力式换挡两种。目前,大型工程机械常采用液力变矩器配动力换挡的变速器。

机械换挡变速器工作原理(图 1-22)。动力经离合器传至主动轴,主动轴 1 挡主动齿轮与 1 挡从动齿轮①啮合,操纵变速杆使 1、2 挡同步器左移使同步器与从动齿轮①接合,动力经 1 挡主动齿轮→从动齿轮①→1、2 挡同步器→动力输出轴,机械 1 挡向前行驶。其他挡位与 1 挡原理相同,前进有 5 个挡位。

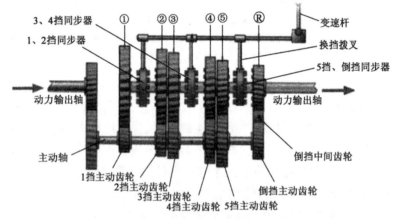

图 1-22　机械换挡变速器工作原理

若要使工程机械倒驶,只需改变从动轴 4 的转动方向。图 1-22 在倒挡主动齿轮与倒挡齿轮®之间再增加一倒挡中间齿轮,动力输出轴的转动方向就相反了,机械向后行驶。

变速器各挡的传动比可按下述方法计算：

一对齿轮的传动比 i_1 等于主动齿轮转速 n_z 与从动齿轮转速 n_c 之比,或等于从动齿轮齿数 Z_c 与主动齿轮齿数 Z_z 之比。多对齿轮传动的总传动比 i 等于各对齿轮传动比 i_i 的乘积。

$$i_1 = \frac{n_z}{n_c} = \frac{Z_c}{Z_z} \tag{1-5}$$

$$i = i_1 \cdots i_n = \prod_{i=1}^{n} i_i \tag{1-6}$$

变速后的转矩计算如下：从动轴转矩 M_c 等于主动轴转矩 M_z 乘以传动比 i：

$$M_c = M_z \cdot i \tag{1-7}$$

3)万向传动装置

万向传动装置由万向节、中间轴、从动轴等组成。

作用:在两轴轴距变化并交叉一定角度的情况下能正常传递动力。

普通十字轴万向节(图1-23)是用来连接在空间斜交呈一定角度的两轴,它是由主动叉8、从动叉3和一个十字轴2组成。十字轴的四个轴颈通过套筒7分别装于两节叉的轴承孔内,由锁销6定位,从而使两轴可在空间沿一个球面任意相交呈一定的角度。

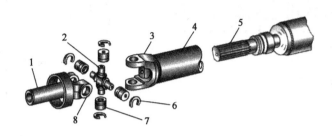

图1-23 普通十字轴万向节

1-主动轴;2-十字轴;3-从动叉;4-伸缩套筒;5-滑动花键;6-锁销;7-套筒;8-主动叉

中间轴是由两根互相套在一起的轴组成,两轴用滑动花键连接,长度可以变化。

4)驱动桥

驱动桥是指变速器或传动轴之后、驱动轮之前的传动机构的总称。其功用是将变速器或传动轴传来的动力,减速增矩,并传给左右驱动轮;转向时使左右驱动轮以不同的速度转动;支承机械重量并将驱动轮推动力及反作用力传给机架。

轮式机械的驱动桥,如图1-24所示。包括主传动器、差速器、轮边减速器(有的机械未设)等。

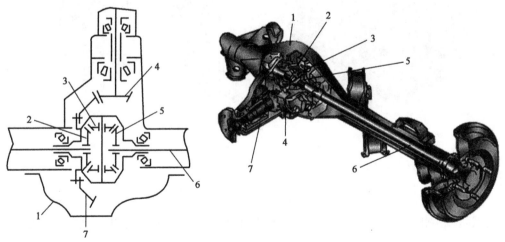

图1-24 轮式机械驱动桥

1-驱动桥壳;2-左半轴齿轮;3-行星轮;4-主传动器从动锥齿轮;5-右半轴齿轮;6-右半轴;7-主传动器主动锥齿轮

履带式机械的驱动桥,如图1-25所示。包括主传动器1、转向离合器3、轮边减速器(最终传动)4等。

5)主传动器

主传动器的作用是减速增矩及改变动力传递方向。

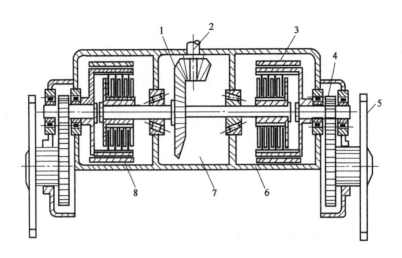

图 1-25 履带式机械的驱动桥

1-主传动器；2-变速器第二轴；3-转向离合器；4-最终传动；5-驱动轮；6-后桥壳；7-锥形齿轮室；8-制动器

主传动器按降速的次数分为单级主传动器（图 1-26a）和双级主传动器（图 1-26b）。单级主传动器是利用一对减速齿轮实现降速；双级主传动器具有两组减速齿轮，传动比大，一般可用于大中型工程机械上。

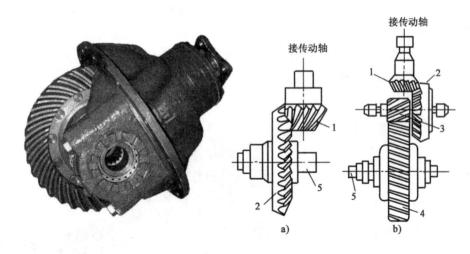

图 1-26 主传动器

a) 单级；b) 双级

1-主动锥齿轮；2-从动锥齿轮；3-主动圆柱齿轮；4-从动圆柱齿轮；5-半轴

轮式机械主传动器的主动齿轮一般与传动轴制成一体，从动齿轮和差速器壳连接或与转向离合器连接。

6）差速器

差速器的作用是使左右驱动轮可以存在转速差。当轮式机械转向时，外侧车轮要比内侧车轮滚过距离长，若两驱动轮通过一根刚性轴相连，则两轮同步旋转，必然使外轮产生滑动现象，使轮胎磨损、功率消耗、燃油浪费，同时转向困难。当轮式机械直线行驶时，由于路面凹凸不平，轮胎承载不均及轮胎充气压力不等，也会造成同样的后果。

目前,轮式机械大多采用行星差速器(图1-27)。机械行驶时,动力经主传动器依次传给差速器壳、行星齿轮和左右半轴齿轮。当机械直线行驶时,两侧驱动轮阻力相同,行星齿轮只起连接作用,随壳一起公转,差速器不起作用;当机械转弯时,内侧车轮阻力较大,与其相连的半轴齿轮就旋转得比差速器壳慢,这时,行星齿轮不仅随壳公转而且绕轴自转,使两半轴齿轮带动两驱动轮以不同转速转动。

差速器具有差速不差矩的特性,当一侧车轮由于附着力不足而打滑时,它就飞快地空转。另一侧车轮则获得一样的转矩而难以克服行驶阻力,造成机械停驶。所以,一般机械又装设了差速锁。当出现上述情况时,差速锁将左右半轴刚性地连在一起,使差速器失去作用,使好路面上的车轮获得较大的转矩。

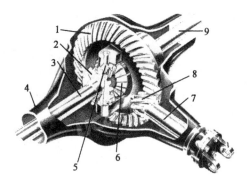

图1-27 行星齿轮式差速器
1-从动齿轮;2-左半轴齿轮;3-输出轴;4-行星齿轮架;5-行星齿轮;6-右半轴齿轮;7-传动轴;8-主动齿轮;9-输出轴

二、工程机械行驶系

工程机械行驶系的作用是支承整个机械,并将传动系传来的转矩转换成机械行驶的驱动力矩。工程机械行驶系一般可分为轮式机械行驶系和履带式机械行驶系两大类。

1. 轮式机械行驶系

1) 行驶原理

轮式机械行驶系主要由车架1、车桥3、6、悬架2、7和车轮4、5等组成,如图1-28所示。车架通过悬架与前、后车桥相连,车桥两端则安装车轮。

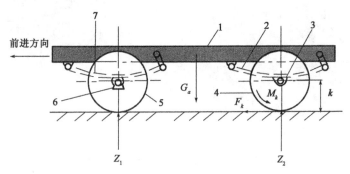

图1-28 轮式机械行驶系的组成示意图
1-车架;2-前悬架;3-后桥;4-驱动轮;5-从动轮;6-前桥;7-前悬架

当传动系将驱动力矩M_k传到驱动轮4上时,通过车轮与地面的附着作用,即产生地面作用于驱动轮边缘上的向前的纵向反力——牵引力P_k,该牵引力通过悬架传递给车架,再由悬架传递到驱动桥,使从动轮向前滚动。于是整个机械便向前运动。

2) 轮胎行走装置

(1) 车架(机架)。

车架有整体式车架和铰接式车架,其中整体式车架又有中梁式和边梁式两种。

边梁式整体机架(图1-29)是由若干槽钢与角钢焊接或铆接成的框架,由两根纵梁和数根横梁及角撑等构成,它是整机的装配基体,将机械上的所有部件连接成一个整体。

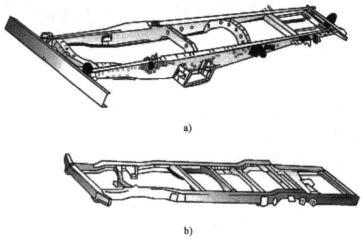

图1-29 边梁式整体车架

(2)车桥。

车桥有前桥(图1-30)、后桥和从动桥,一般前桥作为从动桥,后桥作为驱动桥,也有前、后桥均为驱动桥。从动桥是一根固定轴,两端装有从动车轮。

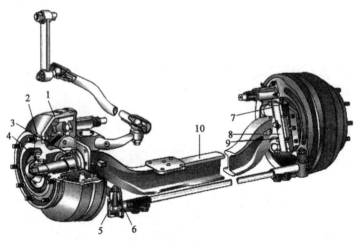

图1-30 前桥及其总成

1-制动鼓;2-轮毂;3、4-轮毂轴承;5-转向节;6-油封;7-衬套;8-主销;9-滚子推力轴承;10-前轴

驱动桥两端装有驱动车轮,驱动桥由桥壳和车轮的传动机构两大部分组成。桥壳是中央带有半圆壳的长管形钢壳。其两边的长管内各装有一根传力给左、右驱动轮的传动半轴,中央半圆壳内装着带差速器的中央传动器。

前、后车桥用前、后悬架悬连在机架下。

(3)悬架。

悬架有弹性悬架和刚性悬架两种。

弹性悬架(图1-31a)大多由多片长短不同的钢板叠装而成,具有缓冲、减振的作用。多用于快速行驶的机械,弹性悬架有独立悬架(图1-31c)和非独立悬架(图1-31b)两种。

刚性悬架用于慢速行驶的机械。

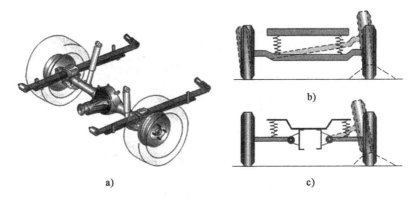

图1-31 弹性悬架
a)钢板弹簧非独立悬架;b)非独立悬架;c)独立悬架

(4)车轮。

目前,在施工机械上用的车轮(图1-32)基本上为低压充气轮胎。它主要由外胎1、内胎2和轮圈(轮缘3、轮辐4)三部分组成。

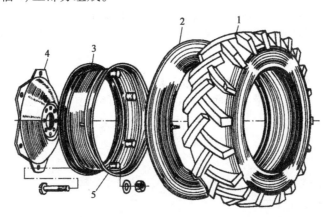

图1-32 车轮及其组成
1-外胎;2-内胎;3-轮缘(轮辋);4-轮辐;5-连接凸耳

外胎与地面直接接触,它主要分为胎面、胎侧、帘布层、缓冲层和钢丝圈等部分。胎面与胎侧均为橡胶层,用于保护帘布免受损伤。胎面直接与地面接触,承受着冲击载荷与摩擦力;为保证车轮与地面有足够的附着力,它的胶层较厚,铸有各种形状的花纹(粗花、细花)。轮式施工机械和载重汽车常选用人字形和八字形的粗花纹。使用中,应把花纹的字顶朝机械前进方向安装。帘布层是外胎的骨骼,用于保持外胎的形状和尺寸,承受压力,由多层纤维织物与橡胶粘接而成。

内胎是一个中空的封闭橡胶圈,它装在外胎里面,通过气门嘴向里面充压缩气体,使它连同外胎一起涨开,以便车轮承受重量并具有一定弹性。

轮圈是支承内、外胎的骨架,它由钢板制成,具有特殊的截面形状。轮圈由轮缘和轮辐两部分组成,在结构上有轮缘与轮辐连在一起的,也有两者分开的。轮辐中央有一圈安装孔,以便将其安装于车轴的接盘上。

2. 履带式机械行驶系

履带式机械行驶系主要由台车架和行走装置(驱动轮、支重轮、托轮、引导轮和履带)等组成,如图 1-33 所示。

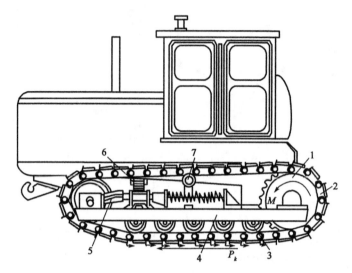

图 1-33　履带式机械行驶系的组成示意图
1-驱动轮;2-履带;3-支重轮;4-台车架;5-张紧装置和引导轮;6-悬架弹簧;7-托链轮

1)行驶原理

当传动系将驱动力矩 M_k 传递到驱动轮 1 上时,使履带沿驱动轮 1、托链轮 7、引导轮 5 及支重轮 3 向后方卷绕,由于履带与地面的附着作用,履齿给地面一个向后的作用力,地面反作用一个向前的推力——牵引力 P_k,从而使支重轮克服阻力,沿履带节向前移动,于是整个机械便向前运动。

2)履带式机械行驶装置

(1)机架(图 1-34)。

机架有整机架和半机架两种。

整机架(图 1-34a)是由两根纵横梁构成的全框架。

半机架图(图 1-34b)是由两根纵梁焊在后桥壳上,以后桥作为机架的后横梁。

(2)履带总成(图 1-35)。

履带总成包括:履带、驱动链轮、支重轮、托带轮以及张紧装置的引导轮等。以上四种轮子分布在机架两侧的前、后、上、下四方,由两条履带分别包围着它们,这就构成左、右两个履带总成,再由悬架装连于机架下。

支重轮支承机械的重量,并将重量传给履带;支重轮在履带的两根导轨面上滚动,以保证机械的行驶;夹持履带使其不能横向滑出;当机械转弯时支重轮又能夹持履带,使其在地面上横向滑移。一般在每侧装有 4~6 只支重轮。

托带轮支托履带上半部分的重量,不使其下垂过多,以减少履带运转时的跳动;还能引导着履带上半部分的运动方向,防止其侧向滑落。

引导轮既是履带的导向轮(当履带运动时引导其正确卷绕),也是它的张紧轮。在机械行驶过程中若履带前方遇有障碍物时,引导轮可向后回缩少许,对履带起缓冲作用,故在其后面要装有张紧—缓冲装置。调节张紧—缓冲装置使引导轮向外伸张,让其保持足够的张紧度,既要防止履带在运转过程中脱落,又要减小其振跳。当履带遇到障碍物时,该装置能使引导轮后移少许,以免履带过于张紧,额外消耗动力。

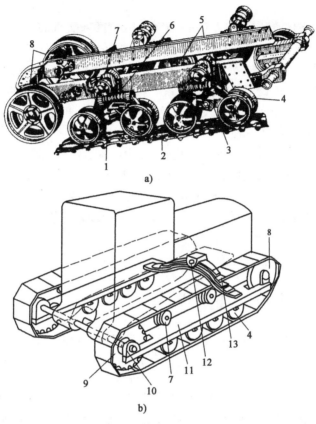

图1-34 机架及其总成
a)整机架;b)半机架

1-台车轴;2-履带;3-台车平衡臂;4-支重轮;5-机架;6-平衡弹簧;7-托带轮;8-引导轮;9-驱动链轮;10-半轴端轴承;11-台车架;12-销轴;13-钢板弹簧

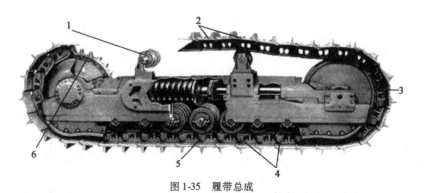

图1-35 履带总成
1-托轮;2-链轮;3-引导轮;4-链片;5-支重轮;6-驱动轮

履带用于拖动整机,它是由数十块履板铰接而成的封闭式(首尾相接)轨链,供支重轮在其上滚动。整条履带是包绕在驱动链轮、支重轮、托带轮、引导轮外面,并由驱动链轮带动绕各轮转动。

三、工程机械转向系

1. 轮式机械转向系

轮式机械转向是通过转向车轮左(右)偏转一定角度来实现的。由驾驶员操纵的用来使转向轮偏转的一整套机构称为转向系。轮式工程机械转向系具有转向器和转向传动装置两个基本部分。由于轮式工程机械广泛采用动力转向,所以除了两大基本组成部分外,还设有动力转向装置,这三者组成了轮式工程机械转向系。目前,广泛采用的有直接偏转车轮转向和间接偏转车轮的铰接转向(折腰转向),以及前两者的组合转向。直接偏转车轮转向又有偏转前轮式、偏转后轮式和全轮转向式三种。

偏转车轮转向原理,如图1-36所示。机械转向时,各车轮应纯滚动无侧向滑移,否则将会增加转向阻力以及加剧轮胎磨损。为此,机械转向时,各车轮应绕同一转向中心转动。转向系使两个前轮偏转不同的角度 α 和 β,使两前轮轴线和驱动轮轴线交于一点 O,该点称为瞬时转向中心。这样,两前轮在转向时就可实现纯滚动,而两驱动轮则依靠差速器实现纯滚动。两前轮的转角关系如下式:

$$\cot\alpha - \cot\beta = \frac{B}{L} \tag{1-8}$$

式中:B——主销中心距离(略小于前轮轮距);

L——前后轴距。

由转向中心 O 到外侧转向轮中心的距离 R 称为机械的转向半径。

$$R = \frac{L}{\sin\alpha} \tag{1-9}$$

转向半径用来评价机械的转向灵敏性,以最小转向半径 $R_{\min}$ 来表示。最小转向半径 $R_{\min} = L/\sin\alpha_{\max}$。一般车轮最大偏转角 β 为 35°~45°。因而,轴距 L 越长则转向半径越大,转向灵敏性就越差。

铰接转向原理,如图1-37所示。铰接转向是通过控制油缸使前后车架绕铰接销相对转过某一角度而实现的。转向时,每一车桥上的车轮转动平面始终保持平行;各车轮前后轴线交于一点 O,即瞬时转向中心。

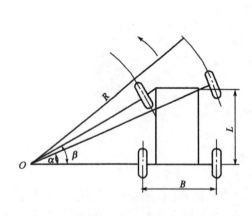

图 1-36 偏转车轮转向示意图

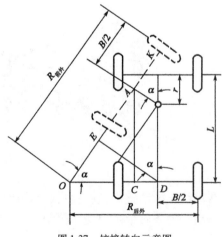

图 1-37 铰接转向示意图

相比偏转车轮转向,铰接转向的优点是结构简单、转向半径小,可使机械具有很高的机动性。其缺点是由于车架铰接,整体刚性差;遇路面冲击载荷时,保持直线行驶能力差;转向时稳定性也较低。

偏转车轮机械式转向系的组成,如图1-38所示。由转向器和转向传动机构组成。转向时,转动转向盘1,操作力通过传动轴2、4传给转向器5,转向器将操作力放大传给转向摇臂6,转向纵拉杆7使左转向轮偏转,再通过转向横拉杆11使右转向轮也偏转,实现转向。

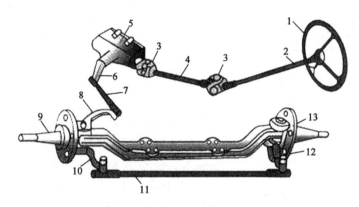

图1-38 偏转车轮机械式转向系示意图

1-转向盘;2、4-传动轴;3-万向节;5-转向器;6-转向摇臂;7-转向纵拉杆;8-转向节臂;9、13-转向节形臂;10、12-梯形臂;11-转向横拉杆

2. 履带式机械转向系

履带式机械转向系与轮式机械不同,是靠改变两侧驱动轮上的驱动力来实现的。常用的转向机构是离合器式,离合器式转向机构,如图1-39所示。该机构是将两个转向离合器分别设置在后桥主传动器两侧。当机械直线行驶时,两转向离合器接合,均等地向左右两侧驱动轮传递转矩;当转大弯时,一侧离合器分离,另一侧离合器接合;当转小弯时,一侧离合器分离,再加以制动,另一侧离合器接合。

转向离合器结构、工作原理与主离合器大致相同,只是传递转矩大,多采用多片式。大功率工程机械,为了减轻驾驶员疲劳,转向离合器多采用液压操纵。

四、工程机械制动系

制动系的作用是可以强制机械减速或迅速停车;使机械可靠地停放在坡道或停车场而不致滑溜。制动系一般有三套独立装置:行车制动装置(脚制动装置)、驻车制动装置(手制动装置)和辅助制动装置(如排气制动装置)。

制动系由制动器和制动传力机构组成。制动器用来直接产生制动力矩,传力机构用来将制动力源(机械式、液压式、气压式和气液复合式)的作用力传给制动器。制动器按其结构形式不同,分为蹄式、盘式和带式。轮式机械多用蹄式和盘式制动器,履带式机械多用带式

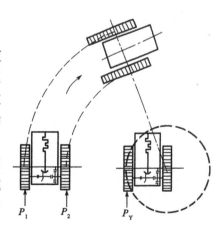

图1-39 履带机械转向原理

制动器。

1. 蹄式制动器(图 1-40)

制动器由旋转的制动鼓 8 和固定不转的带摩擦片 9 的制动蹄 10 组成；传力机构由踏板 1、杆件、制动主缸 4 和制动轮缸 6 等组成。制动鼓 8 固定在车轮轮毂上，随车轮一起旋转。制动蹄 10 通过两个支承销 12 安装在固定不转的制动底板 11 上。制动轮缸 6 固装在制动底板 11 上，用油管 5 与固装在车架上的制动主缸 4 相连通。主缸中的活塞 3 可由驾驶员通过制动踏板 1 来操纵。

制动系不工作时，制动鼓 8 的内圆面与制动摩擦片 9 之间留有一定的间隙(称制动间隙)，使车轮和制动鼓可以自由旋转。

当要使行驶中的机械减速时，踩下制动踏板 1，通过推杆 2 和主缸活塞 3，使主缸内的油液在一定压力下流入轮缸 6，并通过两个轮缸活塞 7 推动两制动蹄 10 绕支承销 12 转动，蹄上端向两边分开而压紧在制动鼓 8 内。这样，不旋转的制动蹄就对旋转的制动鼓作用一个摩擦力矩 M_k，其方向与车轮转向相反。制动鼓将该力矩传到车轮后，由于车轮与地面的附着作用，车轮对地面作用一个向前的圆周力 F_k，同时，地面也对车轮作用一个向后的反作用力，即制动力 F_r。制动力由车轮经车桥和悬架传给车架，迫使整个机械产生一定的减速度。制动力越大，则机械减速度也越大。当放开制动踏板时，复位弹簧 13 即将制动蹄拉回原位，摩擦力矩和制动力消失，制动作用停止。

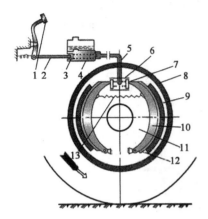

图 1-40 制动系工作原理示意图(简单液压式)
1-制动踏板；2-推杆；3-主缸活塞；4-制动主缸；5-油管；6-制动轮缸；7-轮缸活塞；8-制动鼓；9-摩擦片；10-制动蹄；11-制动底板；12-支承销；13-制动蹄复位弹簧

2. 带式制动器(图 1-41)

带式制动器由包在制动轮上的制动带与制动轮之间产生的摩擦力矩来制动的。在重锤 4 的作用下，制动带 2 紧包在制动轮 1 上实现制动。松闸由电磁阀 3 提升重锤来实现。

带式制动器结构简单；由于包角大，故制动力矩也很大。但因制动带磨损不均匀，易断裂；对轴的横向作用力也大。

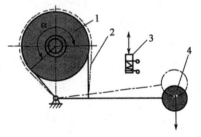

图 1-41 带式制动器工作原理图
1-制动轮；2-制动带；3-电磁阀；4-重锤

第三节 工程机械液压与液力传动

以液体为工作介质进行能量传递的传动称为液体传动，液体传动按工作原因不同分为液压传动和液力传动。

一、液压传动

液压传动是以液体的压力能传递动力的。液压传动的基本原理可用油压千斤顶工作过程来说明。

1. 液压传动基本原理

图 1-42 是油压千斤顶的工作原理示意图。千斤顶的小油缸 1、大油缸 2、油箱 5 以及它们之间的连接通道构成一个密闭的容器,里面充满液压油。在阀门 6 关闭的情况下,提起杠杆时,小油缸的柱塞上移,密封容积增大,形成部分真空,于是,油箱里的油液在大气压力的作用下,经过吸油管及单向阀 4 进入小油缸,即吸油;压下杠杆,小油缸的柱塞下移,小油缸的密封容积减小,油液压力升高,单向阀自动关闭,压力油通过单向阀 3 流入大油缸 2 内,即排油,推动大柱塞将重物顶起。再次提起杠杆时,大油缸内的压力油试图倒流入小油缸内,此时,单向阀 3 自动关闭,使油液不能倒流,保证重物不致自动落下。这样,当杠杆被反复提起和压下时,小油缸不断交替进行着吸油和排油过程。压力油不断进入大油缸,将重物不断顶起,从而达到起重的目的。将阀门 6 旋转 90°,在重物的重力作用下,大油缸的油液排回油箱。

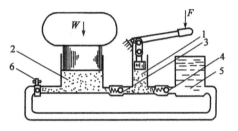

图 1-42 油压千斤顶工作原理示意图
1-小油缸;2-大油缸;3、4-单向阀;5-油箱;6-阀门

通过对油压千斤顶工作过程的分析,可见其工作需要两个条件:一是处于密封容积内的液体由于大小油缸工作容积的变化而能够流动;二是这些液体具有压力。能够流动并具有一定压力的液体能对外做功,我们就说它具有压力能,油压千斤顶就是利用油液的压力能,将作用在杠杆上的力和杠杆的移动转变为顶起重物的力。压下杠杆,小油缸输出压力油,将机械能转换成油液的压力能;压力油进入油缸推动柱塞顶起重物,将油液的压力能又转换成机械能。

2. 液压传动系统的组成

液压系统是为完成某种工作任务而由各具特定功能的液压元件组成的整体。任何一个液压系统总是由以下四部分组成。

动力元件——液压泵。它用以将原动机的机械能转换为油液的压力能,作为系统的能源。

执行元件——液压缸、液压马达。它们将油液的压力能转换为机械能;液压缸带动负荷做往复运动,液压马达带动负荷做回转运动。

控制元件——各种液压阀。它们用来控制油液的流动方向、流量和压力,以满足液压系统的工作要求。

辅助元件——油箱、滤油器、管类和密封件等。这些元件用以储存、输送、净化和密封工作液体并有散热作用。

现以图 1-43 所示的 TY120 推土机液压系统来说明液压传动系统的组成。

该系统动力元件是液压泵 2。

执行元件是一对铲刀升降液压缸 15、一个铲刀垂直倾斜液压缸 17 和一对松土器升降液压缸 16。

控制调节元件有四位五通换向阀 12、三位五通换向阀 13 和 14。阀 12 控制铲刀升降,阀 13 控制松土器升降,阀 14 控制铲刀垂直倾斜。

压力控制阀为溢流阀 3,用以调节控制系统工作压力,防止过载。过载阀 8 用于防止当松

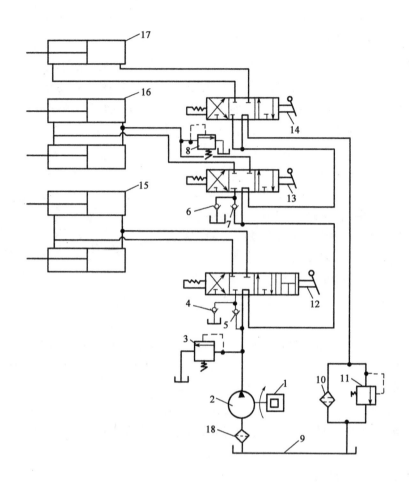

图 1-43 TY120 推土机液压系统图

1-柴油机;2-液压泵;3-安全阀;4、6-补油单向阀;5、7-单向阀;8-过载阀;9-油箱;10-精滤器;11-滤清器安全阀;12-铲刀升降操纵阀;13-松土器升降操纵阀;14-铲刀垂直倾斜操纵阀;15-铲刀升降液压缸;16-松土器升降液压缸;17-铲刀垂直倾斜液压缸;18-粗滤器

土齿于固定位置作业时突然过载。安全阀 11 与精滤器 10 并联,当回油中杂质堵塞滤油器时,回油压力增高,阀 11 被打开,油液直接通过阀 11 流回油箱。

单向阀 5 和 7 用以保证任意工况下压力油不倒流,避免作业装置意外反向动作。

单向补油阀 4 和 6 用于防止当铲刀和松土齿下降时,由于自重作用下降速度过快可能引起供油不足形成液压缸进油腔局部真空。在压力差作用下阀 4 及 6 打开,从油箱补油至液压缸进油腔,避免真空,使液压缸动作平稳。

TY120 推土机液压系统包括铲刀升降液压缸工作回路、铲刀垂直倾斜液压缸工作回路和松土器液压缸工作回路,三者构成串联回路。其特点是几个液压缸可同时动作,且易保持动作协调。

3. 液压元件的职能符号

图 1-43 所示的液压系统原理图中各元件的图形是以规定的符号表示其职能的,《液压及气动图形符号》(GB 786)中主要液压件符号,见表 1-5。

主要液压件符号图　　　　　　　　　　　　　　　　表 1-5

名　称	符　号		名　称	符　号		名　称	符　号
单向定量泵		二位二通阀	常闭式二位二通阀		辅件及其他装置	冷却器	
双向定量泵			常通式二位二通阀			粗过滤器	
单向变量泵		方向控制	二位三通阀			精过滤器	
双向变量泵			二位四通阀			压力继电器	
单向定量马达			三位三通阀				
双向定量马达			三位四通阀			交流电动机	
单活塞杆缸		单向阀	单向元件			指针式压力表	
			单向阀				
			液控单向阀				
不可调单向缓冲式缸		节流阀	固定式节流器		通油箱管路	油管端部在油面之上	
			可调节流阀				
双活塞杆缸		溢流阀	溢流阀			油管端部在油面之下	
			外控溢流阀				

4.液压传动的特点

液压传动与其他传动形式相比较有如下主要优点：

(1)与机械传动相比,传递同样载荷,液压传动体积小、重量轻。

(2)结构简单,易于完成各种复杂动作。

(3)操纵方便,易于实现自动化。

(4)容易实现无级调速,运转平稳。

(5)液压元件易于通用化、标准化、系列化,便于推广应用。

但液压传动也有以下不足：

(1)零件加工和部件装配精度高、价格贵,使用和维护技术水平要求高。

(2)油液的漏损和阻力损失大,系统效率低。由于液压传动有其突出优点,目前在公路工程机械上已得到广泛应用,如应用在轮胎装载机、液压挖掘机、汽车起重机、液压推土机、平地机、铲运机、压路机等。

5.液压泵与液压马达

1)液压泵与液压马达基本工作原理

液压泵与液压马达均是液压系统中的能量转换装置,分别为动力元件和执行元件,两者在原理上是可逆的。现以单柱塞泵为例说明液压泵和液压马达的基本工作原理。

图1-44中柱塞2和泵体4构成一密封容积V,当偏心轮1由原动机带动旋转时,偏心轮就使柱塞做上下往复运动。当柱塞向下运动时,密封容积增大,产生局部真空,油箱内油液在大气压作用下,通过单向阀5进入密封容积内。液压泵吸油;当柱塞向上运动时,密封容积减少,油压升高,这时单向阀5关闭,油液顶开单向阀6流到系统中。这样,单柱塞泵就将原动机工作时输入的机械能转换为油液的压力能。

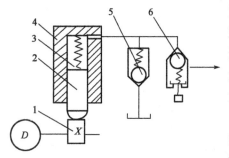

图1-44 柱塞泵
1-偏心轮;2-柱塞;3-弹簧;4-泵体;5、6-单向阀

液压马达的工作原理与液压泵相反。若将图1-44的密封容积V中通入具有压力的油液时,液压力将推动柱塞向下移动,就可使偏心轮转过一个角度,输出转矩与转速,使油液的压力能转换为机械能。

从原理上讲,液压泵与液压马达是可逆的。如果由原动机带动其转动,即为液压泵,输出液压能;反之,如通入具有压力的油,即是液压马达,输出机械能。因此,有些液压泵与液压马达可互用。

液压泵种类较多。按其结构形式不同分为齿轮泵、叶片泵、柱塞泵等;按其压力大小可为低压泵、中压泵、高压泵等。

2) 液压泵的形式

(1) 齿轮泵。

图1-45为齿轮泵的工作原理图。一对互相啮合的齿轮安装于壳体内部,齿轮两端面以端盖密封。两齿轮将壳体内部分成左右两个不相通的A腔和B腔。当齿轮按图示方向旋转时,A腔的齿轮逐渐脱离啮合,形成局部真空。油箱内油液在大气压力作用下,经吸油管道被吸入A腔。吸入到A腔齿间的油液随齿轮旋转,沿泵体内壁带入到B腔。而齿轮在B腔是逐渐进入啮合的,使密封容积减小,油液受挤压并从压油管道中挤出。

当齿轮不断旋转时,A腔就不断吸油,B腔就连续不断地输出压力油。

齿轮泵结构简单,体积小,重量轻,价格便宜,在公路工程机械上应用广泛。

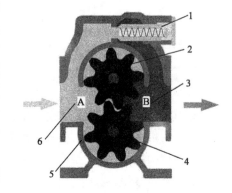

图1-45 齿轮泵的工作原理图
1-安全阀;2-主动齿轮;3-排出口;4-从动齿轮;5-泵体;6-吸入口

(2) 叶片泵。

叶片泵按其每转吸油和排油的次数不同分为单作用叶片泵和双作用叶片两类。单作用叶片泵转子每转一周完成一次吸油及排油;双作用叶片泵转子每转一周完成两次吸油和排油。

单作用叶片泵工作原理,如图1-46所示。泵体内压装定子,定子中偏心安置转子,转子径向槽中装有可伸缩的叶片。定子、转子两端装有侧板(配油盘)。侧板上开有吸油窗口和压油窗口,分别与泵体上进出油口相通。当转子在原动机带动下转动时,由于离心力的作用,使叶片伸出紧靠在定子内壁,叶片、定子、转子等构件间形成若干个密封空间。当转子旋转时,左部叶片逐渐伸出,每两个叶片间密封空间逐渐增大,形成局部真空,在大气压作用下从吸油口吸入油液,随转子转动,吸入的油液被带到图的左部,在右部叶片被定子内壁压进槽内,密封空间逐渐缩小,将油液从油口压出。这样,转子每转一圈各密封空间吸油和压油各一次。因此称为单作用叶片泵。

叶片泵具有运转平稳、噪声小、容积效率高等优点,但对油液污染敏感,结构复杂。

(3)轴向柱塞泵。

轴向柱塞泵可分为斜盘式(图 1-47)和斜轴式两大类。其工作原理与图 1-44 所示单柱塞基本相同,只是利用斜盘或斜轴使柱塞在泵体内做往复运动。

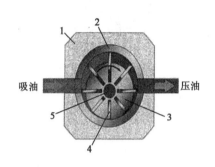

图 1-46 叶片泵
1-泵体;2-定子;3-转子;4-叶片;5-转轴

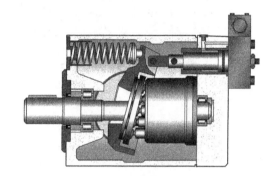

图 1-47 斜盘式轴向柱塞泵

单作用轴向柱塞泵具有结构紧凑,单位功率体积小,重量轻,容积效率高,工作压力高等优点;缺点是结构复杂,造价高,对油污染敏感,使用和维修要求严格。在公路工程机械上应用比较广泛。

二、液力传动

液力传动是利用液体的动能变化来实现动力传递的,即将液体的动能转变为机械能。

1. 液力传动的分类与工作原理

液力传动的常用形式有液力耦合器和液力变矩器。液力变矩器能够改变内燃机输出的转矩,使得涡轮输出的转矩有可能超过内燃机转矩若干倍,从而改善了主机性能,目前应用较广。本节只介绍液力变矩器。

图 1-48 所示液力变矩器是由泵轮、涡轮、导轮等元件组成。

泵轮由内燃机带动旋转,泵轮旋转时带动工作液体一起做圆周运动,工作液体获得动能和压力能。由泵轮输出的高速液体进入涡轮冲击涡轮叶片,使涡轮旋转,克服外阻力做功。此时,工作液体并不是立即从涡轮叶片出口直接流回泵轮叶片入口,而是流经导轮后才重新进入泵轮。

在液力变矩器工作过程中,液体自泵轮冲向涡轮使涡轮受一转矩,其大小与方向都与内燃机传给泵轮的转矩 M_B 相同。液体自涡轮冲向导轮也使导轮受一转矩,由于导轮是固定的,此时它便以一大小相等方向相反的反作用力矩 M_D 作用于涡轮上。因此,涡轮所受转矩 M_T 为泵轮转矩 M_B 与导轮反作用力矩 M_D 之和,即:

$$M_T = M_B + M_D \tag{1-10}$$

这样,液力变矩器可以起增大转矩的作用。液力变矩器输出的转矩 M_T 与输入的转矩 M_B 之比称为变矩系数,用 K 来表示,通常 $K=3$。

$$K = \frac{M_T}{M_B} \tag{1-11}$$

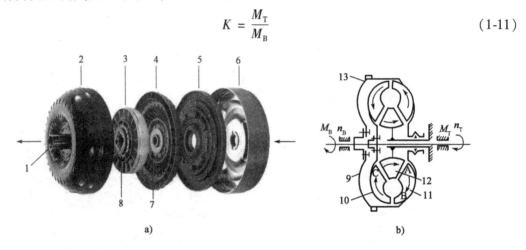

图 1-48 液力变矩器
a)构造图;b)原理图

1-驱动毂;2-泵轮;3-导轮及单向离合器;4-涡轮;5-离合器总成;6-前壳体;7-焊接的毂;8-轴承;9-变矩器壳;10-涡轮;11-泵轮;12-导轮;13-起动齿圈

2.液力传动的特点

(1)使机械具有良好的自动适应性能,当外载荷减小时,自动减小牵引力而增加速度。因此,既保证了内燃机能经常在额定工况下工作,又避免了内燃机因外载荷突然增大而熄火,同时也满足了机械工作状态的要求。

(2)提高了机械的寿命。

(3)简化了机械操纵,提高了机械的舒适性。

(4)液力传动系统效率低,经济性差。

(5)液力传动结构复杂,造价较高。

液力传动由于具有以上优点,在现代工程机械,如装载机、平地机、重型载重汽车上得到了广泛的应用。

第四节 工程机械的运行材料

一、燃料

工程机械所用燃料主要有汽油和柴油。

1.汽油

汽油是从石油中提炼而得,由多种碳氢化合物组成,是一种密度小($0.7\sim0.75\text{g/cm}^3$)而易于挥发的液体。

根据汽油的用途、品质不同,可分为航空汽油、车用汽油等。车用汽油是汽油机的燃料。

汽油的使用性能指标有蒸发性、抗爆性、安定性和腐蚀性等。

蒸发性:汽油由液体状态转化为气体状态的性能。要求汽油具有良好的蒸发性,以保证发动机在各种条件下容易起动、加速和正常运转。

抗爆性:用于判断汽油在发动机中燃烧时,是否容易发生不正常的爆燃现象的性能。抗爆性的好坏程度用辛烷值来表示。提高汽油辛烷值使用最广泛的方法是在汽油中加入抗爆剂四乙基铅。四乙基铅有毒(损害人的神经、造血、生殖系统),加有四乙基铅的汽油常染成红色,以便识别,防止使用中毒。基于环保的要求,我国于2000年7月1日起全面停止使用含铅汽油。

安定性:在常温和液相时抵抗大气(或氧气)的作用而保持其性能不发生永久性变化的能力。

腐蚀性:汽油中含有的腐蚀性物质,如硫及硫化合物、水溶性酸或水溶性碱,以及有机酸性物质和水等。

我国车用汽油的牌号是以研究法辛烷值的大小(异辛烷/正庚烷)为依据划分的。汽油的牌号目前执行的标准为《车用无铅汽油》(GB 17930—2013)标准,该标准中汽油为89号、92号、95号和98号四个牌号。

选用汽油的牌号时,一般根据压缩比的大小选用。学术上,并无十分统一的标准规定什么压缩比用什么样牌号的汽油,而且随着爆震传感器和点火提前角自动调整技术的广泛应用,高压缩比汽车也可以使用较低牌号的汽油,例如无95号汽油时可以用92号汽油替代。

目前,在国际汽车行业的实践中,一般采用以下的用油标准:

89号汽油——适用于发动机压缩比8.5以下的汽车。

92号汽油——适用于发动机压缩比在8.6~9.0之间的汽车。

95号汽油——适用于发动机压缩比在9.1~9.9之间的汽车。

98号汽油——适用于发动机压缩比在10.0以上的汽车。

2. 柴油

柴油是从石油中提炼出来的,主要用于拖拉机、内燃机车、工程机械、内河船舶和发电机组等压燃式内燃机。

柴油的使用性能主要有色度、氧化安定性、硫含量、酸度、水分、10%蒸余物残留、灰分、铜片腐蚀、机械杂质、运动黏度、凝点、冷滤点、闪点、着火性、馏程、润滑性和密度等指标。普通柴油的技术标准和试验方法按最新GB 252—2015《普通柴油》标准执行。

根据GB 252—2015《普通柴油》标准,普通柴油按凝点分为5、0、-10、-20、-35和-50六个牌号。

选用普通柴油时,应选用十六烷值较高,凝点较低,黏度合适,不含水分和机械杂质的柴油。一般选用柴油的凝点应较当地最低气温低4~6℃(对应各牌号的冷滤点),以保证在最低气温时不致凝固而影响使用。各号轻柴油的适用气温范围如下:

5号柴油适合于风险率为10%的最低气温在8℃以上的地区使用;

0号柴油适合于风险率为10%最低气温在4℃以上地区使用;

-10号柴油适合于风险率为10%最低气温在-5℃以上的地区使用;

-20号柴油适合于风险率为10%最低气温在-5~-14℃的地区使用;

-35号柴油适合于风险率为10%最低气温在-14~-29℃的地区使用;

-50号柴油适合于风险率为10%最低气温在-29~-44℃的地区使用。

二、润滑油料

润滑油料是将石油蒸馏出汽油、煤油、柴油后的重油再进行残压蒸馏,切割成很多窄馏分,然后经精制加工而成。其主要用途是减小或降低零件之间的摩擦和磨损,并冷却摩擦表面。润滑油料主要指发动机润滑油、传动用润滑油和润滑脂等。

1. 发动机润滑油(俗称机油)

机油有汽油机油和柴油机油之分。评价机油品质的指标主要有黏度、倾点、闪点和酸值等。黏度表示油料自身流动时的内阻力,是评价机油品质的主要指标,也是机油分类的主要依据。为了提高机油的品质,现代机油中都加有各种添加剂。

按机油的特性和使用场合,《汽油机油》(GB 11121—2006)分SE、SF、SG、SH、GF-1、SJ、GF-2、SL、GF-3九级(质量等级),《柴油机油》(GB 11122—2006)分CC、CD、CF、CF-4、CH-4、CI-4六级(质量等级)。每一级机油按其黏度又分为若干牌号(黏度等级)。例长城SE级汽油机机油有SE40、5W/30、10W/30、15W/30、15W/40、20W/50六个牌号。

选用机油时,首先根据发动机的工作条件选用适当的机油品种(质量等级),然后根据地区季节气温,结合发动机的性能和技术状况选用适当的机油牌号(黏度等级)。汽油机油的性能及适用场合参见表1-6,柴油机油的性能及适用场合参见表1-7。

汽油机油的性能及适用场合 表1-6

代号	性能及适用场合
SE	具有高温抗氧化、抗低温油泥以及抗低温锈蚀能力;保证1972年汽油机使用,适用于桑塔纳、标致、夏利、大发、松花江、奥拓、昌河、五菱、吉林等车辆
SF	改进了抗磨性;保证1980年汽油机使用,适用于桑塔纳、捷达、富康、奥迪等小轿车
SG	能抑制发动机沉积和机油氧化,减少发动机磨损,降低低温油泥的生成;保证1989年汽油机使用,适用于奥迪A6、捷达王、富康、红旗、桑塔纳2000、沃尔沃、尼桑、本田等国内合资生产和进口高级轿车
SH GF-1	挥发性低,过滤性更佳,磷含量<0.12%;保证1994年汽油机使用,适用于林肯、凯迪拉克、奔驰、宝马、别克等高级轿车
SJ GF-2	增加台架测试和模拟试验,并改善挥发性,磷含量<0.1%;保证1998年汽油机使用,适用于克莱斯勒、凯迪拉克等高级轿车

柴油机油的性能及适用场合 表1-7

代号	性能及适用场合
CC	防高温沉积物形成,防锈蚀和腐蚀;用于1961年机型,中负荷涡轮增压四冲程柴油机
CD	抗高温沉积物形成,防腐蚀;用于重负荷涡轮增压四冲程柴油机
CF	防高温沉积物形成,耐腐蚀;用于1983年机型,重负荷涡轮增压四冲程柴油机
CF-4	高效控制高、低温沉积物形成,降低油耗;用于1994年机型,重负荷涡轮增压四冲程柴油机,适用于公路重型载货汽车发动机和工程机械发动机
CH-4	严格控制高、低温沉积物和磨损,更好的高温抗氧性能、洁净性能及良好的分散性能;用于1999年机型,重负荷涡轮增压四冲程柴油机
CI-4	2002年10月推出,专为带有EGR系统的高级柴油机设计,符合欧Ⅲ标准

2.传动用润滑油(俗称齿轮油、黑油)

齿轮油的主要作用是在齿轮的齿与齿之间的接触面上形成牢固的油膜,以保证正常润滑和减少磨损。此外,尚有冷却、清洗、密封、防锈和降噪等作用。齿轮油主要用于手动变速器、分动器、主减速器、差速器以及转向器等传动机件的润滑。

齿轮油的质量指标主要有黏度、倾点、闪点、机械杂质和水分等。黏度是齿轮油的重要质量指标。

我国车辆齿轮油按使用分 GL3、GL4 和 GL5 三级。按黏度分为 70W、75W、80W、85W、90、140 和 250 七个牌号,其中 W 代表冬季用。

齿轮油应按车辆使用说明书的规定选择与该车型相适应的品种和牌号,或根据工作条件的苛刻程度选择齿轮油的品种(质量等级),再根据当地季节气温选择齿轮油的牌号(黏度等级)。齿轮油的分类及适用场合参见表1-8。

齿轮油的分类及适用场合　　　　　表1-8

代号	适用场合
GL3	用于中等速度和负荷比较苛刻的手动变速器和螺旋锥齿轮驱动桥
GL4	用于高速低转矩和低速高转矩条件下,双曲线齿轮传动和手动变速器的润滑
GL5	用于运转条件苛刻的高冲击负荷的双曲线齿轮传动和手动变速器的润滑

3.润滑脂(俗称黄油)

黄油是由一种(或多种)稠化剂和一种(或几种)润滑液体所组成的一种不流动的半固体膏状润滑剂。它由润滑油、稠化剂、添加剂和填料等组成。

润滑脂的质量指标主要有滴点、锥入度、胶体安定性、水分和腐蚀性等。锥入度是表示润滑脂软硬程度的指标,是选用润滑脂的重要依据。

按《润滑剂和有关产品(L类)的分类　第8部分:X组(润滑脂)》(GB 7631.8—90)的分类方法,常用润滑脂品种有:皂基润滑脂(钙基润滑脂、钠基润滑脂、钙钠基润滑脂、锂基润滑脂、复合钙基润滑脂、复合铝基润滑脂、复合锂基润滑脂、复合磺酸钙基润滑脂)、无机润滑脂和有机润滑脂等。

各品种润滑脂按锥入度分若干个牌号,例如钙基润滑脂按锥入度分1、2、3、4 四个牌号,号数越大,脂质越硬,滴点也越高。

选用润滑脂时,必须考虑机件的工作温度、运转速度、承受负荷条件,以及环境(空气温度、尘埃及腐蚀气体等)的影响,然后根据各类润滑脂的性能来选定用脂。一般应根据机械设备使用说明书的规定,选用与用润滑脂部位工作条件相适应的润滑脂品种和牌号。

三、液力传动油(自动变速器油)

液力传动油主要用在液力变矩器、动力变速器等液压控制系统。它既用作传递动力的介质,又要作为润滑剂、冷却剂和抗磨剂,要求在 −40~170℃ 范围内工作。

目前,我国尚未制定液力传动油详细分类的国家标准。按中国石油化工总公司企业标准有 6 号和 8 号两种,另有一种拖拉机传动、液压两用油。

6 号普通液力传动油适用于内燃机车、载重汽车、工程机械的液力变矩器,接近国外

PTF-2级油。8号液力传动油适用于各种具有自动变速器的汽车,接近于国外PTF-1级油。

拖拉机传动、液压两用油有68、100和100D三个牌号,适合作为国产及进口拖拉机、工程机械和车辆液压系统的工作介质和齿轮传动机构的润滑油。100号两用油适用于南方地区,68和100D号适用于北方地区。一般应按机械使用说明书的规定来选用适当品种的液力传动油。

四、液压油

液压油广泛使用在汽车、工程机械的液压系统中,其作用为传力、润滑、冷却和防锈。黏度是液压油的重要使用性能之一,是选择液压油的首要因素。

按照《液压油(L – HL、L – HM、L – HV、L – HS、L – HG)》(GB 1118.1—2011)分类,有L – HL抗氧防锈液压油、L – HM抗磨液压油(高压)、L – HM抗磨液压油(普通)、L – HV低温液压油、L – HS超低温液压油和L – HG液压导轨油六个品种。每个品种又有各黏度等级,例如L-HL液压油有15、22、32、46、68、100六个黏度牌号。

液压油的选用应考虑液压系统的工作压力、环境温度和液压泵的形式,以此来选定品种和牌号。一般按机械使用说明书规定选用。

L-HL液压油常用于低压液压系统,也可适用于要求换油期较长的轻负荷机械的油浴式非循环润滑系统。L-HM液压油适用于低、中、高压液压系统,也可用于其他中等负荷的机械润滑部位。L-HV液压油适用于环境温度变化较大和工作条件恶劣的(指野外工程和远洋船舶等)低、中、高压液压系统和其他中等负荷的机械润滑部位。L-HV液压油中的低温液压油适用于野外作业的工程车辆、大型拖拉机等中高压系统在黄河以北地区使用。不同的环境温度和液压泵的形式,应选择适宜黏度牌号的液压油。

五、制动液

制动液是指专门用于液压制动系统的液体。对制动液的主要质量要求是,皮碗膨胀率要小、腐蚀性要合格、沸点要高,以及适宜的黏度和良好的低温流动性。

机动车辆制动液国家标准为《机动车辆制动液》(GB 12981—2012),目前常用的制动液有醇型、矿物油型和合成型三类。醇型制动液由精制蓖麻油和醇配制而成,分1号和3号。矿物油型制动液由精制轻柴油馏分,加入各种添加剂调和而成,有7号制动液等。合成型制动液以合成油为基础,加入添加剂后制成。按合成油原料不同,目前有醚型和脂型两种。醚型制动液有4603号;脂型制动液有4603-1号和4604号。

醇型制动液用在各种液压制动的普通汽车上,不能满足严寒和炎热地区车辆使用的要求。1号适于北方平原地区;3号适于南方地区。

矿物油型制动液可在各种车辆上使用,但制动系需换用耐油橡胶件。7号在严寒地区能冬夏通用。

合成型制动液适用于高速、大功率、重负荷和制动频繁的车辆,在我国各地区冬夏都可使用。凡进口汽车规定用相当SAEJ1703制动液的,均可以4604号来代用。

六、防冻液

防冻液是用于发动机散热器内的一种防冻辅助用液体,冬夏通用,可几年不换。防冻液有较低的冰点、较高的沸点、良好的散热能力,以及不形成水垢、不腐蚀水套和散热系统的能力。

常用的防冻液有酒精—水型、甘油—水型和乙二醇—水型三种,它们可按一定比例混合而成。使用时,防冻液的冰点要比使用地区的最低气温低5℃。防冻液的冰点与其成分比例关系,见表1-9。

三种防冻液的冰点与成分比例关系　　　　　　　　表1-9

冰点 (℃)	酒精—水型 (酒精重量百分比)	甘油—水型 (甘油重量百分比)	乙二醇—水型 (乙二醇重量百分比)
-5	11.27	21	—
10	19.54	22	28.4
15	25.46	43	32.5
20	30.65	51	38.5
25	35.09	58	45.3
30	40.56	64	47.8
35	48.15	69	50.9
40	55.11	73	54.7
45	62.39	76	57
50	70.06	—	59.9

酒精—水型防冻液价格低、配制简单,使用要注意安全,并定期测定酒精含量;甘油—水型防冻液因甘油防冰点效率很低,使用不经济;乙二醇—水型防冻液冷却效率高、有毒,对金属和橡胶零件有腐蚀,价格较高,应酌情选用。

第五节　工程机械使用性能

在公路工程机械化施工中,如果能充分发挥各种施工机械的性能,便可提高施工质量,加快施工进度,获得良好的经济效益。因此,了解施工机械的使用性能,正确地使用机械是非常重要的。

施工机械的使用性能主要包括:

1.牵引性

对于铲土运输机械而言,牵引性是一个重要的性能指标。牵引性是指机械在各种作业速度下,能够发出的最大牵引力。它直接影响机械的作业性能和作业效率。牵引性是用牵引功率和牵引效率来评价的。

牵引性在机械设计和机械使用中是十分重要的。在使用过程中,牵引性有助于合理使用机械、有效地发挥其生产率。例如,推土机在工作中,突然遇到突变的阻力,往往由于驾驶员来不及调整铲土深度,而不得不脱开主离合器,否则会导致发动机过载熄火。这样不但损失了机械有效工作时间,而且频繁地操纵,也会增加驾驶员的劳动强度和疲劳,从而导致机械的生产率下降。所以熟悉掌握了各种机械的牵引性,就可掌握各种铲土运输机械的切土深度,使机械尽可能地在接近额定工况附近工作。

2. 动力性

动力性是反映施工机械在不同挡位行驶时所具有的加速性能,以及所能达到的最大行驶速度和爬坡能力。它是用动力因素 D 来评价的。动力性直接影响着机械的生产率。动力因素 D 可用下式来确定:

$$D = \frac{F_k - F_r}{M} \tag{1-12}$$

式中:F_k——切线牵引力;

　　F_r——风阻力等;

　　M——机械总质量。

动力因素反映了在除去风阻力、坡度阻力和惯性阻力后的切线牵引力。因此,在机械使用中,一般用低挡起步、中挡作业、高挡行驶、并使机械在设计规定的爬坡角度范围内工作,以充分发挥机械的效能。

3. 机动性

机动性反映了施工机械直线行驶的稳定性以及在狭窄场地转向和通过的能力。一般用最小转弯半径 R_{min} 来评价。机动性影响机械的适用程度。

4. 稳定性

稳定性反映了施工机械在坡道上行驶时,抵抗纵向和横向倾翻及滑移的能力。

5. 经济性

经济性反映了施工机械在作业过程中,燃料消耗的经济程度。它一般用耗油量 G 和有效燃油耗油率 g_e 来评价。

耗油量 G 是指内燃机每工作一小时所消耗的燃油量,用于同功率的内燃机。

有效燃油耗油率 g_e 是指内燃机每千瓦小时所消耗的燃油量,用于不同功率的内燃机。

【复习思考题】

1. 内燃机的基本术语有哪些?
2. 画简图说明单缸四冲程柴油机的工作原理。
3. 说明内燃机的主要性能指标。
4. 什么是内燃机的外特性?为什么工程机械内燃机普遍采用柴油机?
5. 工程机械传动系作用是什么?轮式工程机械的动力是如何传递到车轮的?
6. 说明离合器的作用。画简图说明常合式摩擦离合器的工作原理。
7. 什么是传动比?变速器有何作用?
8. 画简图说明轮式工程机械行驶系的主要组成和行驶原理。
9. 工程机械转向系的转向方式有哪几种?各有什么特点?
10. 画简图说明蹄式制动器的制动原理。

11. 什么叫液力传动？液力传动的主要特点有哪些？
12. 什么叫液压传动？液压传动的主要特点有哪些？
13. 液压系统由哪几部分组成？各起什么作用？
14. 汽油有几个牌号？如何选用？
15. 轻柴油有几个牌号？各适用于什么场合？
16. 工程机械的使用性能有哪些？简要说明其要点。

第二章
土石方工程机械及其施工技术

[重点内容和学习要求]

本章重点描述土石方工程机械的合理选择与组合,工程机械台数的确定,推土机、铲运机、反铲挖掘机、平地机、装载机的施工技术与运用,以及石方工程机械与路基土石方爆破施工。论述土石方工程机械的生产率与产量定额,各土石方工程机械的主要总成与作业范围。

通过学习,懂得选择土石方工程机械的方法和各种土石方工程机械的施工技术,知道如何利用各种土石方工程机械进行施工,了解各种土石方工程机械的主要总成与作业范围。

第一节 土石方工程机械的合理选择与组合

一、施工前的准备

土石方工程机械在施工前,必须做好以下各项准备工作:

(1)熟悉设计文件,绘出作业地段的设计纵、横断面图,以供施工使用。

(2)根据工程量、施工进度结合作业对象的不同,以及与其他土石方工程机械配套使用的情况,合理选择机械的类型、型号与数量。

(3)清除作业地段直径超过25cm的树木及大体积障碍物。对超过Ⅲ级以上的土壤或多石地带,应预先进行爆破疏松。

(4)排除施工地段地面积水。在路基土石方施工中,施工前可在施工区域设置临时或永久性排水沟(盲沟),将地面积水排除。山坡地段,可在较高处(离边坡土沿 5~6m)设截水沟,阻止地面水流入挖填区内,必要时可在需要地段修筑挡水坝。

(5)利用测量仪器(全站仪)放出路基中线、边线和高程,并设立明显标志(木桩、花秆或带色小旗等)。

(6)规划机械的行驶路线。根据作业对象和地形合理选择机械的作业方法,合理地进行施工组织。

(7)对使用的机械进行一次全面彻底的检查,消除事故的隐患。对有危险的工程作业机械必须配有落体和抗倾翻保护装置,以确保施工的安全性。

二、土石方工程机械的合理选择与组合

土石方工程施工机械的种类、规格繁多,各种机械都有着自身独特的技术性能和作业范围,一种机械可能有多种用途。而某一土石方工程往往可以采用不同的机械去完成,或者需要若干机种联合工作。为了获得最佳的技术经济效果,对每一项土石方工程,必须根据工程作业内容、工程量、工程质量和施工进度的要求,结合具体的施工条件,对施工机械进行合理选择与组合,使其发挥最大效能。

1. 土石方工程机械合理选择的原则

工程量和施工进度是合理选择机械的重要依据。为了保证施工进度和提高经济效益,工程量大时,一般采用大型机械;工程量小时,采用中小型机械。但这不是绝对的,因为影响机械施工的因素是多方面的。例如:一项大型工程,由于受公路、桥梁等条件的限制,大型机械不宜通行,若为了改善运输条件而再修公路,这便很不经济。如果改用相对小型的机械进行施工,反而较为经济合理。总而言之,选择施工机械应遵循以下原则:

1)施工机械应与工程的具体情况相适应

在土石方工程中,施工范围非常广泛,施工条件千变万化,选用的施工机械一方面应适应工地的气候、地形、土质、施工场地大小、运输距离、施工断面形状尺寸、工程质量要求等;另一方面,机械的容量要与工程量和施工进度相符合,尽量避免因机械工作能力不足和过剩造成延缓工期或机械利用率太低的现象。因此在条件允许的情况下,尽量选择最能满足施工内容的机种和机型。

2)施工机械应有较好的经济性

施工机械经济性选择的基础是施工单价,主要与机械固定资产消耗及运行费用等因素有关。其中,固定资产消耗与施工机械的投资成正比,包括折旧费、大修费及投资利息等费用;而机械运行费用与完成的工程量成正比,包括劳动工资、直接材料费、劳保设施费等。在选择机械时,除了权衡工程量与机械费用的关系外,还要考虑机械的先进性和可靠性。大型先进的机械,虽然一次投资大,但它可以分摊到较大的工程量中,对工程成本影响较小;并且技术性能优良,易于操纵,各种消耗也较低,施工质量好,经济效益高。

3)施工机械应能确保施工质量

公路施工中,对技术要求高的作业项目,应考虑采用性能优良或专用的机械,以保证工程质量和较高的生产率。而对一般的作业项目,应注意不可片面追求高性能的专用化机械,在满

足工程质量要求的前提下,要充分考虑到机械的通用性,以降低投资费用。

4)施工机械应保证施工安全

施工机械应具有可靠的安全性能,如行驶稳定,有翻车或落体保护装置,防尘、隔音,危险施工项目可遥控作业等。此外,在保证施工人员和机械设备安全的同时,应注意保护自然环境,施工现场及附近的各种设施,不会因机械施工而受到损害。

2. 土石方工程机械合理组合的原则

土石方工程机械的合理组合是充分发挥机械设备效能的重要因素,也是机械化施工的一个基本要求,它包括技术性能、机械类型和数量的配置。

1)主要机械和配套机械的组合

机械工作能力的配合应适宜,配套机械的工作容量、数量及生产率应稍有储备,以充分发挥主要机械的生产率。例如,挖掘机与运输汽车配合、挖掘机的斗容量与运输车辆的容量应协调,一般以3~5斗能装满一车箱为宜,以保证作业的连续性。

2)牵引车与配套机具的组合

在土石方工程中,经常会有一些辅助性机具和拖式机械没有独立的动力行走装置,需要配以另外的牵引车牵引作业。两者要协调平衡,尽量避免动力过剩和动力不足的现象。

3)配合作业机械组合数尽量少

组合数越多,总效率越低。因为配合作业机械的总效率是各机械效率的乘积。例如:两台效率为0.9的机械组合时,其总效率为$0.9 \times 0.9 = 0.81$。而且每一组合中,当其中一台机械发生故障时,组合中的其他机械便无法正常工作。因此在能完成作业内容的前提下,应尽量减少机械的组合数。为了避免上述不利情况的发生,应尽可能地组织多个系列的组合,并列进行施工,从而减少因组合中一台机械无法正常工作,而引起工程全面停工的现象,减少配合机械工作能力的损失。

4)尽量选用系列产品

在土石方工程机械化施工中,对同一机种的类型应力求统一,尽可能使用标准化、系列化产品,便于维护、维修与管理。

总之,每个施工单位要结合其设备装备情况、完好率及新购机械的可能性等具体情况,因地制宜进行机械的组合,确实做到技术上合理、经济上有利。

3. 土石方工程机械的选择方法

在土石方工程中,选择机械时考虑的因素很多。一般要根据机械的技术性能,针对各项作业的具体情况,进行合理的选择。

1)根据作业内容选择

公路工程包括路基工程、路面工程、桥梁工程及其他工程等,其中路基土石方工程的施工作业内容包括:土石方的挖掘、装载、运输、填筑、压实、修整及开挖边沟等基本内容,以及伐树除根、松土、爆破及表层处理等辅助性作业。每种作业都要由相应的机械完成。各种作业内容供选择的机械,见表2-1。

实践表明,对于大型工程,一般根据作业内容选择机械;对于中小型工程,则选择通用性好的机械。具体选择时,应首先选择主导机械,然后根据主导机械的生产能力、工作参数及施工条件选择辅助机械,确保工程连续均衡地进行。

根据作业内容选择施工机械 表2-1

工程类别	作业内容	选择的机械与设备
准备工作	清基(树丛、草皮、淤泥黑土、岩基、废墟、冰雪等)和料场准备	伐木机、履带式拖拉机、推土机、挖掘机、装载机、水泵等
	松土、破冻土(<0.2m)	松土器、大犁、平地机
土方开挖	底宽>2.5m的河渠、基坑、池塘、港口、码头、采石场等;小型沟渠和基坑	推土机、挖掘机、铲运机、装载机、冲泥机、吸泥机、开沟机、清淤机等
石方开挖	砾石开采	挖掘机、装载机、推土机等
	岩石开采	空压机、凿岩机、挖掘机、推土机、爆破设备等
	石料破碎	破碎机、筛分机等
冻土开挖	河渠、基坑、池塘、港口、码头等	推土机、冻土犁、冻土锯、冻土铲、冻土钻等
土石填筑	大中型堤坝、路基、场地、台阶等小型堤坝、梯田等	推土机、铲运机、羊脚碾、压路机、打夯机、洒水车、平地机、大犁等
运输	机械设备调运	火车、轮船、载货汽车、起重机等
	土石运输	载货汽车、推土机、铲运机、装载机等
整型	削坡	平地机、大犁、推土机、铲运机、挖掘机等
	平整	平地机、推土机、铲运机、大犁等

2)根据土质条件选择

土石方是机械施工的主要对象,其性质和状态直接影响机械作业的质量、工效及成本,因此土质条件是机械选择的一个主要依据。

(1)根据机械通行性选择。

通行性是指车辆(特别是工程车辆)在土质等条件的限制下,在工地上行驶的可能程度。车辆在土壤上行驶,将土壤来回揉搓,使土壤的强度逐渐降低,承载能力也将随之降低,最终将不能行驶。相反,在干燥状态下的砂土上行驶,初期虽然比较困难,一旦稳定,以后便能很容易反复行驶。一定土质地面的车辆通行性,可通过对土壤性质变化的测定确定。

(2)根据土质的工程特性选择。

土质条件不仅对机械的通用性有影响,而且也左右着各种施工机械施工作业的可能性和难易程度。土质的各种工程性质不同,施工时应选择不同的机械。

为了便于选择施工机械,一般把土壤分为两种:硬土和软土。其中,较为干燥的黏土、砂土、砂砾石、软岩、块石和岩石等称为硬土;淤泥、流沙、沼泽土和湿陷性大的黄土、黑土及软黏土(含水率较大)等称为软土。对硬土开挖运输机械的选择可参考表2-2,软土开挖机械的选择可参考表2-3。

硬土开挖运输机械的选择 表2-2

土质\施工机械	推土机	铲运机	正铲挖掘机	反铲挖掘机	装载机	松土器	开沟机	平地机	自卸汽车	底卸汽车	钻孔机	凿岩机
黏土和壤土	√	△	√	√	√	√	√	√	√	√		
砂土	√	√	√	√	√	√	√	√	√	√		

续上表

施工机械 土质	推土机	铲运机	正铲挖掘机	反铲挖掘机	装载机	松土器	开沟机	平地机	自卸汽车	底卸汽车	钻孔机	凿岩机
砂砾石	√	×	√	√	√	×	△	△	√	△		
软岩和块岩	△	×	△	△	△	√	×	×	√	×	√	√
岩石	×	×	×	×	△	×	×	×	√	×	√	√

注:√-适用;△-尚可用;×-不适用。

软土开挖机械的选择　　　　表2-3

施工机械 水分	通用推土机	低比压推土机接地比压(kPa)			水陆两用挖掘机	挖泥船
		19.6~29.4	11.8~19.6	<11.8		
湿地	△	√	√	√	√	×
沼泽地	×	√	√	√	√	×
重沼泽地	×	×	△	√	√	△
水下泥地	×	×	×	△	√	√

注:√-适用;△-尚可用;×-不适用。

3) 根据运距选择

根据运距选择机械,主要针对铲土运输机械而言。一般根据土质及工程规模,结合现场条件,参考表2-4选用。

施工机械的经济运距　　　　表2-4

机械	履带推土机	履带装载机	轮胎装载机	拖式铲运机	自行式铲运机	轮式拖车	自卸汽车
经济运距(m)	<80	<100	>150	100~500	200~1000	>2000	>2000
道路条件	土路不平	土路不平	土路不平	土路不平	土路不平	平坦路面	一般路面

4) 根据气象条件选择

气象条件也是影响机械施工的因素之一,如在雨季和冬季施工时,应充分考虑到其独特性。

雨水和积雪融水会直接影响土壤的状态,使工程性质变坏,从而导致机械通过性下降。在我国的大部分地区,都有程度不同的连续降雨天气,即雨季。在此期间,如不停工,就不得不考虑采用附着性和通过性好的履带式机械,代替机动灵活的轮胎式机械进行作业。

冬季施工,应首先考虑冻土的开挖、填筑和碾压等作业,是否达到设计规定的技术要求。施工时,应选用与破除冻土相适应的机械,如松土器、冻土犁等。

5) 根据作业效率选择

在计算施工机械的生产率时,都是在假定的标准工况下进行的,但在实际工程施工中,各种条件是千变万化的。因此,在特定的施工条件下,选择的施工机械,其工作能力(生产率)是要计入作业效率的。

此外,选择合适的施工机械,还要考虑与工程间接有关的各种因素,比如对规模较大的施工单位来说,可能要同时承担几个不同的施工任务,因此应考虑机械设备相互之间的协调与配合。另外,诸如电力、燃润料供应及机械维修与管理等,都对机械的选择有着制约作用。要综合分析,抓住主要矛盾,从中选择最经济适用的机械。

4. 土石方工程机械的生产率和数量的确定

1)施工机械的生产率与产量定额

一台施工机械单位时间内(一小时或一台班)完成的工作量称为生产率。它是编制施工计划、估算施工费用、进行机械合理组合的依据。

(1)生产率的一般计算公式。

一般在施工现场所配置的施工机械,由于作业的实际情况和生产事故等原因,作业时,并不是所有的机械都是在运行的。即使运行中的机械,其实际作业时间也不尽相同,作业效率也不一样。

设机械的运行效率为 K_n、作业时间利用率为 K_b、作业效率为 K_q、机械工作容量为 V、每小时循环次数 n,则生产率的一般计算公式为:

$$Q = nVK_nK_bK_q \quad (m^3/h) \tag{2-1}$$

设运行效率 $K_n = 1$,则:

$$Q = nVK_bK_q \quad (m^3/h) \tag{2-2}$$

如以台班计算,则:

$$Q = \frac{8 \times 60}{t}VK_bK_q \quad (m^3/h) \tag{2-3}$$

式中:t——机械每一个工作循环所用的时间,min。

(2)生产率计算公式的其他形式。

①最大生产率 Q_p。

最大生产率是指在良好的工作条件下,施工机械在单位时间内所完成的最大工程量,此时机械的时间利用率 $K_b = 1$,则:

$$Q_p = nVK_q \quad (m^3/h) \tag{2-4}$$

最大生产率相当于机械出厂说明书上的公称能力,也称为理论生产率。

②正常生产率 Q_n。

机械在作业过程中,因补充燃润料、维护、维修、待工及天气等的影响,实际上不可能连续不断地运行,总是有一定的时间损失。如在某一时期内(一个星期或一个月)测得其正常损失时间为 t_r,实际作业时间为 t_n,则正常作业时间效率 K_w:

$$K_w = \frac{t_n}{t_n + t_r} \tag{2-5}$$

K_w 一般取 0.8。

正常生产率 Q_n 是指用正常作业时间效率修正后的最大生产率 Q_P。它与 Q_P 的关系为:

$$Q_n = K_wQ_P \quad (m^3/h) \tag{2-6}$$

③平均生产率 Q_a。

在良好条件下,按正常生产率进行施工,可持续一段时间,但这样的施工进度不能作为工程估价和编制施工计划的标准。实际上,从开工到竣工的整个施工期间,常常会出现一些不可预料的各种因素。如施工准备不足、机械故障、设计变更、气候变化及其他偶发事件等引起的时间损失等。这些损失的时间称偶发损失时间 t_c,则偶发作业时间效率为 K_c:

$$K_c = \frac{t_n + t_r}{t_n + t_r + t_c} \tag{2-7}$$

考虑正常损失时间和偶发损失时间的生产率称平均生产率,则:

$$Q_a = K_w K_P Q_c = K_a Q_c \quad (\text{m}^3/\text{h}) \tag{2-8}$$

式中,$K_a = K_w K_c$,称为平均作业时间效率,一般为 $0.6 \sim 0.8$。

综上所述,施工机械的生产率有最大、正常和平均生产率三种形式,通常在编制施工机械组合计划和平衡各项工程的施工机械的作业能力时,用最大生产率和正常生产率;在编制施工计划和工程估价时,用平均生产率。

(3)产量定额。

机械的产量定额是国家或某一基建部门按同类型机械的平均水平而制定的统一标准。它是施工预算和竣工决算的依据,也是衡量施工生产率高低的尺度。

定额生产率分为单项和综合两种,前者作为对具体施工点选择机型和确定使用数量的依据,后者多用于施工预算和竣工决算。

2)机械数量的确定

根据工程量、工期、土质、气象等条件,按不同土质、运距的单项工程总量,算出机械台数。然后汇总整个工程的机械台数,就可得到全部工程所需的总的机械台数。

$$某机械台数 = \frac{台班总土方量(\text{m}^3)}{某机械台班产量(\text{m}^3)}$$

$$台班总土方量(\text{m}^3) = \frac{单项工程总土方量(\text{m}^3)}{工作天数 \times 每天台班数}$$

工作天数和当地气候条件等因素有关,因此必须做好气象调查,弄清全年每月的工作天数。

工作天数 = 工期中的日历天数 − (停工天数 + 下雨停工天数 + 雨后停工天数 + 其他停工天数)

为了计算方便,采用运转日利用率来换算工作天数。

$$运转日利用率 = \frac{工期中的工作天数}{工期中的日历天数} \times 100\%$$

运转日利用率一般为 $50\% \sim 80\%$,非雨季节、硬土、大规模工程,其运转日利用率取高些,反之则低些。

机械台班产量按下式计算:

台班产量(m^3/台班) = 机械台时生产率 × 台班时间 × 台班时间利用率

台班时间一般为 8h。台班时间利用率一般为 $0.35 \sim 0.85$,标准为 0.7。在工作中,要做好机械的管理、机械的配置和协调,以提高台班时间利用率。

当主要机械台数确定后,即可确定配套辅助机械的数量。如拖式铲运机台数确定后,牵引用拖拉机的台数即可确定,为其助铲的推土机的台数亦可确定(一般三台铲运机配一台助铲用推土机);配合挖掘机运土的自卸汽车的数量,既可以按前述方法算出,也可以根据已确定的挖掘机的装车工作时间来计算:

$$汽车台数 = \frac{汽车装运一次的循环时间}{挖掘机装满一车的时间}$$

汽车装运一次的循环时间等于挖掘机装满一车的时间和重载运输时间、空载返程时间、卸土时间以及等待与延误时间之和。

汽车的需要量，除与挖掘机、汽车的性能有关外，同时与运土距离、道路状况、驾驶员的素质有关，也与平整和压实机械的工作能力有关。

在计算机械台数时，一般使用预算产量定额。若使用施工产量定额时，由于机械保修、搬运、故障排除、施工前后的准备和收尾工作及其他原因等，实际需用机械台数要比上述计算台数略多些。

第二节　推土机及其施工技术

一、概述

推土机是路基土石方工程中最常使用的机械之一，具有所需作业面小，机动灵活，转移方便，短距离推运土石方效率高，干湿地都可独立作业，同时也可配合其他土石方工程机械施工的特点。因此，在路基土石方工程中被广泛运用，一般适用于季节性强、工程量集中、施工条件较差的施工环境，主要用于填筑路堤、开挖路堑、平整场地、回填基坑、物料堆集和压实等工作。

由于推刀的容量不大，在运土过程中，土壤易于从推刀两侧流失，因此，运距不宜过大，一般不超过100m。根据作业要求，推土机还可以配装松土器（破碎Ⅲ、Ⅳ级土壤）、除根器（拔除直径在45cm以下的树根）和除荆器（切断直径在30cm以下的树木）等。

1. 推土机的主要组成

推土机（图2-1）由发动机、底盘、工作装置、液压系统和电气系统等组成。

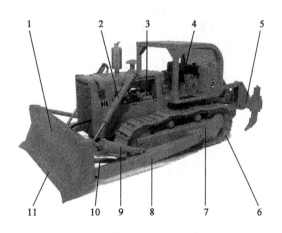

图2-1　推土机的总体组成

1-推土铲；2-铲刀升降油缸；3-发动机；4-驾驶室；5-松土器；6-履带行走装置；7-机架；8-顶推梁；9-铲刀倾斜油缸；10-中央拉杆；11-切削刀刃

推土机工作装置是指悬挂于整机前部的推土铲1（铲刀）和后部的松土器5，分别用来推土和松土。在施工中铲刀的空间位置可随土壤的性质和作业要求的变化而改变（表2-5）。

铲刀工作角与土壤性质和施工作业的关系(°)　　　　表2-5

工作角	Ⅰ、Ⅱ级土	Ⅲ级土	Ⅳ级土	推土	平土	填土	斜坡作业
γ	60~65	52~57	45				
α	60	45	45	90	60	40	
β			4~8				7~10

铲土角 γ 是铲刀刃口与地面的夹角;水平角 α 是刀身轴线与机架纵轴线的夹角;倾角 β 是刀口与地面的夹角,如图 2-2 所示。

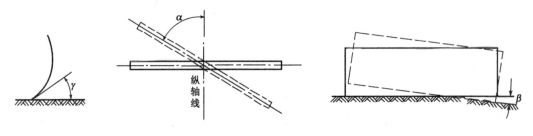

图 2-2　铲刀工作角
γ-铲土角;α-水平角;β-倾角

2. 推土机的分类

推土机在路基土石方工程中可根据作业项目选择不同的机种与机型,常用的类型有：
(1)按行走方式分：履带式和轮式。
(2)按推土刀的操纵分：绳索式操纵和液压操纵。
(3)按铲刀形式分：直铲式(固定式)和角铲式(回转式)。
(4)按传动方式分：机械传动式、液力机械传动式、全液压传动式和电力传动式。
(5)按功率等级分：小型(<74kW)、中型(74~235kW)和大型(>235kW)。
(6)按接地比压的大小分：高比压(>0.1MPa)、中比压(0.05MPa)和低比压(<0.015MPa)三类。

二、推土机的应用

1. 推土机的作业方法

推土机在推运路基土石方时,应根据现场的地形、土质和施工技术要求,结合推土机本身的技术性能,合理地选择适宜的作业方法。

1)波浪起伏铲土法

推土机开始铲土时,应将铲刀最大可能地切入土中。当发动机稍有超负荷现象时(此时发动机转速变慢),应将铲刀缓缓提起,直至发动机恢复正常运转。然后再将铲刀下降切土。如此反复,直至铲刀前堆满土壤为止,如图 2-3 所示。

该法可使发动机功率得到最大限度发挥,缩短铲土时间和距离,提高作业效率。但由于驾驶员频繁操作而容易疲劳,且回程时因地面不平使推土机产生颠簸。因此,一般只适用于土质较厚、工程量大的土石方工程。

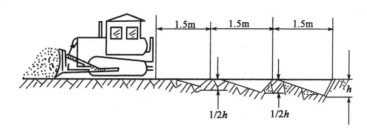

图 2-3 波浪起伏铲土法

2）分段推土法

若取土场较长、土壤较硬，推土机一次铲土很难达到满铲时，推土机可由近至远，分段将土壤推成数堆。当各堆土壤的堆积量达到满铲时，再由远而近，将数堆土壤一次推送到填土处，如图 2-4 所示。

图 2-4 分段推土法

L_H-每段铲土长度；h_H-铲土深度；L_T-工作地段长度；n-分段数

分段推土可结合下坡作业一起使用，这样不仅可提高推土机铲土的能力，减少运土距离，节约时间，而且可为后序作业创造一个有利的地形。

3）下坡推土法

推土机在作业时应尽量利用地形下坡作业，这样可充分利用推土机机重的下坡分力助铲，缩短铲土时间；同时因土壤本身具有向前翻滚的趋势，可减少土壤散失，增大推运土方量。

下坡作业坡度不宜过大，以 2 挡能顺利倒退为宜（一般 <25°），否则推土机后退爬坡困难，反而降低了作业效率。

4）槽式推土法

推土机在推运土壤时，为了尽可能地减少土壤的散失，可沿某一固定作业路线往复推运，使之形成一条土槽，或者利用铲刀两端外漏的土壤形成土埂进行运土。土槽深度一般不大于铲刀高度，如图 2-5 所示。

图 2-5 槽式推土法

推土机使用这种方法在推运初始阶段，土壤散失较多，但随着往返次数的增多，土壤从铲刀两侧外漏的数量会越来越少，从而可提高工效。该法适用于土质比较厚或运距较远的场合。

5）并列推土法

若作业场地较宽，运距较长时，可采用两台或两台以上同类型的推土机同步、同速前进推运土壤,这样可减少土壤的散失,提高作业效率。采用该法作业时,两台推土机铲刀的间隙一般保持在15～30cm。砂性土应小些,黏性土可大些,如图2-6所示。

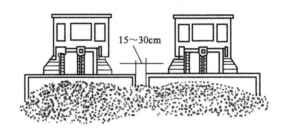

图2-6 并列推土法

采用这种方法时,要求驾驶员有熟练的操作技能,保证两台推土机同步运行。另外,运距不应小于50m,否则因频繁配合,反而降低了作业效率。它适用于作业场地较宽、平坦及运距较远的场合。

以上各种方法在施工中应根据土质、地形及施工技术要求灵活运用。既可单独使用,也可根据现场情况联合使用。

2. 推土机的施工作业

在路基土石方工程中,推土机主要用于填筑路基和开挖路堑,图2-7为推土机现场施工图。

1) 填筑路堤

利用推土机直接填筑路堤的施工组织方法有两种:横向填筑和纵向填筑。在平地上常采用横向填筑;在山区、丘陵及傍山地段多采用纵向填筑。

(1) 横向填筑路堤。

推土机自路堤的一侧或两侧取土坑取土,向路堤中心线推土。施工时,可采用一台推土机或多台推土机分段填筑,分段的距离一般为20～40m。宜采用穿梭式作业路线。

当一侧取土时,推土机铲土后,可向路堤直送至路基坡脚,卸土后仍按原路线退回到取土始点(槽式推土法),在同一地点连续推送两三次。当取土坑达到一定深度后,推土机后退向一侧移位,仍按同法挖取侧邻的土壤。依此类推,直到一段路堤填筑完毕为止。而后推土机反向移位,推平取土坑内遗留的各条小土埂,如图2-8所示。

当两侧取土时,每段最好用两台推土机并以同样的作业方法,面对路基的中心线推土,但双方一定要推过中心线一些,并注意对路堤中心的压实,确保路基的质量,如图2-9所示。

利用推土机横向填筑路堤,堆高以1.5m以下为宜。施工中应不时地检查路堤中桩、边桩和高程,以确定取土、运土的位置和推土机运行的路线。填筑路堤时,必须按施工要求分层填筑,

图2-7 推土机现场施工图

分层压实。每层的厚度,根据压实机械的压实能力确定,一般为30～50cm(静力式压实机械≤30cm;振动式压实机械≤50cm)。

当推土机单机推土填筑路堤的高度超过1m时,应设置推土机上下坡出入的通道,如图2-10所示。坡度$i≤1:2.5$,宽度与工作面同宽,长度为5～6m。在采用全机械化施工时,填筑高度超过1m后,可采用铲运机来完成后续填筑工程。

(2)纵向填筑路堤。

纵向填筑路堤常用于移挖作填工程。即将高处开挖的土壤直接推送到低处填筑路堤,如图2-11所示。

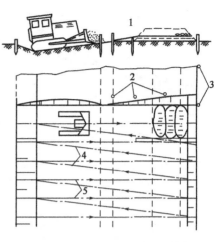

图2-8 单台推土机从一侧取土填筑路堤
1-路堤;2-标定桩;3-高标杆

这种移挖作填的方法最经济,但开挖部分的坡度不能大于1:2,开挖时应随时复核路基的高程和宽度,避免超挖或欠挖。在填筑过程中,推土机沿道路中线从坡顶向坡底开挖推土,纵向将土分层铺平,用压实机械分层压实。施工中,应注意将推送到坡面的土尽快铺平压实,此时含水率一般处于最佳值,不但可提高路基土壤的密实度,而且可使各层能良好地结合成一体;千万不要在填土层上堆高,以免在交界处的填土得不到很好的压实。

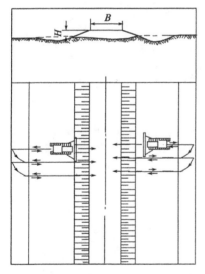

图2-9 两台推土机从两侧取土填筑路堤
B-路堤顶面宽度;H-路堤填土高度

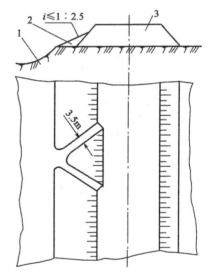

图2-10 推土机出入通道
1-取土坑;2-出入坡道;3-路堤

2)开挖路堑

推土机开挖路堑的施工组织方法有横向开挖和纵向开挖。横向开挖常用于在平地上开挖浅路堑;纵向开挖适用于在山坡开挖半路堑和移挖作填路堑。

(1)横向开挖浅路堑。

在平地上开挖浅路堑时,深度在2m以内为宜。推土机以路堑中心为界,向两边用横向推土,采用环形或穿梭运行路线,将土壤推送到两边的弃土堆。如开挖深度超过2m以上时,常用挖掘机进行开挖作业,如图2-12所示。

图2-11　推土机纵向移挖作填

(2)纵向开挖深路堑。

纵向开挖深路堑一般与堆填路堤相结合施工。施工前,要在开挖的原地面线顶端各点和挖填相间的零点处,都设立醒目的标志。推土机从路堑的顶点开始,逐层下挖并推送到需填筑路堤的部位。开挖时,可用1~2台推土机平行路堑中线纵向分层开挖(图2-13a),当把路堑挖到一半深度后,另用1~2台推土机横向分层切削路堑斜坡(图2-13b)。从斜坡上挖下的土壤送到下面,再由下面的推土机纵向推送到填土区。这样,多台推土机联合施工,直到路堑与路堤全面完工为止。

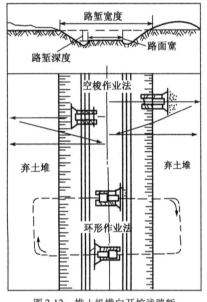

图2-12　推土机横向开挖浅路堑

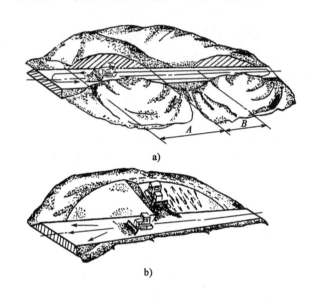

图2-13　推土机纵向开挖深路堑
a)纵向挖填；b)纵向、横向协作挖填
A—挖方；B—填方

(3)纵向开挖傍山半路堑。

开挖傍山半路堑(半挖半堆),一般用斜铲推土机,如山坡不大,也可采用直铲推土机。用斜铲开挖时,首先调整好铲刀的水平角和倾角。开挖工作宜由路堑的上部开始,沿路中线方向行驶,逐渐由上而下、分段分层,逐步将土壤推送下坡至填筑路堤处。由于推土机沿山边施工,为确保安全,在施工过程中,推土机要始终在坚实稳固的土壤上行驶,并要保持道路靠山的一侧低于外侧,行驶的纵坡不应超过推土机的最大爬坡角度(<25°),如图2-14所示。在山腹或崖下作业时,应注意做好预防崖壁坍塌的工作,发现险情应及时排除。在岸边或陡壁边作业时,应考虑地势情况,保证推土机具有一定的安全作业距离,以防止滑陷、跌落等恶性事故的发生。

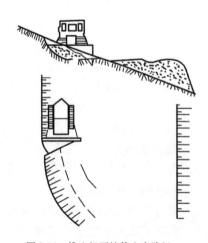

图2-14　推土机开挖傍山半路堑

用直铲推土机开挖时,推土机沿垂直于路中线的方向行驶,将上坡的土壤推送到填筑路堤处。在推送土壤时,为保证安全,推土机的铲刀应离边坡边缘1~2m,不准将铲刀抵靠边坡的边缘。

以上三种开挖路堑的方法,都必须注意排水问题。开挖路段的表面应做成排水方向的缓坡,以利路基排水。在挖至接近规定断面时,应随时复核路基高程和宽度,以免超挖或欠挖。现代公路工程,一般在挖出路堑的粗略外形后,由平地机修刷边坡和修整路拱。

上述移挖作填、半堆半挖路堑、单面填土、拓宽填土,其填土与原地基的连接往往发生变形,从而造成铺砌层的龟裂,严重时发生滑坡。这是由于填土部分与原地基的承载力无连续性;或连接坡面填土压实不充分,填土与原地基结合不牢,发生滑移;连接坡面处的涌水、渗透水等积集而使填土软化等原因造成的。因此,在施工中除做好排水处理以外,还应用下述方法处理:

①坡面挖成台阶形。首先应清除干净原地基坡面的草皮、杂物、积水和淤泥等,当坡面的横坡≥1:4时,还应将坡面挖成台阶形,其宽度不小于1m(或为推土机宽度),高度为20~30cm(砂土地基≥50cm),台阶顶面为排水而放坡3%~5%。

②设置缓冲区段。在挖土与填土纵向连接部位设置缓冲区,以免路床承载力不连续。缓冲区的长度视土质而定,一般铲成4%左右的坡度,并用同一土质的填土材料充填、压实,使之和原地基成为一体,如图2-15所示。

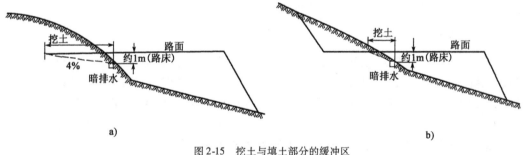

图2-15 挖土与填土部分的缓冲区
a)砂土地基的缓冲区段;b)岩石地基的缓冲地段

推土机除了填筑路堤和开挖路堑以外,在公路土石方工程中还可完成其他各项任务,例如土方回填、平整场地等。但是无论推土机在公路工程中承担哪一项作业任务,都必须根据工程的实际情况,因地制宜,做好施工前的准备工作,选择最佳的作业方法,进行合理的施工组织。

第三节 铲运机及其施工技术

一、概述

铲运机是一种利用装在前后轮轴之间的铲运斗,在行进中依次进行铲装、运载和铺卸等作业的工程机械。主要用于公路、铁路、港口等大规模土方工程。其经济运距在100~1500m,最大运距可达几公里。拖式铲运机的最佳经济运距为 200～400m；自行式铲运机为 500～5000m；当运距小于 100m 时，采用推土机施工较为有利；运距大于 1500m 时，采用挖掘机或装载机与自卸汽车相配合的施工方法较为经济。

1. 铲运机的组成

铲运机由发动机、底盘、工作装置、液压系统和电气系统等组成，整机外貌，如图 2-16 所示。

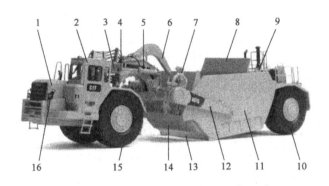

图 2-16　液压操纵自行式铲运机外貌示意图

1-牵引发动机；2-驾驶室；3-支架；4-主销；5-转向油缸；6-斗门开闭机构；7-铲斗升降油缸；8-卸土板；9-助铲发动机；10-后轮；11-铲运斗；12-辕架；13-切削刀刃；14-斗门；15-前驱动轮；16-电气系统

2. 铲运机的工作过程

(1) 铲装：铲运机驶至装土处，换上低速挡，放下铲斗，同时提起斗门；铲斗靠自重或油压力切入土壤；铲斗充满后，提起铲斗离开地面，关闭斗门，铲装结束。铲装时斗的充填大致可分为三个阶段(图 2-17)，即充填铲斗后部(图 2-17a)、充填铲斗中部(图 2-17b)和充填结束(图 2-17c)。

(2) 运输：关闭斗门，提升铲斗至运输位置，换高速挡驶向卸土处。

(3) 卸铺：驶至卸土处，换低速挡，将斗体置于某一高度，按铺设厚度要求，边走边卸。

(4) 回驶：卸完土后，换高速挡驶回装土处。

3. 铲运机的分类

铲运机按铲斗容量分为小型(＜5m³)、中型(5～15m³)、大型(15～30m³)、特大型(30m³ 以上)；按行走方式分为拖式和自行式；按行走装置分为轮式和履带式；按装土方式分为开斗装载普通式和链板装载升运式；按卸土方式分为自落卸土式、半强制卸土式和强制卸土式。

二、铲运机的应用

1. 铲运机的基本作业

1) 起伏式铲土法

开始铲土时，切土较深以充分利用发动机的功率，随着铲土前进，发动机负荷的增大，其转速渐趋降低，这时逐渐抬斗减少切土深度，使发动机转速复原，而后再降斗切土(深度比第一次要浅些)，如此反复进行几次直至装满铲斗。此法可缩短铲土长度和铲土时间，对铲装砂土尤为有效。铲装过程中刀刃切削深度变化情况,如图2-18所示。

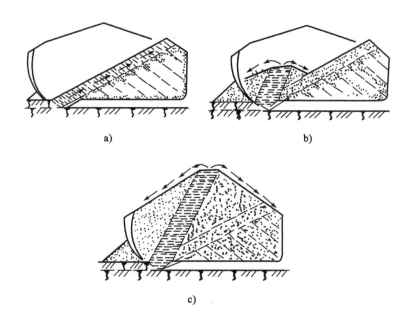

图2-17 铲斗充填过程
a)充填开始阶段;b)充填中间阶段;c)充填结束阶段

2)跨铲法

跨铲法即交替错开铲土法(图2-19)。铲土时先在取土场的第一排铲土道取土,在两铲土道之间留出铲运机一半宽度的一条土埂;第二排铲土道的起点与第一排铲土道的起点相距约半个铲土长度,其铲土方向对准第一排取土后留下的土埂。以后每排取土的方法,比照第一、二排的关系进行。这种铲装法,从第二排起,每次铲土的前半段铲土阻力将随着进斗土量的增加而减小,发动机的负荷比较均衡。所以在发动机功率不变的情况下,既缩短了铲装时间,又提高了铲装效率,在硬土中采用此法,可提高功效10%左右。

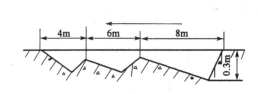

图2-18 铲装过程切削深度的变化

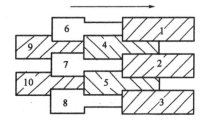

图2-19 跨铲法铲土次序示意图

3)快速铲土法

当铲运机以较高速度返回而进入铲土位置时,立即放斗切土,利用惯性铲装一部分土,待发动机负荷激增而转速降低时,再换一挡继续铲装,这样也可缩短铲装时间。

4)硬土预松法

对于坚硬的土壤,用松土机预先进行疏松,松土机必须配合铲运机的铲装作业逐层疏松,并使松土层深度与铲运机切土深度相一致,以免因疏松过深而影响铲运机的牵引力。

5) 下坡铲土法

利用铲运机向下行驶的重力作用,加大切土深度,缩短铲土时间。此法不仅适用于有坡度的地形,就是在平坦地段也可铲成下坡地形,铲土坡度一般为 3°~15°。

6) 助铲法

在工程施工中,由于土质多变、地形多变,铲运机的机况也难于一致,往往出现铲运机自身的动力满足不了铲土的需要致使效率严重受到影响,尤其在硬土地段刀片往往不易切入土层,造成铲斗装不满的"刮地皮"现象。为了解决这一问题,施工中往往用一台或多台机械采用前拖或后推或两者兼而有之的方法来帮助铲运机进行铲土作业。

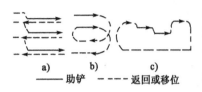

图 2-20 推土机助铲的三种方法
a) 折回助铲法;b) 穿梭助铲法;c) 并列助铲法

用推土机为铲运机助铲,常见的方法有折回助推法、穿梭助推法和并列助推法三种,如图 2-20 所示。

2. 铲运机的施工作业

1) 铲运机的运行线路

在土方工程中,铲运机在施工中的运行路线根据施工对象而不同,常用的运行路线有环形、8 字形、之字形、穿梭式和螺旋形等。

(1) 环形运行路线(图 2-21a)。

铲运机自路线外的单侧或两侧取土坑取土填筑路堤,或挖掘路堑弃土于路堑两侧时,可按环形路线运行,完成一个循环有两次 180°急转弯。这种运行路线,大多用于工作地段狭小、运距短而高度不大的填堤或挖堑工作,是目前现场施工常用的方法。

(2) 8 字形运行路线(图 2-21b)。

8 运行路线为两个环形连接,省去了两个 180°急转弯,在交叉处可不降速行驶。其重载上坡的坡道较缓,重载与空载行驶路程较短,一次循环可完成两次铲土和卸土,功效较高。机械左、右交替转弯,可减少机械的单边磨损。其缺点是要有较大的施工工作面,地形要平坦,多机同时施工时容易互相干扰。一般用于填筑高度 >2m 的工程。

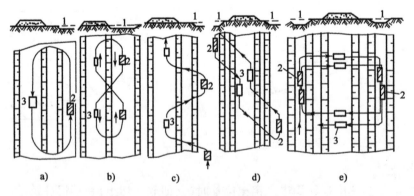

图 2-21 铲运机运行路线
a) 环形运行路线;b) 8 字形运行路线;c) 之字形运行路线;d) 穿梭式运行路线;e) 螺旋形运行路线
1-取土坑;2-装土;3-卸土

(3) 之字形运行路线(图 2-21c)。

这种运行路线为锯齿状,无急转弯,功率高;适用于工作地段较长的施工对象,并适宜于机群工作。其主要缺点在于循环太大(填挖到尽头后再转弯反向运行),松碎泥土的距离较长;遇雨季难以施工,因而停工时间多,必须要有周密的施工组织才行。

(4)穿梭式运行路线(图2-21d)。

它较上述几种运行路线的优点是:全程长度短,空载路程少,一个循环运行中有两次装土和卸土作业,功率高。其缺点是:只适用于两侧取土,转弯时间多。

(5)螺旋形运行路线(图2-21e)。

它是穿梭式的变形。按此路线运行一圈有两次铲土与卸土,运距短、功效高。

铲运机在施工中应根据具体条件合理选择适宜的运行路线。在布置运行路线时,应考虑"挖近填远,挖远填近"的施工方法,这样施工可创造下坡取土的条件,并可保持一般较平坦的运土路线,以利铲运机的等速行驶。

2)铲运机的施工作业方法

(1)平整场地。

作业应先在挖填区高差大的地段进行,铲高填低。待整个区域高程与设计高程高差在20~30cm以后,先沿平整区域中部(或一侧)平整出一条标准带,然后由此向外逐步扩展,直到整个区域达标为止。施工面较大时,可分块进行平整。

(2)填筑路堤。

①纵向填筑路堤。

纵向填筑应从路堤两侧开始,铺卸成层,逐渐向路堤中线靠近,并经常保持两侧高于中部,以保证作业质量和安全。

填筑路堤高度在2m以下时,应采用环形运行路线;如运行地段较长时也可采用之字形路线。当填筑高度>2m时,应采用8字形作业路线,这样可使进出口的坡道平缓些。

填筑路堤两侧边缘时,应使铲斗尽量放低,使卸下的土向边线推挤,从而保证两侧高、中间低的状况,如图2-22所示。

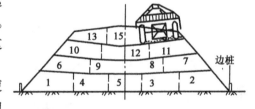

图2-22 纵向填筑路堤时由两侧向中间填筑

卸土时应将土均匀地分布于路堤上,并使轮胎将所卸土方均能压到,以保证中路基的压实质量。

当路基填筑到>1m时,应修筑进出口上、下坡通道,进出口间距一般在100m以下,一般上坡道坡度为1:6~1:5,下坡道极限坡度为1:2,宽度不小于工地最宽工程机械行驶宽度。

②横向填筑路堤。

可选用螺旋形运行路线施工,作业方法同纵向填筑路堤的施工方法。

(3)开挖路堑。

开挖路堑的作业方式有移挖作填、挖土弃掉式综合施工等。图2-23为综合作业方式的运行路线。

铲运机开挖路堑,应先从路堑两边开始,如图2-24所示,以保证边坡的质量,防止超挖和欠挖。否则,将增加边坡修整作业量。

(4)傍山挖土。

如图2-25所示,它是修筑山区道路的挖土方法,施工前先用推土机将坡顶线推出,并修出铲运机作业的上下坡道,作业应按边坡线分层进行,保持里低外高的作业断面,如图2-25a)所示,若施工作业断面里高外低时,可先在里面铲装几斗,形成一土坎,并使一侧轮胎位于土坎上,使铲运机向里倾斜,然后铲装几斗后,便可形成外高内低工作面,如图2-25b)所示。

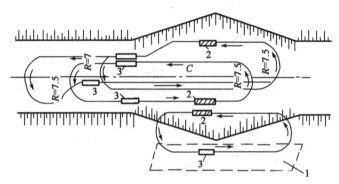

图2-23 综合作业方式的运行路线(尺寸单位:m)
1-弃土堆;2-铲土;3-卸土

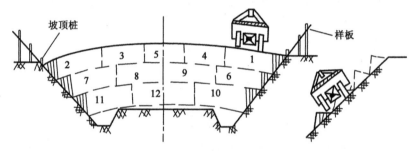

图2-24 铲运机开挖路堑的顺序

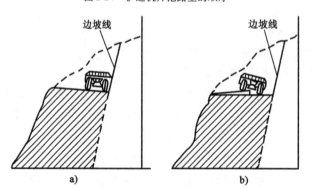

图2-25 铲运机傍山挖土法
a)里低外高作业断面;b)利用土坎形式外高内低作业面

第四节 装载机及其施工技术

一、概述

装载机是一种用途十分广泛的工程机械,它可以用来铲装、搬运、卸载、平整散装物料;也可以对岩石、硬土等进行轻度的铲掘工作,如果换装相应的工作装置,还可以进行推土、起重、装卸木料及钢管等作业。因此,它被广泛地应用于建筑、公路、铁路、水电、港口、矿山及国防等工程中。

1. 装载机的组成与工作原理

装载机一般由车架、动力装置、工作装置、传动系统、行走系统、转向系统、制动系统、液压系统、操作系统和电气系统组成,图2-26为轮式装载机总体外貌示意图。图2-27为装载机不同类型的工作装置示意图。

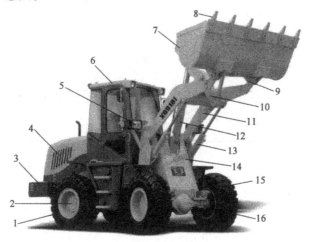

图2-26　轮式装载机总体外貌示意图

1-后驱动轮;2-后驱动桥;3-后车架;4-发动机;5-电气系统;6-驾驶室;7-铲斗;8-斗齿;9-铰销;10-连杆机构;11-动臂;12-转斗油缸;13-动臂油缸;14-前车架;15-前驱动轮;16-前驱动桥

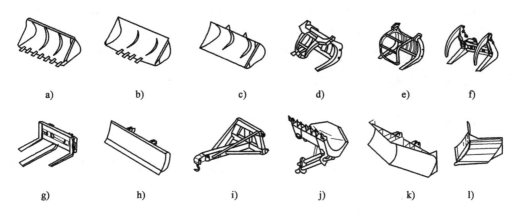

图2-27　装载机不同类型的工作装置

a)通用铲斗;b)V形铲斗;c)直边无齿铲斗;d)通用抓具;e)大容量圆木抓具;f)圆木抓具;g)叉架;h)推土板;i)吊臂;j)侧卸铲斗;k)V形推雪犁;l)V形开路犁

2. 装载机的工作过程

装载机的工作过程由铲装、转运、卸料和返回四个过程构成一个工作循环。

(1)铲装过程:首先将铲斗的斗口朝前平放到地面上(图2-28a),机械慢速前进,铲斗插入料堆,当铲斗装满物料后,将收斗使斗口朝上(图2-28b),完成铲装过程。

(2)转运过程:用动臂将斗升起(图2-28c),机械倒退,转驶至卸料处。
(3)卸料工程:使铲头对准运料车箱的上空,然后将斗向前倾翻,物料卸于车箱内(图2-28d)。
(4)返回过程:将铲斗翻转到水平位置,机械驶至装料处,放下铲斗,准备再次铲装。

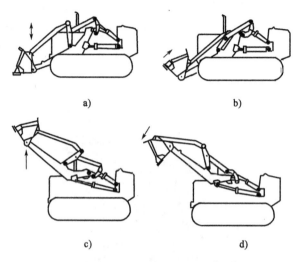

图2-28 单斗装载机的工作过程
a)铲装;b)收斗;c)升斗;d)卸料

3. 装载机的分类

装载机有单斗和多斗两种,各项工程广泛使用单斗装载机。单斗装载机的形式较多,按发动机功率分为小型(<74kW)、中型(74~147kW)、大型(147~515kW)、特大型(>515kW)四种;按传动形式分为机械传动、液力机械传动(常用)、液压传动和电传动四种;按行走系分为轮胎式和履带式;按装载方式分为前卸式、回转式、后卸式和侧卸式四种。

目前,使用最多的是铰接式机架、液力机械传动、前卸式单斗轮式装载机。

二、装载机的应用

1. 装载机的基本作业

1)铲装松散材料(一次铲装法)

首先将铲斗放于地面,处水平位置,斗口朝前,机械以1、2挡前进,使铲斗斗齿插入料堆,直至铲斗的后斗壁与料堆接触后停止(图2-29a);然后收斗,使斗口朝上(图2-29b)。用动臂将铲斗升起约离地面50cm的转运位置(图2-29c),机械倒退,转驶至卸料处。

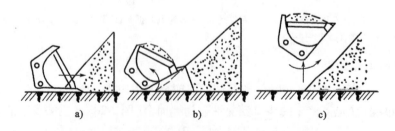

图2-29 装载机铲装松散物料

一次铲装法是最简单的铲装方法,对驾驶员操作水平要求不高,但其作业阻力大,需要把铲斗很深地插入料堆,因而要求装载机有较大的插入力,同时需要较大的功率来克服铲斗上翻的转斗阻力,常用在铲装重量较轻的松散物料,如砂、煤、焦炭等。

2) 铲装停机面以下的物料

铲装时先放下铲斗,并转动使其与地面呈一定的铲土角(10°~30°),对于Ⅰ、Ⅱ级土壤铲土角可大些,Ⅲ级以上的土壤铲土角要小些(图2-30a);然后机械以1挡前进,使铲斗切入物料内,切土深度一般保持在15~20cm。对于难铲的物料,为了减小铲装的阻力,可操纵动臂使铲斗上下颤动,或稍改变一下铲土角,直至铲斗装满为止(图2-30b);装满物料后收斗,将铲斗举升到运输位置,驶离工作面,运至卸料处(图2-30c)。

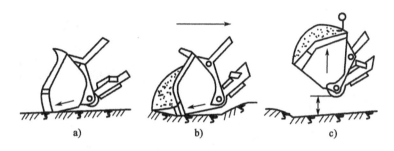

图 2-30 装载机铲装停机面以下的物料

装载机铲装停机面以下的物料类似于推土机作业,若铲填物料距离较近,装载机可自铲自运,这种作业方法常用于平整作业。

3) 装载机铲装土丘

装载机铲装土丘时,可采用分层铲装法、分段铲装法及配合铲装法。

(1) 分层铲装法:将铲斗下放贴近坡底,面向土丘低速前进(图2-31a);当铲斗插入土堆一定深度时,配合动臂提升铲斗(图2-31b);在斗齿离开土堆后,将铲斗转至运输位置(图2-31c)。

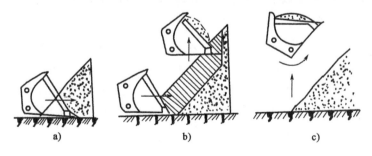

图 2-31 装载机分层铲装土丘

这种作业方法由于插入不深,而且插入后又有提升动作的配合,所以插入阻力小,作业比较平稳。另外,由于铲装面较长,可以得到较高的充满系数。因其特点类似于正铲挖掘机作业的方法,因此又称为挖掘机铲装法。

(2) 分段铲装法:作业时,铲斗稍稍前倾,从坡角插入,待插入一定深度后,提升铲斗,当发动机转速降低时,切断离合器,使发动机恢复转速。在恢复转速过程中,铲斗将继续上升并装入一部分土。转速恢复后,接着进行第二次插入。这样反复,直至装满铲斗或升到高处工作面为止(图2-32)。有时将铲斗装满后还使铲斗继续向工作面稍稍顶进,将土顶松以利于下一次铲装。

这种方法适用于土质较硬的场合,其特点是铲斗依次进行插入和提升动作,从而可得到较高的充满系数;但操作比较复杂,离合器易磨损。

(3)配合铲装法:首先将铲斗下放至坡底(图2-33a);装载机在前进的同时,配合转斗或动臂提升的动作进行铲装作业,即当铲斗插入料堆0.2~0.5斗深时,在装载机前进的同时,间断地操纵铲斗上翻,并配合动臂提升,直至装满铲斗(图2-33b);在斗齿离开土堆后,将铲斗转至运输位置(图2-33c)。

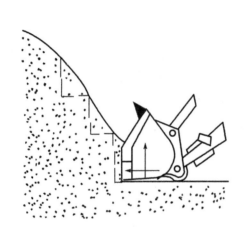

图2-32 装载机分段铲装土丘

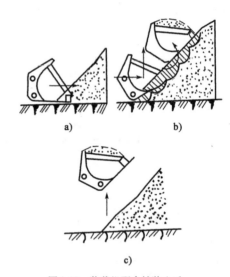

图2-33 装载机配合铲装土丘

采用配合铲装方法,铲斗不需要插得很深,靠插入运动、斗齿转动和提升运动的配合,使插入阻力大大减小,铲斗也容易装满;但是要求驾驶员有较高的操作水平。

2. 装载机的施工作业

装载机施工作业,主要与自卸汽车配合。在施工中,装载机的转移、卸料与车辆位置配合的好坏,对生产率影响很大,因此必须合理地组织施工。施工组织时,应根据料堆的情况,估算作业量的大小,结合施工进度的要求安排每天的工作台班数;根据堆场的大小及周围环境,制定最有利的运行路线,尽可能做到来回行驶距离短、转弯次数少。常采用的施工作业方法有以下几种(图2-34)。

1)V形作业法

自卸汽车与工作面布置呈50°~55°,而装载机的工作过程则根据本身结构和形式而有所不同。履带式装载机和刚性车架后轮转向的轮胎式装载机(图2-34a),装载机装满铲斗后,在倒车驶离工作面的过程中,掉头50°~55°,使装载机垂直于自卸汽车,然后驶向自卸汽车卸载;卸载后,装载机倒车驶离自卸汽车,再掉头驶向料堆,进行下一个作业循环。铰接车架的轮胎式装载机(图2-34b),装载机装满铲斗后,可直线倒车后退3~5m,然后使前车架转动50°~55°,再驶向自卸汽车进行卸载。V形作业法,工作循环时间短,作业效率高,在许多场合得到广泛的应用。

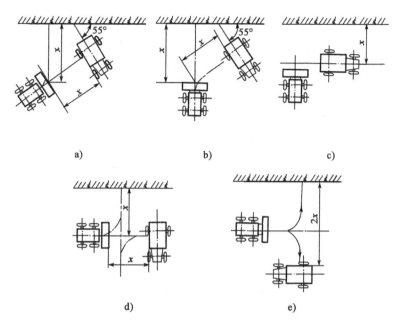

图 2-34 装载机施工作业方法

2) I 形作业法

自卸汽车平行于工作面适时地前进和倒退,而装载机则垂直于工作面穿梭地前进和后退,这种方法又称为穿梭作业法(图 2-34c)。

装载机装满铲斗后,直线后退,在装载机后退一定距离并把铲斗举升到卸载位置的过程中,自卸汽车后退到与装载机相垂直的位置,装载机驶向自卸汽车卸载;卸载后自卸汽车前驶一段距离,以保证装载机可以自由地驶向工作面,进行下一个作业循环。直到自卸汽车装满为止。这种作业方式省去了装载机的调车时间,对于不易转向的履带式和整体车架装载机而言比较有利;但由于自卸汽车要频繁地前进和后退,机械间容易相互干扰,增加了装载机的作业循环时间。因此,采用这种方法,装载机和自卸汽车的驾驶员必须有熟练的驾驶技能。

3) L 形作业法

自卸汽车垂直于工作面,装载机铲装物料后,倒退并调转 90°;然后驶向自卸汽车卸载。卸载后倒退并调转 90°,驶向料堆,进行下次铲装(图 2-34d)。这种作业方法在运距小、作业场地比较宽松时,装载机可同时与两台自卸汽车配合作业。

4) T 形作业法

自卸汽车平行于工作面,但距离工作面较远,装载机铲装物料后,倒退并调转 90°;再反方向调转 90°,驶向自卸汽车卸料(图 2-34e)。

以上四种作业方法各有其优缺点,具体选用哪种方法,施工中必须具体问题具体分析,从中选取最经济有效的施工方法。

装载机推土和平整作业时,根据需要应测量并定出高程,设置标桩,按设计高程在每个桩上标出挖填高度。修筑路堤及一些填方工程,需根据路堤顶面宽度及回填土高度以及边坡度大小放出坡底线并用白灰做出标志。

第五节 挖掘机及其施工技术

一、概述

挖掘机是进行土石方开挖的一种主要施工机械,是工程机械中的主要机种。各种类型及功能的挖掘机,在国民经济建设中起着非常重要的作用。据统计,工程施工中约有 60% 以上的土石方量是靠挖掘机来完成的。在各类工程施工中,挖掘机主要用于完成下列工作:开挖建筑物或厂房基础;挖掘土料、剥离采矿物覆盖层;采石场、隧道内、地下厂房和堆料场中的装载作业;开挖沟渠、运河和疏通水道;更换工作装置后可进行浇筑、起重、安装、打桩、夯实等作业。广泛用于建筑、筑路、水利、电力、采矿、石油等工程,以及天然气管道铺设和现代军事工程中。

1. 挖掘机的组成

液压式单斗反铲挖掘机主要由工作装置、回转机构、动力装置、传动操纵机构、行走装置和辅助设备等组成,如图 2-35 所示。

图 2-35 液压单斗反铲挖掘机外貌示意图

1-履带行走装置;2-上部回转台;3-发动机;4-驾驶室;5-液压油管;6-斗杆油缸;7-铲斗油缸;8-铰销;9-连杆机构;10-铲斗;11-边齿;12-斗齿;13-斗杆;14-动臂;15-动臂油缸;16-操纵台;17-铲刀

2. 挖掘机的分类

挖掘机的种类繁多,按使用的动力装置分为内燃机驱动式、电动机驱动式和复合驱动式;按传动系统分为机械传动、半液压传动、全液压传动和电传动四种;按行走装置分为履带式、轮胎式、汽车式和悬架式;按回转台回转角度分为全回转式(360°)和非全回转式(<270°);按操纵机构分为机械—钢索式、机械—气压式、机械—液压式、全液压式和电力式;按工作装置分为正铲、反铲、拉铲和抓斗等多种形式,如图 2-36 所示。目前,公路工程中主要采用全液压反铲挖掘机。

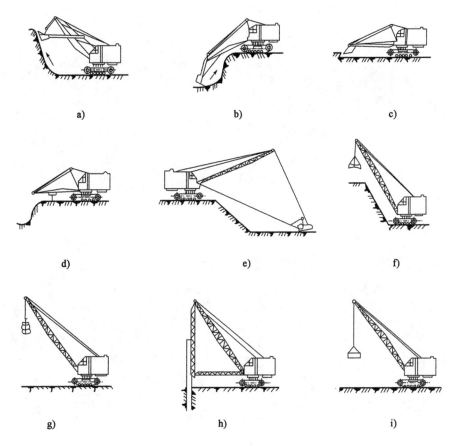

图 2-36 单斗挖掘机各种工作装置示意图
a)正铲;b)反铲;c)刨铲;d)刮铲;e)拉铲;f)抓斗;g)吊钩;h)桩锤;i)夯板

3. 各种挖掘机的特点

1)反铲

反铲主要用来挖掘停机平面以下的土壤,如开挖基坑、路堑、沟渠和水下挖掘。这种作业装置不受地下水位高低的限制,对于Ⅰ~Ⅲ级土壤的开挖深度,一般不大于4m,挖下的土壤可直接甩在作业面的两侧,也可以配备自卸汽车运土,图 2-37 为反铲挖掘机施工图。

由于开挖部位对挖土斗的挖掘阻力和挖土斗挖运土壤的堆尖容量不同,在相同的条件下,反铲作业装置的挖掘力和挖掘效率都要稍低于正铲开挖。

2)正铲

正铲挖掘机常用于挖掘停机平面以上的土方工程或土方量比较集中的工程。一般适合挖掘含水率不大于27%的Ⅰ~Ⅳ类土壤,挖掘高度(掌子面)在1.5m以上,又能修出1:5~1:7的上下坡道,供车辆通行;挖掘集中的土堆和松散料堆;大于正铲最小回转半径的地面以下的桥基、管沟和路堑工程等(液压);配合运输车辆进行填筑路堤或回填土方工程,图 2-38 为钢索操纵正铲挖掘机配合自卸汽车施工作业。

3)拉铲

拉铲作业装置由桁架式动臂、绳轮系统和拉铲斗三部分组成(图 2-39)。

图 2-37 反铲挖掘机施工图

图 2-38 钢索操纵正铲挖掘机配合自卸汽车施工作业

图 2-39 拉铲挖掘机

拉铲作业装置动臂较长（>10m），开挖半径比反铲大，但不如反铲作业灵活，要求操作技术高。用于Ⅰ~Ⅲ级土壤的基坑、带状沟槽等地面以下的挖土工程，不论其土壤含水率大小，即使在水下，也可以进行拉铲开挖。用于填筑路堤等回填土工程时，可以直接将回填土甩在旁边，简化了运输设备的运输。

4）抓斗

机械传动的抓斗挖掘机（图2-40a）主要由动臂、绳轮系统和抓土斗等组成。由于抓斗的生产效率低，所以在应用上也就受到限制，它主要用于开挖土质较为松软的、截面尺寸小而深度深的桥基、柱基类工程；也可以作为停机平面以上的散粒材料的装卸。

液压传动的抓斗挖掘机(图2-40b)工作装置可以更换,以进行抓土、起重、装卸木料及钢管等作业。

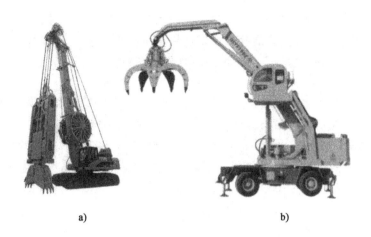

图2-40 抓斗挖掘机
a)机械传动抓斗挖掘机;b)液压传动抓斗挖掘机

二、反铲挖掘机的应用

1. 反铲挖掘机的基本作业

反铲挖掘机在公路施工中主要用于开挖土石方,其基本作业有沟端开挖和沟侧开挖。

1)沟端开挖

开挖时,反铲挖掘机沿着沟端逐渐倒退,向后开挖(图2-41a)。自卸汽车停在沟侧,动臂只要回转40°~45°即可卸料。如果所挖沟宽为反铲挖掘机最大挖掘半径的2倍时(即反铲挖掘机每停置一处,在180°的回转范围挖掘),自卸汽车只能停在反铲挖掘机侧面,动臂做90°回转才能卸料。若所挖沟宽超过最大挖掘半径的2倍时,可分段开挖(图2-41b),反铲挖掘机倒退挖到尽头后,在该端转换位置反向开挖毗邻一段。此法每段的挖掘宽度不宜过大,以自卸汽车能在沟侧行驶为原则,以减少每一工作循环的时间,提高机械的作业效率。

2)沟侧开挖

反铲挖掘机在沟侧开挖,汽车在沟端受料,动臂做小于90°回转卸料(图2-42)。此法每次挖掘宽度(沟宽)只能在其挖掘半径范围以内,缺点是所挖沟的边坡较大。

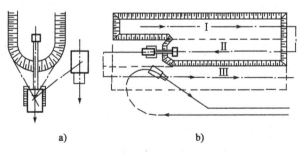

图2-41 反铲挖掘机沟端开挖
a)沟端开挖;b)沟端分段开挖

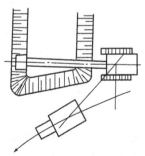

图2-42 反铲挖掘机沟侧开挖

2.反铲挖掘机的施工作业

反铲挖掘机在公路工程中常用来开挖路堑和填筑路堤,一般均需与自卸汽车配合。在路基土石方施工时,首先应根据现场的施工条件(如地形、取送土位置、土壤等级、石料的块度)、土石方量、施工进度等要求,选择适宜的反铲挖掘机的类型(斗形、斗容量),然后根据选定的反铲挖掘机性能(动臂和斗柄长度、挖掘半径、挖掘深度)设计施工方案。

1)开挖路堑

在开挖路堑时,应严格按照路堑纵、横断面图取土,不超挖或欠挖。为了正确作出路堑开挖的施工方案,首先应根据选定反铲挖掘机的性能按比例设计好挖掘机的工作断面图,然后用它在同一比例的路堑断面图上套绘出各种布置方案的工作断面图,从中确定最佳施工方案。该最佳施工方案应使掘进道数、运输道路的转移次数和所留土角最少;每一掘进道工作断面(掌子面)的最大深度不应超出该类土壤和该型挖掘机所容许的深度;掘进道应具有较大的缓坡以利于自卸汽车的运输和雨季的排水。反铲挖掘机的工作断面图上应标明各掘进道(开挖层次)、桩号、自卸汽车的位置以及工作断面的曲线轮廓等,并且在路堑纵断面图的若干个里程桩号处也应有工作断面图,以精确定出挖掘的位置,工作道路和计算挖掘土方量(图2-43)。

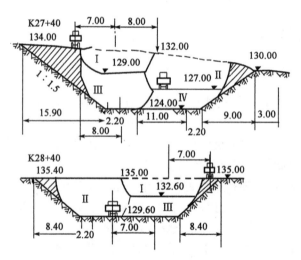

图2-43 挖掘机的工作断面图(尺寸单位:m)
Ⅰ、Ⅱ、Ⅲ、Ⅳ-掘进道

图2-43中,Ⅰ掘进道,反铲挖掘机沿路堑顶面纵向倒退沟端开挖,自卸汽车位于沟侧受料、运行;Ⅱ掘进道,反铲挖掘机沿路堑顶面纵向(反向)倒退沟端开挖,自卸汽车位于沟侧或Ⅰ掘进道顶面边侧受料、运行;Ⅲ掘进道,反铲挖掘机沿Ⅰ掘进道顶面纵向倒退沟端开挖,自卸汽车位于Ⅱ掘进道顶面边侧受料、运行;以此类推,直至整段路堑全部开挖完毕为止。在开挖将至设计深度时,工程技术人员要不时地复核路堑高程,避免超挖或欠挖,并在路堑的底面两侧设置边沟和缓坡,以利于路堑的排水。最后由平地机按规定的坡度修刷边坡。

2)填筑路堤

为了加快施工进度,节约施工成本,反铲挖掘机开挖路堑一般结合填筑路堤一起进行,即利用反铲挖掘机开挖出的土石方来填筑路堤(简称移挖作填)。若路堑开挖出的土石方不利于填筑路堤(例如:腐质土和含水率较大的黏性土等)或不足于路堤填筑所需的土石方量时,则利用反铲挖掘机由取土场取土填筑路堤。即在选定的取土场开辟有利的地形,以经济合理的施工方法,由反铲挖掘机挖出所需求的土壤,自卸汽车运土,结合其他土石方工程机械(推土机、平地机、压实机械等)一起填筑路堤。但是,反铲挖掘机与自卸汽车及其他土石方工程机械配合施工时,必须预先设计好施工方案。

图 2-44 为反铲挖掘机配合自卸汽车填筑路堤的施工布置图。图 2-44 中,反铲挖掘机在取土场按四个掘进道掘进取土,并在自卸汽车装载后按土壤性质及好坏,分两路运送。不适用的卸往弃土场,适用的填筑路堤。自卸汽车卸土时应卸在边坡桩界内,分层铺垫,每层厚度 30~60cm。卸完后应立即用推土机整平初压,压路机进一步碾压,以达到所需的压实度。

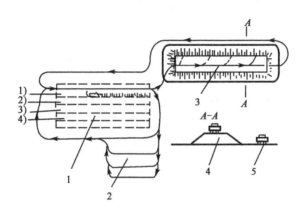

图 2-44　反铲挖掘机配合自卸汽车填筑路堤的施工布置图
1-基坑;2-弃土场;3-路堤;4-重载道路;5-空载道路

为了提高施工质量、加快施工进度,反铲挖掘机与自卸汽车及其他土石方工程机械配合施工,常组织流水作业。设计流水作业时,应根据工程总量、路段长度、流水方向和速度以及施工期限等合理组织,流水作业是以反铲挖掘机为主导机械,首先要根据工程总量和施工期限确定反铲挖掘机的生产率和数量,然后根据反铲挖掘机的生产率来估算其他配合机械(自卸汽车、推土机、平地机、压路机)的生产率和数量。配合作业机械的生产率要稍有储备,以充分发挥出反铲挖掘机的生产能力。图 2-45 为反铲挖掘机开挖路堑配合自卸车运土填筑路堤流水作业平面图。

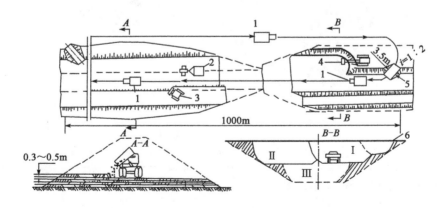

图 2-45　反铲挖掘机开挖路堑配合自卸汽车运土填筑路堤流水作业平面图
1-自卸汽车;2-压路机;3-推土机;4-反铲挖掘机;5-运土进出道;6-路堑

图 2-45 中,流水作业长度一般为 1000~2000m,反铲挖掘机 4 以三个掘进道开挖路堑,自卸汽车 1 以环形运行路线运土,推土机 3 将自卸汽车卸下的土方整平初压,压路机 2 按照要求的技术规范进行碾压。在填筑过程中,工程技术人员要不时地复核高程、平整度和压实度,以满足路堤填筑技术规范的要求。

第六节　平地机及其施工技术

一、概述

平地机是一种装有以铲土刮刀为主,配有其他多种辅助作业装置,进行土的切削、刮送和整平作业的工程机械。它可以进行砂、砾石路面及路基面层的整形和维修,表层土或草皮的剥离,开挖边沟,修刮边坡,从路线两侧取土填筑高度小于 1m 的路堤,在路基上拌和、摊铺路面基层材料等作业。平地机配以辅助装置,可以进一步提高其工作能力,扩大其使用范围。因此,平地机是一种效能高、作业精度好、用途广泛的施工机械,被广泛用于公路、铁路、机场、停车场等大面积场地的整平作业。

1. 平地机的组成

平地机主要由发动机、传动系统、制动系统、车架、行走转向装置、工作装置、操纵及电气系统等组成。图 2-46 为平地机整机外貌示意图。其中,工作装置主要包括刮刀和松土器,图 2-47 为刮土工作装置示意图。刮刀的工作角(铲土角 γ、平面角 α 和倾斜角 β),可以根据作业内容结合土壤情况调整,如图 2-48 所示。

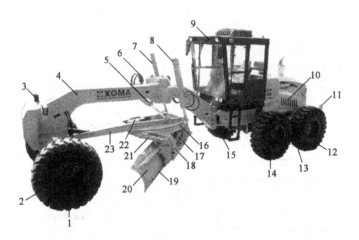

图 2-46　平地机整机外貌示意图

1-前桥;2-前轮;3-电气系统;4-车架;5-牵引架引出油缸;6-液压油管;7-右升降油缸;8-左升降油缸;9-驾驶室;10-发动机;11-松土器;12-后轮;13-平衡箱;14-中轮;15-前后车架铰销;16-回转圈;17-刮土侧移油缸;18-弯臂;19-滑轨;20-刮刀;21-切削角调节油缸;22-回转驱动装置;23-牵引架

2. 平地机的分类

平地机按转向轮对数×驱动轮对数×车轮总对数分为:1×1×2;2×2×2;1×2×3;1×

3×3;$3\times2\times3$ 和 $3\times3\times3$ 六种形式。转向轮越多,则转弯半径越小、转向越易;驱动轮越多,则牵引力越大、机械行走越有力。按行走系分为整体式车架和铰接式车架。按刮刀长度或发动机功率分为轻、中、重型三种。

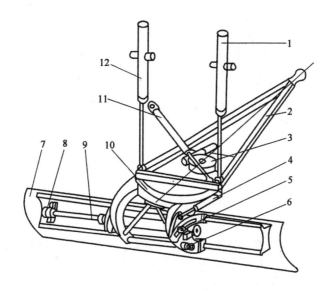

图 2-47 刮土工作装置

1-右升降油缸;2-牵引架;3-回转驱动装置;4-切削角调节油缸;5-角位器紧固螺母;6-角位器;7-刮刀;8-油缸头铰接支座;9-刮土侧移油缸;10-回转圈;11-牵引架引出油缸;12-左升降油缸

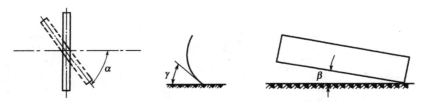

图 2-48 平地机刮刀的工作角
α-平面角;β-倾斜角;γ-铲土角

二、平地机的应用

1. 平地机的基本作业

平地机是一种铲土、移土、卸土连续进行的土方工程机械,其主要工作装置是一把带转盘的长刮刀。刮刀能完成 6 个自由度的动作,且这 6 种动作可单独进行,也可组合进行。在公路工程中可完成四种基本作业:铲土侧移、刮土侧移、刮土直移、机外刮土。

1)铲土侧移

作业时,先根据土壤的性质调整好刮刀的铲土角和平面角。平地机低挡前进,将刮刀的前置端下降,后置端抬起,形成较大的倾斜角(图 2-49a)。被铲起的土壤沿刮刀侧移,卸于左右两轮之间。

在铲土过程中,根据刮刀阻力的大小,可适当调整切土深度,但每次调整量不宜过大,以免开挖后的边沟产生波浪形纵断面,给下一行程作业造成困难。为了便于掌握平地机的方向,刮刀的前置端应正对前轮之后,当遇有特殊情况,可将刮刀前置端置于机身以外,但刮出的土壤应卸于前轮的内侧(图2-49b),避免后轮压过,影响平地机的牵引力。

在公路工程中,铲土侧移主要用于开挖边沟、修整路型等作业。

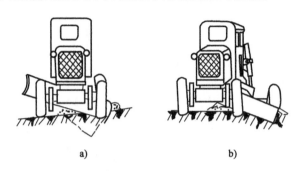

图2-49 平地机铲土侧移
a)刮刀一端倾斜于前轮正后方;b)刮刀侧伸下倾

2)刮土侧移

作业前,应根据施工技术要求和土壤情况,调整好刮刀的铲土角和平面角。作业时,平地机2挡前进,将刮刀两端同时放下切入土中。被刮起的土壤沿刀身侧移,卸于一端形成土埂。根据刮刀侧伸的位置,土埂可位于机身的外侧或两轮之间。但回填土时,必须卸于机身外侧。无论将土壤卸于内侧或外侧,都不许将土壤卸于平地机后轮行驶的轮迹上。否则,不但会影响平地机的牵引力,又会因后轮的抬升而影响作业面的平整度。为了达到侧移的目的,作业时应根据现场的情况,将平地机车轮偏转情况和刮刀位置做适当的调整,如图2-50所示。

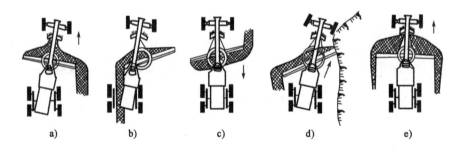

图2-50 平地机平整作业行驶方式
a)斜身移土于机身以外;b)斜身移土于两轮之间;c)刮刀全回转退行移土;d)全轮转向平地机在弯道移土;e)刮土直移

图2-50a)为平地机斜身直行移土卸于机身以外;图2-50b)为平地机斜身直行移土卸于两轮之间;图2-50c)为平地机在狭窄地带刮刀全回转退行移土;图2-50d)为平地机全轮转向在弯道移土。

在公路工程中,刮土侧移适用于修整路型、平整场地、回填土方等作业。

3)刮土直移

作业前首先调整刮刀的铲土角,为了增大刀身的高度,一般铲土角为60°~70°。再将刮刀平置(平面角为90°),两端等量下降,使之少量切土。平地机2挡前进,被刮起的土大部分随刮刀向前推送,少量土从刮刀的两端溢出。溢出的土可在最后阶段,将刮刀切入标准高度,快速前进将其全部铺散,如图2-50e)所示。

在公路工程中,刮土直移适用于修整不平度较小的场地和路型。

4)机外刮土

作业时,首先将刮刀倾斜于机外,将刮刀上端向前倾,平地机 1 挡前进;放下刮刀切入土中;被刮下的土壤沿刀身侧移卸于两轮之间,而后再用刮刀将土移走,如图 2-51 所示。

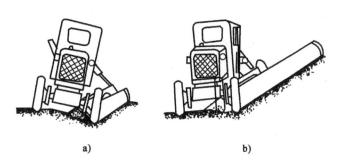

图 2-51 平地机修刷路堑边坡和边沟边坡
a)刷边沟边坡;b)刷路堑边坡

在公路工程中,机外刮土主要用于修刷路堤、路堑边坡及开挖边沟等作业。在修刷路堑边坡时,平面角应大些(图 2-51b);修刷边沟边坡时,平面角应小些(图 2-51a)。

若要修刷 90°陡坡时,应将平地机刮刀倾角调整 90°。为达到此目的,首先要改变刮刀升降机构的支承位置,然后靠刮刀的倾斜、侧伸和升降三个机构的协调工作来实现。

2. 平地机的施工作业

平地机在公路工程中主要用于平整、整型、刷坡、开挖边沟作业,也可用于开挖路槽、移土填堤和路拌路面材料。

1)平整作业

路基及场地的平整是平地机的主要作业项目。在作业之前,除由施工技术人员进行高度标定和树立标杆等工作以外,机械人员应根据地形、排水或横断面、路线线型等情况,决定刮土和移土方向(刮土角的大小、刮刀侧伸程度以及车轮偏转方向等),以及平整方法,然后进行平整工作。

平地机平整作业的方法一般有纵向、横向、斜向和蜗形四种,如图 2-52 所示。

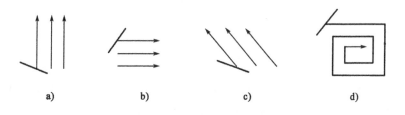

图 2-52 平地机平整作业的方法
a)纵向;b)横向;c)斜向;d)蜗形

平整路基顶面时,一般用纵向作业法,沿路边向路中线推进,平地机进退运行或环形运行。平整大面积场地时,根据排水要求,可采用不同的平整方法。一般首先进行纵向作业,然后进行横向作业,必要时还可采用斜向作业,使地面更加平整。采用蜗形作业,能使广场中央高四周低,利于排水。斜坡地的平整由低到高,刮刀的刮土角方向应使土埂由低处向高处推送。

在平整工作中,对于凹凸不平的地面,应多重复平整几次;为了缩短土埂的移距,各行程的刮刀重叠度应为刮刀长度的一半;如果平整场地的作业方向决定后,平整过程中不应从反方向进行作业;根据平整面积的大小,可以考虑装延长刀,以增加刮刀的有效长度,从而提高平地机的生产效率。

目前,装有自动找平装置的平地机被广泛运用在路基或场地的平整工作中,它能按照施工作业对象的要求,遵循一条准线自动调整刮刀位置,迅速高效地完成平整作业。平地机平整作业基准线的敷设,如图 2-53 所示。

基准线通常敷设在工作面的一侧(张力为 300 ~ 400N),将桩杆钉入土内(间距一般为 10m),上面套装着横杆,横杆可以在桩杆上滑动以调节基准线的高度(一般 20 ~ 25cm),调好后用固定螺钉定位。传感器上的摆杆在弹簧拉力的作用下抵在基准线的下面。随着刮刀的上下跳动,摆杆绕传感器轴转动,将跳动量传送到传感器,控制器控制升降油缸动作,自动调节刮刀高度,使刮刀始终处于准确的位置。

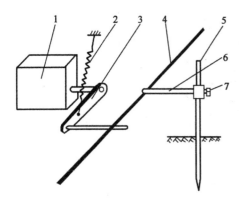

图 2-53 基准线控制刮平
1-传感器;2-弹簧;3-摆杆;4-基准线;5-桩杆;
6-横杆;7-固定螺钉

2)刷坡作业

刷坡是一种对斜坡表面的平整作业。采用机外刮土的作业方法,为使平地机行驶稳定,前轮应向反刮刀侧伸方向倾斜。路堤边坡的修刷,如图 2-54 所示。

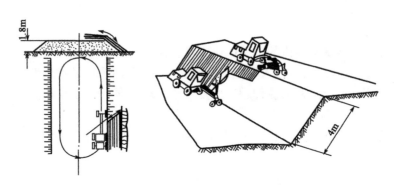

图 2-54 平地机修刷路堤边坡
a)单机刷坡;b)双机刷坡

当路堤边坡高于平地机刮刀所能修刷的范围内时(坡面长度应小于刮刀长度),可用一台平地机在路堤上沿路堤边缘环形行驶(图 2-54a)。如果路堤较高,一台平地机无法修刷全坡时,则可用两台平地机联合作业(图 2-54b)。一台平地机在路堤上向下刮土,另一台平地机在路基边缘沿取土坑向上刮土。开始时,在路堤上的平地机应先行一步(先行 10m 以上),然后堤下的平地机再开始工作。这样,不会因堤上平地机工作时所刮下的土壤散落而影响在堤下的平地机的工作,同时也便于堤下平地机驾驶员按照堤上平地机所刮成的边坡斜度为标准,把两个平面连成一个斜面。若修刷边坡与修整路型结合进行时,可装用下弯的刷坡刀,平地机沿路堤边驶过,即可同时修整路堤和修刷坡面。

3) 修整路型

平地机修整路型的施工作业内容就是按路基路堑规定的横断面图的要求开挖边沟,并将边沟内所挖出的土壤移送到路基上,然后修成路拱。在施工之前,应由技术人员根据路基宽度、边沟的大小、土壤性质以及机械类型,绘制出施工图,说明平地机所需各工序的行程数和施工程序,并规定刮刀的调整位置及车轮的位置等。平地机驾驶员必须按施工图施工。平地机修整路型施工程序,如图 2-55 所示。

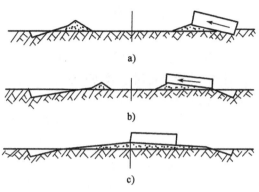

图 2-55 平地机修正路型施工程序示意图
a)开挖边沟;b)移土填堤;c)平整路堤顶面

4) 开挖边沟

平地机开挖边沟时可视施工条件,采用一侧开挖或两侧开挖,如图 2-56 所示。一侧开挖时,边沟的边坡可做成不同的坡度,但此法有空驶回程,工效低(图 2-56a)。两侧开挖时,边沟两侧边坡坡度相同,平地机环形运行,工效高(图 2-56b)。

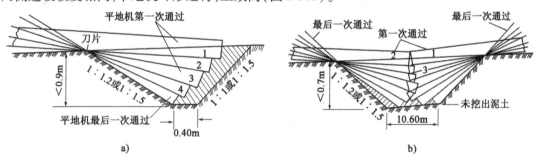

图 2-56 平地机开挖边沟方法
a)一侧开挖法;b)两侧开挖法
1、2、3、4-开挖顺序

平地机开挖边沟的作业方法如图 2-57 所示。第一行程为标定行程。刮刀回转使其前端正对前轮(一般为右前轮)的后方,刮刀后端升起,使沟内挖出的土壤恰好卸在左右两轮之间(挖深较浅),机械匀速直线前进。第二行程重复一次,但要调整后轮位置,使其右轮能正确地在沟内行驶(图 2-57a),当挖出土壤在沟侧形成一列土埂时,应将土埂侧移,以免妨碍继续开挖。侧移土壤时,前轮应置于土埂外侧,后右轮仍在沟内行驶(此时机架斜置),前后轮转向沟内的方向,刮刀适当侧伸并调好刮土角,这样机械前进就可将土埂侧移(图 2-57c)。重复上述开挖和移土过程,即可挖出所需的边沟。最后将刮刀降到沟底,刮平沟底(图 2-57d)。

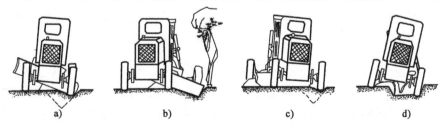

图 2-57 平地机开挖边沟施工程序图
a)第二次开挖行程;b)刮刀侧伸开挖以避开障碍物;c)侧移土壤;d)刮平底沟

3. 提高平地机生产率的措施

影响平地机生产率的因素有工作地段的长度、刮刀的工作角度、刮刀的长度、平地机工作速度、工作行程次数、机械掉头时间,以及时间利用率等。除了加强工地管理,制定合理的施工组织等外,一般可针对性地采取措施,以提高其生产效率。

平地机工作地段宽度,拟以一个台班中能完成的工作量来考虑,一般应不少于1km。刮刀的工作角度因作业不同,经常需要停机调整,费时较多。若能采用多台(2~3台)平地机联合作业、合理分工,可使每台班中尽量不调或少调刮刀的工作角度。刮刀长度影响移土距离,若能装用延长刀,将减少移土和平整行程次数,对生产率的提高十分有利。在铲土作业时,预先疏松土壤,同时按四边形断面铲土,以获得最大铲土截面积和最少的铲土行程次数,可大大提高作业效率。平地机铲土作业方法,如图2-58所示。

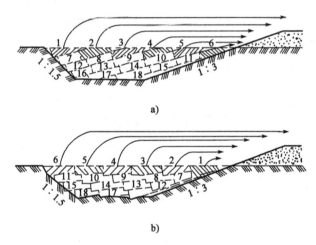

图 2-58 平地机铲土作业方法
a) 从取土坑外边缘开始铲土; b) 从取土坑内边缘开始铲土

图2-58a)为从取土坑外边缘开始铲土,表层1~6行程铲出的土层断面为三角形。第2层及第3层土层断面为四边形。但取土坑的底部也是一些不平整的三角形,因此对底部就需额外加工修正,工效低。

图2-58b)为从取土坑内边缘开始铲土,只有第1行程所挖的土层断面为三角形,此后各行程渐趋四边形断面,且底部较平整,可以不再修整。此法各层底部较平整,遇到硬土时,需先用齿耙疏松。

第七节 石方工程机械及路基土石方爆破施工

在路基工程施工中,除了需要修筑路堤和开挖路堑外,当线路通过山区、丘陵以及傍山沿溪路段时,还会遇到集中或分散的岩土地区,就必须进行石方施工。此外,在路面和其他附属工程中,还需要大量的块石、片石和碎石,而这些石料都需要开采与加工。目前,石方工程多采用机械化施工,利用各种机具进行钻孔、爆破、清理与加工,这不但降低了人工的劳动强度,而且加快了施工进度、提高了作业效率。

一、石方工程机械

1. 空气压缩机

空气压缩机(简称空压机)是一种以内燃机或电动机作为动力,将自由空气压缩成高压空气的机械。由它制配的压缩空气是各种风动机具的动力来源,可驱动凿岩机穿凿爆破眼孔,驱动气镐和气锹疏松硬土、冻土和破除冰块,驱动带锯和圆锯进行木材的开采和加工以及驱动混凝土振捣器捣固混凝土等。因此,有时又将空压机称为动力机械。

空气压缩机的分类方法较多,一般按其工作原理的不同,可分为往复式和旋转式两大基本类型。

往复式(活塞式)空压机是依靠活塞在气缸中的往复运动来制配压缩空气的。活塞式空压机使用成本低,耐久性和使用寿命长,制造较容易,操作和维修方便。缺点是结构复杂,工作效率低,排出的压缩空气是间隔脉动的,滑片磨损快,使用寿命短,要有足够的润滑油来润滑滑片与气缸,使排出的压缩空气混有油污,必须有专门的分离措施才能使用。其外观见图2-59a)。

旋转式空压机是利用旋转的滑片或螺杆通过容积的变化将自由空气不断地吸入、压缩和排气。螺杆式空压机结构简单,可以高速旋转,效率高,运转平稳,体积小,具有强制输气的特点,排气量几乎不随排气压力而变化。缺点是工作时噪声大,必须设有良好的消声设备。其外观见图2-59b)。

图2-59 空压机外观
a)往复活塞式;b)旋转螺杆式

另外,按空气在一个循环内被压缩次数的不同,空压机可分为单级式、双级式和多级式三种类型;按活塞工作面的不同;可分为单作用式和双作用式两种类型,双作用式空压机的活塞在气缸中的往复运动都对气体起作用,故压气量高于单作用式空压机;按压缩机安装方式的不同,可分为移动式、半固定式和固定式三种类型。

2. 凿岩机

凿岩机是用来直接开采石料的工具。它在岩层上钻凿出炮眼,以便放入炸药炸开岩石,从而完成开采石料或其他石方工程。此外,凿岩机也可改作破坏器,用来破碎混凝土之类的坚硬层。

凿岩机按其动力来源可分为风动凿岩机、内燃凿岩机、电动凿岩机和液压凿岩机四类。

风动式凿岩机(图2-60a、b)以压缩空气驱使活塞在气缸中向前冲击,使钢钎凿击岩石,应用最广;内燃式凿岩机(图2-60c)利用内燃机原理,通过汽油的燃爆力驱使活塞冲击钢钎,凿击岩石,适用于无电源、无气源的施工场地;电动式凿岩机(图2-60d)由电动机通过曲柄连杆机构带动锤头冲击钢钎,凿击岩石,并利用排粉机构排出石屑;液压式凿岩机(图2-60e、f)依靠液压力通过惰性气体和冲击体冲击钢钎,凿击岩石。

风动凿岩机按其使用条件的不同,又有手持式、气腿式和柱架导轨式三种形式。

手持式风动凿岩机(图2-60b)是由人工手持操作的,主要是钻凿垂直向下的炮眼。这种凿岩机重量轻、搬运方便,故目前使用较广泛。它的缺点是在操作时有剧烈的振动,工人劳动强度大,工效也较低。

气腿式风动凿岩机(图2-60a)是将其机体安置在气腿上,利用气腿的气力来取代人工手持操作。因此,大大减轻了工人的劳动强度。它可钻凿向下、水平、倾斜以及向上的炮眼。它的缺点是需配备较大的空压机,故搬移困难。

柱架导轨式风动凿岩机是将一台导轨式凿岩机放在柱架上,依靠气动马达使其沿导轨推进而进行凿岩。

凿岩台车(图2-60e、f)是隧道及地下工程采用钻爆法施工的一种凿岩设备。它能移动并支持多台凿岩机同时进行钻眼作业。主要由凿岩机、钻臂(凿岩机的承托、定位和推进机构)、钢结构的车架、走行机构以及其他必要的附属设备和根据工程需要添加的设备所组成。应用钻爆法开挖隧道时,凿岩台车和装渣设备的组合可加快施工速度、提高劳动生产率,并改善劳动条件。

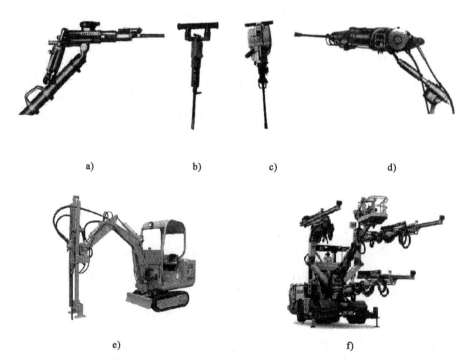

图2-60　各种凿岩机外貌示意图

a)气腿式风动凿岩机;b)手持式风动凿岩机;c)手持式内燃凿岩机;d)气腿式电动凿岩机;e)挖掘机改装的凿岩机;f)全液压三臂凿岩台车

3. 破碎机

用凿岩机在岩层上凿出炮眼,放进炸药,经爆破后所得的是一些大小不等的石块,不能用来铺筑路面和制配混凝土材料。为了获得各种规格的碎石,还必须将大的块石破碎成碎石。破碎机就是一种用来破碎石块的机械。图2-61是砂石生产线及破碎机械。

石块的破碎方法有压碎、冲碎、碾碎、击碎和折碎(图2-62)五种。在实际破碎过程中,通常是几种方法综合使用。

破碎前的块石尺寸D与最后加工成成品的碎石尺寸d之比,称为破碎比i,即

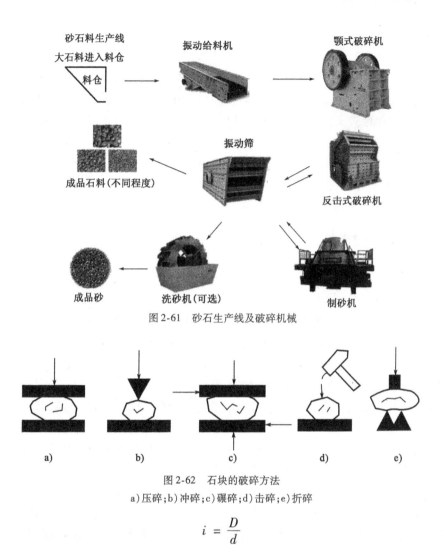

图 2-61 砂石生产线及破碎机械

图 2-62 石块的破碎方法
a)压碎;b)冲碎;c)碾碎;d)击碎;e)折碎

$$i = \frac{D}{d}$$

破碎比 i 用来衡量对石块的加工程度。当所供石料和所需成品石料尺寸一定时,若选用的 i 值大,则破碎次数就多,反之破碎次数就少。

破碎机按其结构的不同可分为颚式、反击、锥式、锤式和滚筒式等类型。

颚式破碎机是利用一个固定颚板的往复摆动对石块进行破碎的,这种破碎机可用于粗碎和中碎,它的优点是结构简单、外部尺寸小、破碎比较大($i=6\sim8$)、操作方便,因此目前使用很广泛。

反击式破碎机石料由机器上部直接落入高速旋转的转盘;在高速离心力的作用下,与另一部分以伞形方式分流在转盘四周的飞石产生高速碰撞与高密度的粉碎,石料在互相打击后,又会在转盘和机壳之间形成涡流运动而造成多次的互相打击、摩擦、粉碎,从下部直接排出。反击式破碎机能处理边长 100~500mm 以下物料,抗压强最高可达 350MPa,具有破碎比大、破碎后物料呈立方体颗粒等优点。

锥式破碎机是利用一个置于固定锥孔体内的偏心旋转锥体的转动,使石块受挤压、碾磨和弯折等作用而被破碎的。这种破碎机可用于中碎和细碎,由于它没有空回行程,故生产率高,动力消耗小;并且其结构较复杂、体积大、移动不方便,所以只宜用于固定的大型采石场,而筑路工程中很少采用。

锤式破碎机是利用破碎锤来破碎石块的。破碎锤交错地安装在壳体内的一根横轴上,当原动机带动横轴旋转时,加入壳体内的石块就被各个破碎锤轮流地锤击而破碎。石块从壳体上口加入,被击碎后的石料成品从壳体的卸料隙口卸出。这种破碎机的结构较为简单、重量轻、体积小,能破碎硬度较大的石块;但由于其生产率不高,且石料成品的规格大小不一,且含有很多的石屑和石粉等废品,故仅适用于养路工作的备料。

滚筒式破碎机是利用两个反向转动的平衡滚筒的相对运动将石料进行破碎的。它的结构较简单,石料成品细而均匀;但因其进料尺寸不能过大、破碎比较小,因此,很少单独使用,一般用来配合颚式破碎机做破碎工作。

二、路基土石方爆破施工

1. 概述

1) 爆破的基本概念

所谓爆破,就是利用炸药爆炸时产生的热量和高压,使岩体和周围介质受到破坏和移位。

为了爆破某一岩体,可在岩体内或表面放置一定数量的炸药,这种炸药称为药包。药包在均质的岩体内爆炸时,其爆炸力是向四周扩散的,紧靠药包部分的岩石,受到的冲击挤压力最大,随着离药包距离的增大,其作用力也逐渐减弱,按照岩体受爆炸波冲击的破坏程度不同,可把爆炸作用范围由近而远划成四个作用圈:压缩圈、抛掷圈、松动圈和振动圈。其中,压缩圈范围内的岩石受到极度压缩而粉碎。抛掷圈内的岩石由于受爆炸波的冲击较大,岩石被压缩成小块,如果岩体的抵抗力不足,就会被抛掷出去。松动圈内的岩石由于受爆炸波影响较小,岩体破裂而产生松动现象。振动圈内由于受爆炸波影响很小,所以岩体只受震动。这些作用圈的半径分别被称为压缩、抛掷、松动和振动半径。前三个圈统称为破坏圈,其半径称破坏半径。

在一个岩体性质相同的地面下,不同的位置和不同的深度上,放置药量相等的药包,如图2-63所示。这时的地面是一个自由面(或称临空面)。药包到自由面的垂直距离称最小抵抗线 W,它是岩体抵抗力最弱的一个方向。当药包埋置较深,抵抗线 W 较大时,爆破后药包周围的岩石产生粉碎和裂隙,自由面只受到振动,并无破坏,这种爆破称为压缩爆破,如图2-63a)所示。当最小抵抗线 W 减少到某一临界值时,爆破后,药包以上直到表面岩石都受到破坏而松动,但无抛掷现象,这种爆破称为松动爆破,如图2-63b)所示。当最小抵抗线 W 再减少时,爆破后岩石不但松动,而且有向四周抛出的现象,这种爆破称为抛掷爆破,如图2-63c)所示。

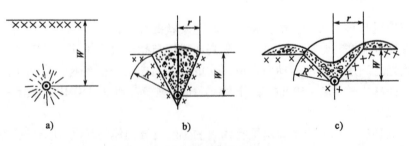

图2-63 药包爆破效果图
a)压缩爆破;b)松动爆破;c)抛掷爆破

在松动爆破和抛掷爆破的情况下,从药包到临空面的上方形成一个漏斗状的爆坑,称为爆破漏斗,它是由以下几个尺寸构成,即最小抵抗线 W,漏斗半径 r 和漏斗可见深度 h。通常 r 和 W 的比值称为爆破作用指数 n,即:

$$n = \frac{r}{W} \tag{2-9}$$

爆破作用指数 n 决定着爆破漏斗的基本形状,也反映了不同的爆破效果。为了进一步区别不同的爆破效果,可将爆破漏斗按爆破作用指数 n 的大小分为三种情况:当 $n=1$ 时称为标准爆破漏斗,爆破后只有部分岩石抛到漏斗外面,产生这种漏斗所用的炸药称标准抛掷药包。当 $n>1$ 时称为加强抛掷漏斗,爆破后绝大部分岩石抛掷到漏斗外部,所用药包称为加强抛掷药包。当 $n<1$ 时称为弱抛掷漏斗,此时只有一小部分岩石抛到漏斗外面,所用药包为弱抛掷药包;当 $n \approx 0.75$ 和 $n<0.75$ 时,所用药包分别形成松动爆破和压缩爆破。

抛掷爆破多用于大爆破工程,其中定向爆破就是抛掷方向、距离、数量和时间都有所控制的一种抛掷爆破。松动爆破多用于开挖路堑、巷道掘进以及采石工程等。压缩爆破多用于扩大炮眼底部的烘膛,以增大药孔的装药量。

2) 炸药

炸药的种类很多,在石方爆破中常用以下两种:

(1) 起爆炸药。

它是一种爆炸速度极高的烈性炸药,爆速可达 2000~8000m/s,主要用作制造雷管和速燃导火索。常用的有雷汞、叠氮铅等。

(2) 爆破炸药。

用以对岩石或其他介质进行爆破的炸药,要求它的敏感性低,要在起爆炸药强力的冲击下才能爆炸,工程常用的有:黑色炸药、硝酸炸药、胶质炸药、梯恩梯等。

3) 起爆器材

雷管是常用的起爆器材,按照引爆的方式不同,可分为火雷管和电雷管。电雷管又分即发、延期和毫秒雷管。工业上按雷管内起爆药量的多少分为 10 种号码。一般多使用 6~8 号。

2. 凿岩工程

钻凿爆破用的眼孔在整个爆破工作中所占的比例较大,因此钻孔工作的效率对工程进度的影响是相当重要的。

目前,凿岩工程常用的机械设备有:空压机、凿岩机和穿孔机等。

根据使用的动力不同,凿岩机有风动、电动、液压以及内燃凿岩机等。目前,使用较多的是风动式。

空压机是风动凿岩机的动力源,空压机站容量的确定如下:

1) 所用风动工具的空气总消耗量 Q_F

$$Q_F = nqKB \quad (\text{m}^3/\text{min}) \tag{2-10}$$

式中:n——使用风动工具台数;

q——每台工具的空气消耗量,m^3/min;

K——同时工作系数,一般取 0.65~1;

B——磨损后空气漏损系数,一般取 1.10~1.15。

2)管路的漏风量 Q_L

由于管路中接头、阀门等随管路的增长而增多,从而使风量漏损增加,漏风量 Q_L:

$$Q_L = L\beta \quad (\text{m}^3/\text{min}) \qquad (2\text{-}11)$$

式中：L——风管长,m；

β——漏风量,一般每1000m漏损1.5 m^3/min。

3)海拔系数

海拔较高的地区,空气稀薄,空压机的生产能力随海拔高度不同而变化。因此,应随海拔高度的增加而增加空压机的容量。可用海拔系数 α 来表示,见表2-6。

海拔系数 α 表2-6

海拔高度(m)	0	500	1000	1500	2000	3000	4000	5000
α	1.00	1.05	1.11	1.16	1.21	1.31	1.41	1.51

4)空压机站的总供气量 Q

$$Q = \alpha(Q_F + Q_L) = \alpha(nqKB + L\beta) \quad (\text{m}^3/\text{min}) \qquad (2\text{-}12)$$

当总气量确定后,根据这一需要量选定空压机。选定时应尽量选择大容量的,但也要注意大小搭配,因为在某些情况下,工地只需少量凿岩机工作,这时若用大型空压机来供气,会造成很大浪费。

凿岩机与空压机是通过输气管道连接的,一般多用高压胶管。在工程量大而集中、施工期长的工地中应选用钢管作为输出主管。输气管的内径应根据通过的总气量和输送的长短而定。以保证最远的施工点有足够气压(不低于600kPa),保证凿岩机正常工作。

在安装输气管道前,必须做好全工地管道的设计,根据工点的布置,选定主气管安装路线,并根据总流量选择合适直径的主管,并备好一切管道附件,在铺设管道时应尽量做到以下几点：

(1)管道应短而直,尽可能少拐弯,尤其要避免带锐角的急拐弯。

(2)在管路上除了储气筒、油水分离器和开关外,尽量减少附件,以免增大阻力。

(3)在一条管路中,不允许直径大小不同的管子间隔交替连接。

(4)管子架设要牢固,接头要严密,不允许漏气。同时应注意管路防晒、防冻,不允许管内产生局部积水。

(5)尽可能少用阻力大的橡胶管。

凿岩机在使用中一定要注意空气压力,正常压力为0.5kPa。当使用压力高于此值时,虽然凿岩机的冲击能量和冲击频率会有所增加,钻孔速度也可加快些,但实际耗气量也要相应增加。此外,过高的气压会使凿岩机工作时的振动显著增加,零件的磨损也明显加快,使凿岩机的使用寿命大大降低。另一种情况是由于凿岩机的移位等原因,要增加送风管的长度,管阻增加,使压缩空气到达工作面的实际压力降低,从而使凿岩机的冲击能量和频率降低、凿岩效率降低、耗气率相应增加。所以气压高于或低于规定的正常值都是不经济的。

凿岩机采用的钻孔工具有两种：一种是钢钎；另一种是活动钻头。前者钻杆和钻头制成一体；而后者是钻杆和钻头通过螺纹连接,一般钢钎和钻杆都是用六角形或圆形空心碳素钢制成的,因此只能用于硬度不大的岩石。钢钎磨钝后可用锻钎机修整。活动钻头在钻头的刃口处镶有硬质合金刀头(铬钨钢或铬钒钢),钻头磨钝后,可随时卸下更换,因此工作效率高,同时也减少锻钎过程所消耗的钢材。

钻头和钻杆在钻孔过程中是配套使用的。打眼时先用较短的钻杆和较大的钻头开眼,以后逐步加长钻杆换用较小钻头,所以钻头应先大后小,钻杆应先短后长。

3. 爆破工程

石方爆破施工有炮孔位置的选择、凿孔、装药、引爆和清方等工序。

1) 炮孔位置的选择

炮孔位置的选择是十分重要的,因为炮孔的位置、方向和深度都会直接影响爆破效果。选择孔位时应注意岩石的结构,避免在层理和裂缝处凿孔,以免药包爆炸时气体由裂缝中泄出,使爆破效果降低或完全失效。

炮孔应选在临空面较多的方位(图2-64a),或者有意识地改造地形,使第一次爆破能为第二次爆破创造较多的临空面(图2-64b)。其他爆破参数应根据工点的具体情况和实践经验来确定,一般经验数值如下:

(1) 最小抵抗线 W 的确定。

抵抗线过大,爆破后会使岩块过大,且容易残留炮根;过小会导致岩石飞散和炸药的消耗量增加。一般为梯段高度的70%~80%。

(2) 炮孔深度。

采用台阶式爆破时,炮孔的深度,应使爆破后的地面尽量与原地面平齐。较硬的岩石易留炮根,因此炮眼的深度应大于岩层厚度。软岩石可小于台阶高度,一般是:

坚石:$L = (1.0 \sim 1.15)H$。

次坚石:$L = (0.85 \sim 0.95)H$。

软石:$L = (0.7 \sim 0.9)H$。

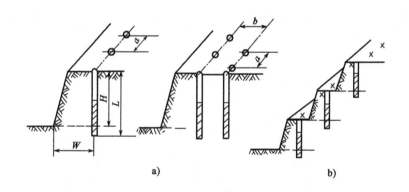

图2-64 改造地形增加临空面

(3) 炮孔距离和行距的确定

两孔之间的距离为孔距 a,它的大小与起爆方法和最小抵抗线有关。

火花起爆时:$a = (1.4 \sim 2.0)W$。

电力起爆时:$a = (0.8 \sim 2.3)W$。

采用多排炮孔时,炮孔应按梅花形交错布置(图2-64a)。两排炮孔之间的行距 b 约为

$0.86a$。

2)凿孔

选孔工作完成后,即可进行凿孔。凿孔的技术要求与采用的爆破方法有关。目前使用的有浅孔爆破和深孔爆破两种。

(1)浅孔爆破。

一般爆破的岩石数量不大,孔径在 75mm 以下,孔深不超过 5m。多用手提式凿岩机凿孔。孔呈一行或多行平行排列,可用电力或速燃引爆使各药包同时爆炸。这种爆破适用于工程量不大的路堑开挖,以及采石工程对大块岩石的再爆破等。其用药量多按炮孔深度和岩石性质而定。一般装药深度为孔深的 1/3~1/2。

(2)深孔爆破。

对孔深大于 5m,孔径大于 75mm 的炮孔进行爆破时,统称为深孔爆破。钻凿大型炮孔多采用冲击式钻机。因一次爆破的石方量大,从而能加快施工进度,如果有适当的装运机械配合,则可以实现全面机械化快速施工,这是今后石方开挖的发展方向。

3)装药

装药就是把炸药按照施工要求装入凿好的药孔内。装药的方式根据爆破方法和施工要求不同而各异,有以下几种:

(1)集中药包。

炸药完全装在炮孔的底部,这种方式对于工作面较高的岩石,崩落效果较好,但不能保证岩石均匀破碎,如图 2-65a)、b)所示。

(2)分散药包。

炸药沿孔的高度分散装置,这种方式可以使岩石均匀破碎,适用于高作业面的开挖段,如图 2-65c)所示。

(3)药壶药包。

它是在炮孔的底部制成葫芦形的储药室,以增大装药量。这种方式适用于岩石量大而集中的石方施工,如图 2-65d)所示。

(4)坑道药包。

药包装在竖井或平峒底部的特制的储药室内,如图 2-65e)所示。

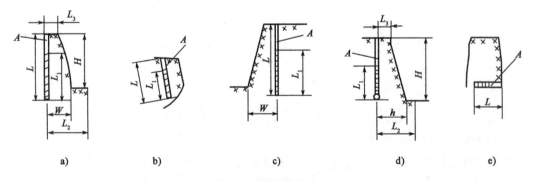

图 2-65 药包装置形式

a)、b)集中药包;c)分散药包;d)药壶药包;e)坑道药包

A-堵塞物;L-炮孔深度;L_1-药包高度;L_2-岩底面宽度;L_3-岩石顶面宽度;W-最小抵抗线;H-岩石厚度

4) 药孔的堵塞

药孔堵塞一般可用干砂、滑石粉、黏土和碎石等。堵塞物的捣实,切忌使用铁棒,一般用木制或黄铜棒。棒的直径为炮孔直径的0.75倍,下端稍粗,约为炮孔直径的0.9倍。在棒的下端开有供导火索穿过的纵向导槽。

5) 引爆

引爆是利用起爆炸药制成的雷管,将引火剂或导火索,从炮孔的外部引入炮孔的药室使炸药爆炸。目前工程中也有火花起爆、电力起爆等。

4. 清方工程

当石方爆破后,必须根据施工要求和石料的利用情况分次清理。如开挖路堑无填方工程时,可用挖掘机或装载机清理石料,由运输车辆运出施工现场,以利下一次爆破。如是傍山筑路半挖半填,则爆破的碎石可以作填方用,此时可用推土机或装载机清方。由于路基土石方爆破施工,不同于采石场和矿山开挖,一方面场地狭小,机械设备的布置和使用受到限制;另一方面要求机械设备的能力大、效率高,又要机动灵活和具有一定的越野性能和爬坡能力。因此在选择清方机械时要考虑以下技术经济条件:

(1) 工程期限所要求的生产能力。

(2) 工程单价。

(3) 爆破岩石的块度和岩堆的大小。

(4) 机械设备进入工地的运输条件,以及爆破时机械撤离和重新进入工作面的方便程度等。

对以上各条应综合考虑,不能孤立地只考虑某一方面。如果只考虑爆破的块度,便于正铲挖掘机的挖装,则对于某些结构的岩石来说,可能会大大增加爆破费用。反之,降低了爆破费用,又会使块度增大,使挖掘机无法铲装。因此清方机械的选配是比较复杂的。

一般来说,正铲挖掘机的适应性比较强,但进出工点比较缓慢。轮式装载机机动灵活,相同功率的正铲挖掘机和装载机相比,装载机可以铲装较大块度的石块,而且可以用较少的斗数;装满载重量相等的运输工具,装载机的卸载高度不如挖掘机。此外,装载机可以自行铲运,挖掘机则不能。就经济性来说,运距在30~40m以内,用推土机推运较为经济;40~100m用装载机自铲自运,100m以上用挖掘机配合自卸汽车比较经济。

【复习思考题】

1. 简述施工机械合理选择、合理组合的原则。
2. 选择机械的方法有哪些?如何确定机械的台数?
3. 推土机的基本作业方法有哪些?什么是槽式推土法?什么是下坡推土法?
4. 利用推土机横向填筑路堤时应怎样作业?
5. 铲运机有几种运行路线?各有什么特点?
6. 铲运机纵向填筑路堤应注意哪些问题?

7. 装载机铲装土丘有几种方法？各有什么特点？
8. 装载机与自卸汽车配合作业的方法有几种？
9. 反铲挖掘机的基本作业有几种方式？各有何特点？
10. 利用反铲挖掘机开挖路堑应怎样组织？
11. 说明平地机刷坡作业和修整路型作业的内容。
12. 什么是最小抵抗线？什么是爆破作用指数？敷设空压机输气管路时应注意哪些问题？怎样选择炮孔位置？

第三章
压实机械及其施工技术

[重点内容和学习要求]

本章重点讲述压实机械的选用,压实机械压实作业参数的选择,压实机械在路基、路面工程中的运用;论述压实路基路面的方法,各种压实机械的主要组成及压实特点。

通过学习,学会压实机械的选用、压实作业参数的选择及路基、路面的压实方法;了解各种压实机械的主要组成及压实特点。

第一节 概 述

压实机械是一种利用机械自重、振动或冲击的方法对被压实材料重复加载,排除其内部空气和水分,使之达到一定密实度和平整度的工程施工作业机械。

在道路、机场等修筑工程中,对新构筑的路基和路面均要根据不同情况用各种不同类型的压实机械加以压实,提高承载能力及平整度、增加稳定性、降低透水性,以抵抗机械行驶时的动力影响和风、雨水、雪水的侵蚀,从而保证各种机械及运输车辆高速度的行驶。

一、压实方法

铺筑材料的压实是向被压材料加载,克服松散多相材料颗粒间的摩擦力、黏着力,排除固体颗粒间的空气和水分,使各个颗粒发生位移、相互靠近的过程。对路基和路面铺筑材料的压实方法有静力压实、冲击压实和振动压实三种。

(1)静力压实(图 3-1a)是利用一沉重的滚轮沿被压实材料表面往复滚动,靠滚轮自重所产生的静压作用,使被压材料产生永久变形,实现压实目的。静力压实由于仅仅依靠滚轮本身自重所产生的静压力,因此压实作用深度较浅,一般在 30cm 以内,压实作用效果也较差。若要提高压实能力,只有通过加大自身的质量和增加碾压遍数来实现,但是这样会造成大量金属材料的浪费与较大功率的消耗,非常不经济。目前在公路工程中,采用静力压实的压实机械主要有:静力式光轮压路机、轮胎式压路机、静力式凸爪碾等,常用于路基土石方的分层压实或路面的表层压实。

(2)冲击压实(图 3-1c)是利用一块质量为 M 的重物,从一定高度落下,冲击被压材料而使之压实的方法。其特点是使材料产生的应力变化速度很大。适用于作业量不大及狭小场地的黏性土壤、砂质黏土和灰土的压实,厚度可达 1~1.5m。常用的夯实机械有:振动平板夯实机、振动冲击夯实机、爆炸式夯实机和蛙式打夯机等。在路桥工程中,可用于桥背、涵侧路基夯实,路面坑槽的振实及路面养护维修的夯实、平整等。

(3)振动压实(图 3-1b)是利用具有一定质量 M 的滚轮在被压材料表面进行往复高频振动滚压,使被压材料产生位移,相互挤压,从而达到压实的目的。振动压实是依靠静压力和振动产生的激振力联合作用,因此压实效果好,力影响深度大。目前,采用振动压实的压实机械主要有:组合式振动压路机(前轮为具有振动作用的光面钢轮,后轮为驱动胶轮)、双钢轮振动压路机、凸块振动压路机等。在公路工程中,广泛用于黏性小的砂土、稳定土、沥青混合料和干硬性水泥混凝土等的压实。另外,随着振动压实技术的发展,又出现了一种沿水平方向往复和交变转矩的振荡压路机,它减轻了驾驶员和机械的垂直冲击,改善了工作条件。

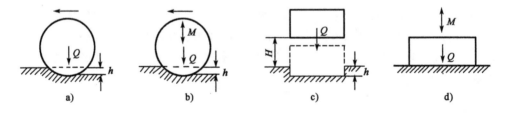

图 3-1 压实方法
a)滚压;b)振动滚压;c)冲压;d)振压

二、压实机械的分类

压实机械又称压路机,其种类繁多。其分类情况如下:
(1)按滚轮性质不同分:钢轮压路机和轮胎压路机。
(2)按压实方法不同分:静力式压路机、冲击式压路机和振动式压路机。
(3)按滚轮形状不同分:光面滚轮压路机和凸爪滚轮压路机。
(4)按牵引方式不同分:拖式压路机和自行式压路机。
目前,公路工程常用的不同类型的压实机械,如图 3-2 所示。

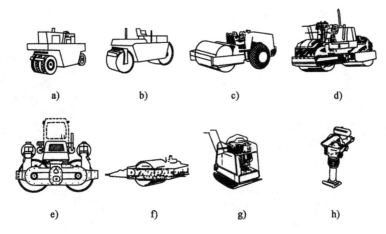

图 3-2 常用压实机械

a)轮胎压路机;b)静力式光轮压路机;c)轮胎驱动光轮振动压路机;d)两轮串联式振动压路机;e)四轮摆振式压路机;f)拖式振动压路机;g)振动平板夯;h)快速冲击夯

第二节　常用各种压路机

一、静力式光轮压路机

静力式光轮压路机是靠压路机本身的自重对被压材料进行压实的。在公路工程中主要用于压实路基、路面、广场和其他各类工程的地基等。

自行式静力光轮压路机根据滚轮及轮轴数目不同分为二轮二轴式、三轮二轴和三轮三轴式三种;按整机质量不同分为轻型(质量为 5~8t)、中型(质量为 8~10t)、重型(质量为 10~15t)和超重型(质量为 18~20t)四种。

静力式光轮压路机由内燃机、传动系统、操纵系统和行驶系统等部分组成。

1. 二轮二轴式压路机

图 3-3 为国产二轮二轴式压路机。这种压路机的工作装置是前后滚轮,前轮为从动轮,即方向轮;后轮为驱动轮。它们是由钢板卷焊成的轮圈与两端轮辐焊接而成。为了使机重可调,以满足压实的需要,滚轮是中空的,轮内可装砂子或水。前后轮通过轴承支承在前后轮轴上。为了润滑轴承,在轮轴外装有油管,以便加注润滑油。

由于前轮较宽,为了便于转向,一般都制成两个完全相同的滚轮,分别用轴承支承在方向轮轴上。后轮的结构和尺寸和前轮基本相同,所不同的是后轮为一个整体,并装有最终传动装置。

压路机压实是靠前后滚轮在被压材料表面前后往复滚动来实现的,为确保压路机迅速平稳换向,在传动系统中增设了换向机构。

压路机转向时,因前轮质量较大,转向困难,故多采用液压转向或液压助力转向机构。

2. 三轮二轴式压路机

三轮二轴式压路机(图 3-4)与二轮二轴式压路机的主要区别是:三轮二轴式具有两个装

在同一根轴上直径较大的窄轮;在传动系统中增加了一个带差速锁的差速器。

图3-3 二轮二轴式压路机

图3-4 三轮二轴式压路机

二、振动压路机

振动压路机与静力式压路机相比,在同等结构质量的条件下,压实效果好,压实厚度大,适应性强,而且可以根据需要调成不振、弱振和强振。

振动压路机的缺点是不宜压实黏性大的土壤,同时由于振动频率高,驾驶员容易产生疲劳,因此需要有良好的减振装置。

振动压路机的压实原理是利用振动轮的高频振动,迫使被压材料克服颗粒间的黏结力和摩擦力而产生运动。由于颗粒的质量不同,其运动速度也存在差异,使材料颗粒相互挤紧,提高了被压实层的密度。

振动压路机型号规格繁多,但其工作原理是相同的。振动压路机(图3-5)由内燃机、工作装置、传动系统和操纵机构等组成。

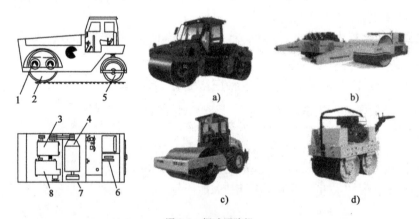
图3-5 振动压路机
a)振荡压路机;b)拖式振动压路机;c)组合式振动压路机;d)手扶式振动压路机
1-减振器;2-振动轮;3-分动箱;4-柴油机;5-转向轮;6-操纵机构;7-机架;8-变速器

振动压路机(图3-5b、c、d)的振动轮按结构不同分为偏心块式和偏心轴式两种。偏心块式振动轮(图3-6)工作时,内燃机通过传动系统即使振动轮滚动,又使振动轴带动偏心块旋转而产生振动。这两者是两个独立的系统,互不干扰,由各自操纵系统进行操纵。

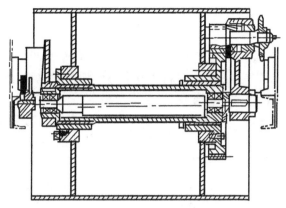

图 3-6 偏心块式振动轮

振动压路机的主要技术参数:

(1)振动体质量 G_1:指参与振动部分的质量(包括振动机构和振动滚筒)。

(2)附加质量 G_2:指通过减振装置附加在振动体上的非振动部分的质量。

(3)激振力 F:偏心振动器旋转时产生的离心力。

$$F = mr\omega^2 \quad (N) \tag{3-1}$$

式中:m——偏心块的质量,kg;

r——偏心距,m;

ω——偏心块角速度,rad/s。

(4)振动频率 f:单位时间内振动的次数(Hz)。

(5)振幅 A:振动体振动时从静止位置向上或向下的最大位移(mm)。

(6)总作用力 $Q(t)$。

$$Q = G_1 + G_2 + F \quad (t) \tag{3-2}$$

振荡压路机(图3-5a)的振动轮(图3-7)也是一种偏心块式结构。它主要由两根偏心轴、中间轴、振荡滚筒、减振器等组成。动力通过中间轴、同步齿轮、驱动两根偏心轴同步旋转产生相互平行的偏心力,形成交变转矩,使滚筒产生水平方向的振动。振荡压路机工作时,其振动轮始终不离开地面。这样,既避免了铺筑材料被振碎,又改善了驾驶员的工作条件。

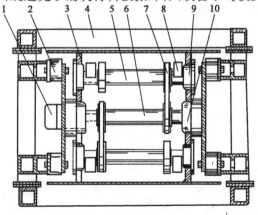

图 3-7 振荡压路机振动轮

1-振荡电机;2-减振器;3-振荡滚筒;4-机架;5-偏心轴;6-中心轴;7-同步齿带;8-偏心块;9-偏心轴轴承;10-中心轴轴承座

三、轮胎压路机

轮胎压路机的工作装置为光面充气胶轮。由于胶轮弹性所产生的揉搓作用,使被压材料在同一地点作用时间长,并且使被压材料在各个方向均产生位移,除有垂直压实外,还有水平压实力,不但沿行驶方向有压实力作用,而且沿机械的横向也有压实力作用。因此,压实效果均匀、密实和平整。另外,轮胎压路机还可增减配重、改变轮胎充气压力,以适应不同材料和不同压实要求。但轮胎压路机结构复杂、调整困难、制造与使用成本高。

图 3-8 为国产轮胎压路机,由内燃机、传动系统、操纵系统和行走部分等组成。它的工作装置由五个驱动轮和四个转向轮组成,前后轮安装位置相互错开,由后轮压实前轮的漏压部分。轮胎是由耐热、耐油橡胶制成的无花纹(或细花纹)光面轮胎。前轮是转向轮,它们通过转向立轴与转向机构相连,转向系统采用液压转向或液压助力转向。五个后轮分成两组,一组由三个车轮组成,另一组由两个车轮组成,分别安装在两个驱动轴上。

轮胎压路机还装有洒水装置和轮胎气压调整装置。

洒水装置是由汽油机带动水泵工作的。滚压路面时,可向前后轮面洒水,防止结合料黏附在胎面上。由于水箱容积较大,加水后还可充当配重。

轮胎气压调整装置作用是根据工作的需要,及时调整轮胎气压,以获得不同的接地压力。轮胎气压调整是由制动系中的储气筒接出一根软管来完成的。

四、冲击压路机

冲击压实机(图 3-9)是一种集路面破碎和压实两种功能于一体的新型压实机械。目前,我国主要应用三边形和五边形的冲击轮,三边形冲击轮多用于路基的压实处理,五边形冲击轮多用于旧水泥混凝土路面的冲击压实。

图 3-8　轮胎压路机　　　　　　　图 3-9　冲击压实机

冲击压实机的压实功能来自两个方面(图 3-10):一是冲击轮的自重,这与一般压路机的压实原理一致;二是冲击轮滚动时所产生的冲击动能。

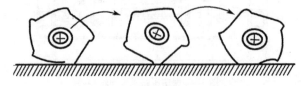

图 3-10　冲击压实机破碎压实原理示意图

五、凸块式压路机

凸块式压路机(图3-11)因凸块形状不同而名称各异,其滚轮可以振动或不振。

凸块能集中载荷,并可深入土体的内部,对土体起破碎及压实作用,但其压实表面高低不平。它适用于路基填筑对大体积填土的初压,也适用于对水泥混凝土路面的破碎与碾压。但对砂性土不起作用;对含水率较大的黏性土,效果较差;特别是对高含水率的黏性土,因凸块将土体揉来滚去,反而会使其更加软化,施工中应特别注意。

六、振动夯实机具

振动夯实机具(图3-12a、b、c),适用于构造物的里填、回填、坡面、沟槽和沥青混凝土路面修补等压实。

挖掘机上安装的夯板(图3-12d),适用于松散的、砾石的或岩石类土壤,铺层厚度可在70cm以上。

图3-11 凸块式振动压路机示意图

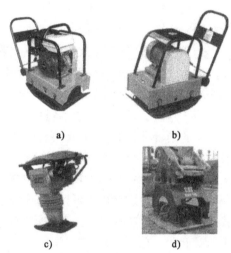

图3-12 振动夯实机具
a)内燃振动平板夯;b)电动振动平板夯;c)快速冲击夯;d)挖掘机安装的夯板

第三节 压实机械的选用

根据工程施工的要求,正确地选择压路机种类、规格、压实作业参数及运行路线是保证压实质量和压实效率的前提条件。

一、压路机类型的选用

1. 根据机械配套情况选用压路机

一般来说,机械化施工程度高,则应选用压实功能大、作业效率高的压路机;机械化施工程度低,则应选用具有相应功能且经济的压路机。

在选用压路机时,还应考虑压路机与其他配套施工机械生产率之间的协调。压路机生产率一般是指单位时间内达到压实标准的土体体积。计算公式如下:

$$Q = \frac{3600(B-c)LhK_b}{(L/v+t)n} \quad (\text{m}^3/\text{h}) \tag{3-3}$$

式中:Q——压路机生产率,m^3/h;
  B——碾压带的宽度,m;
  c——相邻两碾压带的重叠宽度,m,一般为 0.15~0.25m;
  h——碾压带的厚度,m;
  K_b——时间利用率,一般为 0.85~0.95;
  v——碾压速度,m/s;
  t——掉头或换向时间,s;
  n——碾压遍数。

2. 根据各种压路机的压实特点和压实作业项目选用压路机

压实作业项目不同,适用的压路机种类、规格也不尽相同。

光轮压路机主要用于碾压各种路面及路基垫层。在路基土石方填筑工程中,多用于碾压厚度≤30cm 的薄填层或路基床面,对黏性土的薄层碾压有效,不适用于厚垫层、含水率高的黏性土或粒径均一的砂质土等。光轮压路机的生产效率低于振动压路机。

轮胎压路机机动性好,适应各种材料,压实效果较好,影响深度较大。碾压路基土壤时,各层有良好的结合性,若土中夹有块石或片石,将影响机械行驶的稳定性,施工时应将过大粒径的石料清除;在碾压碎石基层时,不会破坏碎石的棱角,使碎石相互嵌合稳固;在碾压沥青混合料面层时,因轮胎弹性变形对表面产生的揉压作用,可消除沥青混合料表面的裂纹和热裂缝。另外,轮胎压路机的接地比压可通过改变轮胎气压和配重来调节,对不同的土质、铺筑层厚度有较好的适应性。轮胎气压与压实效能有关,一般情况,碾压碎石接地比压要高些,黏性土接地比压要低些。在作业前,应根据作业项目的差异,预先调节好轮胎的气压。轮胎压路机增加配重后,可使机重提高两倍左右,但配重的加载量必须经试验确定。

振动压路机采用静压和激振综合作用,压实效果好,作用深度大。试验表明:振动压路机与同机重的静力式相比,碾压遍数可减少 50%,生产率可提高 40%~60%,并具有良好的水饱和指标,压出的路面经久耐用。因此,它广泛应用于路基填土、基层和各类铺砌层的压实,尤其对非黏性土(砂质土)或缺乏黏性的道砟碾压效果好,但不适用于含水率大的黏性土。使用振动压路机时,应根据作业项目不同选定适宜的振频和振幅。另外,振动压路机容易在混有块石或片石的土体中打滑,雨季施工应特别注意。

振动夯实机具(如内燃、风动和电动的小型夯锤或振动板等),适用于构造物的里填、回填、坡面和沟槽等压实。挖掘机上安装的夯板,适用于松散的、砾石的或岩石类土壤,铺层厚度可在 70cm 以上。

推土机、挖掘机等履带式工程机械,因其质量较大(一般≥30t),适用于黏性(或非黏性)土的下层路基和坡面等的压实。

目前,对于高等级公路施工,路基填土常采用 16t 以上的振动压路机,路基床面常采用 8/10t 的二轮二轴式静力式光轮压路机;路基边坡常采用拖式振动压路机;沥青混合料面层常采用12t的双钢轮压路机和9/16t的轮胎压路机等。压实机械机种的选用参照表3-1。

压实机械机种的选用　　　　　　　　　　　　　　　表3-1

填土构成部分	土质＼机种	光轮压路机	轮胎压路机	振动压路机	夯捣压路机 自行式	夯捣压路机 牵引式	推土机 普通型	推土机 湿地型	振动压实机	蛙式打夯机	备注
填土路基	岩石块,经过挖掘、压实也不易碎的石块			☆					△	大△	硬岩石
	风化岩、泥岩等已部分成细粒、组织紧密的岩石等		大○	☆	○	○			△	大△	软岩石
	单粒度砂、缺少细粒度的道砟、沙丘的砂等			○					△	△	砂、砾石混合砂
	适当含有细粒、粒度适中、容易压实的土细砂、山道砟等		大☆	○	○				△		砂质土,砾石混合砂质土
	细粒较多,但灵敏性低的土,含水率低的黏性土,容易碎的泥岩等		大○		☆	☆			△		黏性土,混有砾石的黏性土
	含水率调节困难、不易压实交通线的土、粉砂质土等						●				含水率过多的砂质土
	黏性土等含水节高、灵敏性高的土						●	●			灵敏的黏性土
路床	粒度分布好的土	○	大☆	☆					△	△	调粒材料
	单粒度砂及粒度差的砾石混合砂和碎砾石	○	大○	☆					△	△	砂、砾石混合砂
里填			○	小☆					△	△	有时使用吊锤
坡面	砂质土			小☆					☆	△	
	黏性土			○			○		○	△	
	灵敏的黏土、黏性土						●			○	

注:☆表示有效的;○表示可用的;●表示不得已而使用的;△表示因现场条件,只能用的;大表示大型机;小表示小型机。

3. 根据被压材料的特性选用压路机

铺筑路基和路面所用材料的特性对压路机的选用有一定限制。

砂土和粉土的黏结性差,水易侵入,不易被压实。一般不单独作为道路铺筑材料,需要掺入黏土或其他材料改善处理后使用。压实此类改善土铺筑的路基时,宜选用压实功能大的重型静力式压路机。

黏土的黏结性高、含水率大,一般选用凸块式压路机或轮胎压路机。

介于砂土和黏土之间的各种砂性土、混合土,有较好的压实特性,各类压路机均可选用。其中,振动压路机的压实效果最佳。

对于级配、碎(砾)石铺筑层,可选用轮胎压路机或振动压路机。振动压路机压实效果好。

对于沥青混合料,各类压路机均可选用,目前常采用轮胎压路机和双钢轮振动压路机。

对于废旧混凝土路面的破碎和稳固,可采用冲击式压路机。

二、压路机压实作业参数的选择

根据上述原则选定压路机后,还应根据施工组织形式、工程质量和技术要求选定压路机的压实作业参数,以使压实质量和作业效率达到最佳。

压路机压实作业参数主要包括压实度 k、最佳含水率 W、单位线压力 p、碾压速度 v、碾压厚度 h、碾压遍数 n 以及振动压路机的振幅 A 和振频 f 等。

1. 压实度 k

所谓压实度是现场检测的干密度 ρ 与最大干密度 ρ_{max} 的比值,即:

$$k = \frac{\rho}{\rho_{max}} \times 100\% \tag{3-4}$$

正确确定压实度 k,不但对保证压实质量十分重要,而且还关系到压实工作的经济性。我国公路路基压实标准见表3-2。

公路路基压实标准　　　　表3-2

填挖类型	路面底面以下深度(m)	压 实 度 (%)		
		高速公路、一级公路	二级公路	三、四级公路
填方路基	0~0.3	≥96	≥95	≥94
	0.3~0.8	≥96	≥95	≥94
零填及挖方路基	0~0.3	≥95	≥95	≥94
	0.3~0.8	≥96	≥95	—
路堤	0.8~1.5	≥94	≥94	≥93
	1.5以下	≥93	≥92	≥90

确定压实度 k,需要根据公路所在地区的气候条件、土壤水文状况和路面类型等因素综合考虑。对冰冻、潮湿地区和受水影响大的路基,要求应提高;对干旱地区和水文良好地段要求可低些。路面等级高要求高,等级低要求可低些。

2. 含水率 W

所谓含水率是指土体中含水的质量 m_W 与土颗粒(干土)质量 m_S 的比值,即:

$$W = \frac{m_W}{m_S} \times 100\% \tag{3-5}$$

对于路基铺层,即便是同一种土壤,在相同的施压条件下,若含水率不同,压实的密实度也不相同。土壤含水率过高或过低,其密实度都达不到最大值,土壤最佳含水率时的密度如表3-3所示。

各种土壤的最佳含水率和最大干密度 表3-3

土壤类别	最佳含水率(%)	最大干密度(g/cm³)	土壤类别	最佳含水率(%)	最大干密度(g/cm³)
砂土	8~12	1.80~1.88	亚黏土	12~15	1.85~1.95
亚砂土	9~15	1.85~2.08	重亚黏土	16~20	1.67~1.79
粉土	16~22	1.61~1.80	黏土	19~23	1.58~1.70
粉质亚黏土	18~21	1.65~1.74			

在施工过程中,要及时地测定被压材料的含水率,当实际含水率低于最佳含水率时,应用洒水车补充洒水;当含水率超过最佳含水率时,应采用晾晒处理。一般情况,当含水率比最佳含水率低3%~5%,而施工中又不易补充水分,可选用重型振动式压路机;当含水率比最佳含水率高2%~3%时,不宜采用振动式压路机,否则易产生弹性变形。

3. 单位线压力 p

压路机在碾压路基土壤或路面铺砌层时,一般分三个阶段:初压、复压和终压。初压时,由于被压材料处于松散状态,压路机与被压材料的接地面积比较大,单位压力比较小;复压时,随着碾压遍数的增加和压实功的增大,被压材料的密实度将逐渐提高,接地面积逐渐减小,单位压力逐渐增大,接近复压终了时,接地面积接近线接触,单位压力最大。

压路机压实单位线压力与压路机所能达到的碾压载荷有关,对静力式压路机而言为机质量,对振动式压路机而言为激振力。在选定压路机机型时,其单位线压力 p 不应超过被压材料的极限强度,否则将引起土质基础的龟裂和石质基础石料的破碎。土的极限强度,见表3-4。一般石料强度和压路机单位线压力的关系,见表3-5。

碾压与夯实时土壤的极限强度 表3-4

土壤种类	土的极限强度					
	光轮碾		轮胎碾		夯板（直径70~100cm）	
	kPa	kg/cm²	kPa	kg/cm²	kPa	kg/cm²
低黏性土(砂、低液限黏土、粉土)	294~588	3~6	294~392	3~4	294~686	3~7
中等黏性土(粉质中液限黏土、中液限黏土)	588~980	6~10	392~588	4~6	686~1176	7~12
高黏性土(高液限黏土)	980~1470	10~15	588~784	6~8	1176~1960	12~20
极黏性土(很高液限黏土)	1470~1764	15~18	784~980	8~10	1960~2254	20~25

注:表中列值均为最佳含水率下的土。

石料强度和压路机单位线压力的关系 表3-5

石料性质	软	中等	硬	极硬
石料名称	石灰岩砂岩	石灰岩砂岩 粗粒花岗岩	细粒花岗岩 正长岩、闪绿岩	辉绿岩、玄武岩 闪长岩、辉长岩

续上表

石料性质	软	中等	硬	极硬
极限强度(MPa)	29.4~58.5	39.2~98	98~196	>196
压路机单位线压力(kPa)	5880~6860	6860~7800	7800~9800	9800~12250

4. 碾压速度 v

压路机碾压速度的选择，与土壤或被压材料的压实特性、压实层厚度、压路机的压实功、施工技术要求及作业效率等因素有关于。对于黏性土壤，因变形滞后现象明显，碾压速度不宜过高。对铺层初压时，由于铺层变形大，压路机滚动阻力大，碾压速度也不宜过快。复压终压时，被压材料已基本密实，为提高作业效率和表面平整度，碾压速度可适当提高。各种压路机碾压速度的选择参见表3-6。

压路机碾压速度的选择　　　　　　　　　　表3-6

压路机的类型	碾压速度(km/h)		
	初压	复压	终压
静力式光轮压路机	1.5~2	2~3	3~4
轮胎式压路机	2.5~3	3~4	4~5
振动式压路机	3~4	3~5	5~6

一般情况，碾压速度应遵循先慢后快的原则。碾压速度高，作业效率高，但压实度效果差；碾压速度低，力作用时间长，影响深度大，压实度效果好，但作业效率低。

5. 碾压遍数 n

所谓碾压遍数是指相邻碾压轮迹重叠0.2~0.3m，依次将铺层全宽压完为一遍，而在同一地点如此往复碾压的次数，称为碾压遍数。

碾压遍数与土质、含水率、铺层厚度、机种及压实功等因素有关，为确定最佳机种、铺层厚度和碾压遍数，在施工前必须进行压实试验。

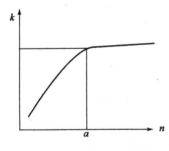

图3-13　压实度 k 与碾压遍数 n 的关系

试验时，选用与施工用相同的堆填材料，堆宽5.0m、长20m左右的试验区段，就其15cm、20cm、25cm、30cm等四种铺层厚度进行各种压实机械的压实试验，在不同压实遍数如1、2、3、5、10和15次时，测量铺层的压实度和含水率，从而确定各机种的最佳碾压遍数。

一般情况，压实路基土壤和路面基层时，需要碾压6~8遍；压实石料铺筑层时，需要碾压6~10遍；压实沥青混凝土面层时，需要碾压8~12遍。采用振动式压路机，碾压遍数可适当减少。压实度 k 和碾压遍数 n 的关系，如图3-13所示。

如图3-13所示，当碾压遍数 $n=a$ 时，压实度 k 趋近最大值，因此 a 为最佳碾压遍数。不同机种在不同土质和含水率时，a 值是不相同的。显然，小于 a 的碾压遍数达不到压实度的要求，大于 a 的碾压遍数则效果甚微，应适当控制。对含水率高的黏性土，若碾压遍数过多，将出现弹性变形，强度反而降低。

6. 压实厚度 h

根据压路机作用力最佳作用深度,各种类型压路机均规定有适宜的压实厚度。压实厚度小,施工效率低,压实层表面易产生裂纹;压实厚度大,则铺层深部不易被压实。

压实厚度是以铺筑层松铺厚度 h_S 来保证的,它们之间的关系为:

$$h_S = k_S h \quad (\text{cm}) \tag{3-6}$$

式中:k_S——松铺系数,它是指压实干密度与松铺干密度的比值,需要通过试验的方法确定。根据施工作业方式和土壤特性,土壤的松铺系数一般为 1.3~1.6。

7. 振幅 A 和振频 f

振幅和振频是振动压路机压实作业的重要性能参数。振频 f 指振动轮单位时间内振动的次数,单位为 Hz。振幅 A 是指振动时振动轮离开地面的高度,单位为 mm。振幅参数一般是指名义振幅,即假设在完全弹性的表面上振动,振动轮完全自由地悬离地面的高度。实际振动压实时,实际振幅稍大于名义振幅。

一般情况,振频高,被压层表面平整度好;振幅大,作用在压实层上的激振力大。因此,应根据作业对象不同,合理地选择振频与振幅。二者协调一致,才能获得较理想的压实效果。一般压实厚层路基时,应选择低振频(25~30Hz)、高振幅(1.4~2mm),以期获得较大的激振力和压实作用深度,提高作业效率;碾压粒料及稳定基层和底基层时,宜选择振频为(25~40Hz)、振幅为(0.8~2mm);压实薄层路面时,应选择高振频(30~55Hz)、低振幅(0.4~0.8mm),以期单位面积内有较多的冲击次数,提高路面的质量。

三、压路机运行路线的选择

1. 压路机运行路线

压实质量一靠碾压遍数,二靠碾压的均匀度来保证,而碾压的均匀度必须以机械正确的运行路线来保证。一般路基路面碾压的运行路线采用穿梭式(图 3-14),大面积场地采用螺旋式(图 3-15)。

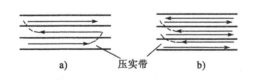

图 3-14 穿梭法运行路线

a)单碾压遍数的运行法;b)双碾压遍数的运行法

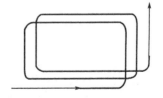

图 3-15 螺旋法

机械在碾压过程中,压实轮经过的轮迹形成一条压实带。当机械由这一压实带转入另一压实带时,为保证碾压的均匀度,两带之间应有一定的重叠度。

对于路基填土碾压,两碾压带的重叠量为 15~20cm;在碾压路面时,两碾压带的重叠量,两轮两轴压路机为 25~30cm、三轮两轴压路机为后轮宽度的 1/3~1/2。

2. 压路机的碾压程序

碾压程序一般遵循由边到中、由低到高的原则。由边到中即在碾压道路时，以道路中线为目标，从左右两边线开始，逐渐压向中心，以保证一定的横坡度，形成路拱，便于排水。由低到高，是指在碾压坡道时，应从坡底向坡上碾压，倒退时以原碾压带返回，在坡底转入新碾压带，以保证一定的纵坡度。在碾压设有超高弯道时，由低的一侧向高的一侧碾压，以便形成单向超高横坡。

碾压道路是一种线性作业，从某一始点开始碾压完一段道路，形成一碾压面积后逐段延伸，直至碾压完整条道路为止。在形成碾压面积过程中，为确保碾压的均匀度，必须注意碾压带的重叠量、碾压遍数和机械进退换向时停机点的变换。碾压面积推进的方法有矩形法和平行四边形法两种。

矩形法（图 3-16）每一碾压区段的碾压面积（由于停机点的变换）近似矩形。在碾压区段①转移到碾压区段②时，开始碾压的始点可以在同一边（图 3-16a），亦可在另一边（图 3-16b）。前者两次通过碾压宽度时，压够要求的遍数；后者一次通过碾压全宽即压够要求的遍数。

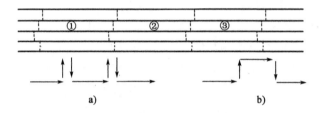

图 3-16 碾压面矩形推进法
a) 开压始点在同一边；b) 开压始点在另一边

平行四边形法（图 3-17）每一碾压区段的碾压面积呈平行四边形，在碾压区段的转换中，开始碾压的始点不在同一边。此法采用碾压遍数为双数的运行路线。为了实现平行四边形的碾压段，压路机前进距离 L_1 和后退的距离 L_2 之间的关系为：

$$L_2 = \left(1 - \frac{2}{pn}\right)L_1 \tag{3-7}$$

式中：n——碾压遍数；
p——路宽碾压带分值。

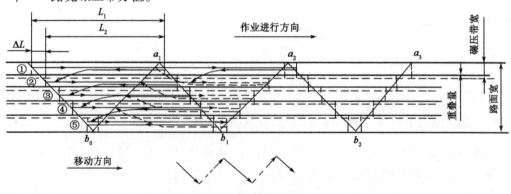

图 3-17 平行四边形推进法

平行四边形法碾压区段的形成和碾压遍数的关系,见图3-18。只要适当选择 L_1 和 L_2 就可实现四的倍数的多遍压实。

$$n = \frac{2L_1}{p(L_1 - L_2)} \quad (3\text{-}8)$$

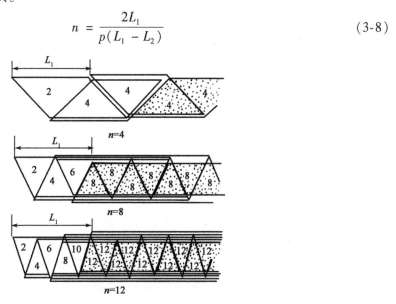

图3-18　碾压区段的形成与碾压遍数的关系

此法碾压有规律可循,碾压遍数和均匀度易于控制,可利用自动控制装置辅助操纵压路机进行施工,压实质量高,适用于沥青混凝土路面的碾压。

第四节　路基及边坡压实技术

为了提高工程质量、延长道路使用寿命,路基与边坡等必须经过充分的压实。

一、路基的压实

1. 压实前的准备工作

(1)根据路基土壤的特性和所要达到的压实度标准,正确地选择压路机的类型和压实功。

(2)根据压路机的压实功所能达到的最佳作用深度,确定最佳压实厚度。

(3)做试验路段或根据以往经验,测定最佳碾压遍数。

(4)测定土壤的最佳含水率,并使土壤的最佳含水率控制在最佳含水率的±2%范围之内。表3-7为各类土壤的最佳含水率。

几种土壤的最佳含水率　　　　表3-7

土壤种类	砂土	亚砂土	粉土	亚黏土	黏土
最佳含水率(%)	8～12	9～15	16～22	12～15	19～23

土壤的含水率在施工现场由工程技术人员通过试验方法测定,并将测定的结果通知压路机驾驶员。施工人员也可以通过简易方法判断土壤的含水率。通常"手握成团,没有水痕,离

地 1m,落地散开",即说明土壤的含水率接近最佳含水率。另外,新挖土壤的含水率一般处于最佳值。

（5）严格控制松铺层厚度,压实前可自路中线向路两边作 2%~4% 的横坡并整平,根据松铺厚度,正确选择振动压路机的振频和振幅。

（6）压路机驾驶员应在作业前,检查和调控压路机各部位及作业参数,保证压路机正常的技术状况和作业性能。

（7）正确选择压路机的运行路线,确保压实的均匀度。

（8）施工技术人员向压路机驾驶员做好各项技术交底。

2. 路基压实的基本原则

在压实作业时,压路机驾驶员应与工程技术人员紧密配合,工程技术人员应随时掌握压实层含水率和压实度的变化,并及时通知驾驶员。驾驶员应遵从技术人员的指导,严格按施工程序进行压实。在路基压实过程中,应遵循"先轻后重、先慢后快、先边后中、注意重叠"的原则。

（1）先轻后重:指开始时先使用轻型压路机进行初压,然后再换重型压路机进行复压。

（2）先慢后快:指压路机碾压速度随碾压遍数增加而逐渐加快。

（3）先边后中:指碾压作业中始终坚持从路基两侧开始,逐渐向路基中心移动的碾压原则,以保证路基设计拱形和防止路基两侧的塌落。

（4）注意重叠:指相邻两碾压带重叠一定的宽度,以防止漏压,使全路宽均匀密实。

3. 路基的压实作业

路基的压实作业一般按初压、复压和终压三个步骤进行。

（1）初压是指对铺筑层进行的最初 1~2 遍的碾压作业。初压的目的是使铺筑层表层形成较稳定、平整的承载层,以利压路机以较大的作用力进行进一步的压实作业。

一般采用重型履带式拖拉机或羊足碾进行路基的初压,也可用中型静压式压路机或振动式压路机以静力碾压方式进行初压作业。

初压时,碾压速度应不超过 1.5~2km/h。初压后,需要对铺筑层进行整平。

（2）复压是指继初压后的 5~8 遍的碾压。复压的目的是使铺筑层达到规定的压实度。它是压实的主要作业阶段。

复压应尽可能发挥压路机的最大压实功能,以使铺筑层迅速达到规定的压实度。轮胎压路机可通过增加压路机配重、调节轮胎气压,使单位线载荷和平均接地比压达到最佳状况;振动压路机可通过调整振频和振幅,使振动压实功能达到最佳值。

复压碾压速度应逐渐增大。静光轮压路机取 2~3km/h,轮胎式压路机为 3~4km/h,振动压路机为 3~6km/h。

复压作业中,应随时测定压实度,以便做到既达到压实度标准,又不过度碾压。

（3）终压是指继复压之后,对每一铺筑层竣工前所进行的 1~2 遍的碾压。终压的目的是使压实层表面密度平整。一般分层修筑路基时,只在最后一层实施终压作业。

终压作业,可采用中型静力式压路机或振动压路机以静力碾压方式进行碾压,碾压速度可适当高于复压时的速度。

采用振动压路机或羊足碾压路机进行分层压实时,由于表层会产生松散层(10cm 左右),在压实过程中,可将该厚度算作下一铺筑层之内进行压实,这样就可不进行终压压实。

二、边坡的碾压

路堤填土的坡面应该充分压实,而且要符合设计截面。如果边坡面层和路堤整体相比压得不够密实,下雨时,由于表层流水的洗刷和渗透,会发生滑坡、崩溃和路侧下沉等现象。因此,边坡亦必须给予充分压实,千万不可忽视。

边坡面施工有剥土坡面施工和堆土坡面施工两种方法。

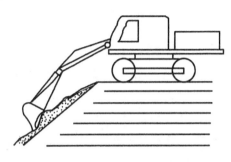

剥土坡面施工,路堤堆土要加宽(一般超宽 30~50cm),经正常的填土碾压后,再将坡面没有压实的土铲除后修整坡面,用液压挖掘机对坡面进行整形(图 3-19)。

堆土坡面施工,系采用碾压坡面的方法。碾压机械可用振动压路机、推土机或挖掘机等。

坡面的坡度在 1∶1.8 左右时,要先粗拉线放坡,用自重 3t 以上的拖式振动压路机,从填土的底部向上滚动振动压实(图 3-20)。为防止土壤塌落,压路机下行

图 3-19 用液压挖掘机对坡面整形

时不要振动。压路机的上下运动,用装在推土机后的卷扬机来操纵。

土质良好时,可以利用推土机在斜坡上下行驶碾压(图 3-21)。对含水率高的黏性土使用湿地推土机进行碾压。

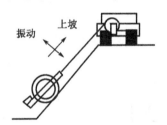

图 3-20 用振动压路机压实坡面

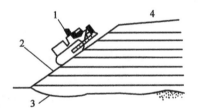

图 3-21 用推土机压实坡面
1-推土机;2-坡面;3-原地面;4-路堤顶面

此外,坡面还可以利用装有夯板的挖掘机来拍实。若用人工拍实,则应注意其压实度。

三、里填回填的压实

桥梁、箱形涵洞等构筑物和填土相连接部分(图 3-22),一般在行车后,连接部会发生不同沉陷,使路面产生高差,导致损坏,影响正常交通。究其原因,除因基础地基和填土下沉外,还因碾压不足所致,因此必须认真做好里填回填的压实工作。

里填回填用土最好采用容易压实的压缩性小的材料。当能用大型压实机械进行充分压实时,选用粒度分布良好者即可。

在压实施工中,将路堤端挖成一定的坡面(1∶1.0~1∶2.0 或更小),坡面成台阶形,清理中间的

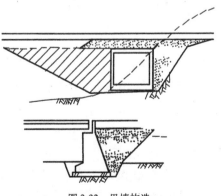

图 3-22 里填构造

废土,分层铺层厚度在 20cm 以下。底部用小型振动压实机(小型夯锤、振动夯板等),上部用轮胎压路机,充分压实。为使构筑物两侧受压均匀,在里填土时,要从构筑物两侧平均薄填施压,不要一侧施压。若用大型机械压实时,必须有大的里填场地,但构筑物侧仍应用小型机械。

四、路基压实作业中的注意事项

(1)碾压时,相邻碾压轮应相互重叠 20~30cm。

(2)压实作业时,应随时掌握压实层的含水率,只有在最佳含水率时压实效果才是最好。当含水率不足时,应补充洒水。

(3)保证当天铺筑,当天压实。

(4)碾压过程中,若土体出现"弹簧"现象,应立即停止碾压,并采取相应措施,待含水率降低后再进行碾压。对于局部"弹簧"现象,也应及时处理,不然会造成路基强度不均,留下隐患。

(5)碾压时,若压实层表层出现起皮、松散、裂纹等现象,应及时查明原因,采取措施处理后再继续碾压。一般土壤含水率低,压路机单位线压力高,碾压遍数过多及土质不良等原因易造成上述不良现象。

(6)碾压作业中,应随时注意路基边坡及铺筑层土体的变化情况,出现异常,及时处理,以免发生陷车或翻车事故。一般碾压轮外侧面距路缘不小于 30cm,山区公路则距沟崖边缘不小于 100cm。

(7)遇到死角或作业场地狭小的地段,应换用机动性好的小型压实机械予以压实。切不可漏压,以免路基强度不均匀,留下隐患。

(8)每班作业结束后,应将压路机驶离新铺筑的路基,选择硬实平坦、易于排水的地段停放。

第五节 路面压实技术

路面主要有两大类,一是刚性路面,二是柔性路面。刚性路面主要是指水泥混凝土路面。柔性路面主要是指沥青混合料路面,但也包括由其他材料(如碎石、砾石等)修筑的路面。

柔性路面一般是由面层、基层、垫层等结构层所构成的。

一、路面基层的压实

1. 下承层的碾压

在铺筑底基层之前,应用静力式压路机对路基按"先边后中,先慢后快"的原则碾压 3~4 遍。下承层压实作业不易采用振动压路机,以免路基表层发生松散。

2. 基层的碾压

根据需要铺筑和压实垫层后,即可铺筑和压实基层。由于基层的种类和材料不同,压实作业方法也不尽相同。

1)级配碎石和级配砾石基层的碾压

粗细碎石或砾石与石屑或砂按比例配制的混合料,称为级配碎石或级配砾石。

压实级配碎、砾石基层,应按"先边后中,先慢后快"的原则,碾压 6~8 遍。其中,振动压路机压实效果较好,轮胎压路机次之,静力压路机较差。

静力压路机初压时,碾压速度应为 1.5~2km/h,复压和终压时逐渐增大到 3~5km/h。若采用振动压路机,则一般先以静力碾压 1~2 遍,再以 30~50Hz 的振频和 0.6~0.8mm 的振幅进行振动压实。振动压实时,应严格控制碾压遍数,达到压实度标准后立即停止振动压实。一般碾压遍数为 3~5 遍,然后再以静力碾压 1~2 遍,消除表层松散。振动压实的碾压速度为 3~6km/h。

碾压时,应注意以下几点:

(1) 相邻碾压带应重叠 20~30cm。

(2) 压路机的驱动轮或振动轮应超过两段铺筑层横向、纵向接缝 50~100cm。

(3) 前段横向接缝处预留 5~8m,纵向接缝处预留 20~30cm 可暂不碾压,待与下段铺筑层重新拌和后,再按(2)条的要求压实。

(4) 路面两侧应多压 2~3 遍,以保证路边缘的稳定。

(5) 根据需要,碾压时可向铺筑层上少量洒水,以利压实和减少石料被压碎。

(6) 不允许压路机在刚刚压实或正在碾压的路段内掉头及紧急制动。

(7) 压路机应尽量避免在压实段同一位置换向。

2) 填隙碎石基层的碾压

用单一尺寸的粗粒碎石骨料,摊铺压实后,再铺撒石屑充填石间孔隙并压实而形成的结构层,称为填隙碎石基层。

填隙碎石基层的施工方法有干法和湿法两种。

(1) 干法施工填隙碎石基层的碾压。

按松铺系数为 1.2~1.3 摊铺的粗粒石料铺筑层,先选用静力式压路机或振动压路机,以静压方式,碾压 3~4 遍,使粗粒石料稳定就位。然后,均匀地铺撒 2.5~3cm 厚的石屑。再选用振动压路机,以高振频、低振幅和较低的碾压速度进行振动压实。当大部分石屑嵌入石间孔隙内时,再次铺撒 2~2.5cm 厚的石屑,继续振动压实,直至全部孔隙均被填满为止。复压时,应随压随扫布石屑。复压结束后,扫除多余的石屑。

最后,向铺筑层喷洒少量的水,再换用静力式压路机碾压 1~2 遍,使压实层无明显轮迹和蠕动现象。

(2) 湿法施工填隙碎石基层的碾压。

填隙碎石基层湿法施工在终压以前的施工程序和压实方法与干法施工相同。湿法施工是在终压作业开始之前,向铺筑层大量洒水,直至饱和。然后,采用静力压路机紧随洒水车后面进行碾压。碾压中,边压边扫布和补充石屑。一般碾压到水与压碎的石粉形成足够的石粉浆,并充满全部孔隙时为止。通常,若压路机碾压轮前的石粉浆形成微状波纹或是投入碾压轮下的粗粒石料能被压碎,而不能压入压实层,即说明达到压实标准。

3) 稳定土基层的碾压

由石灰、水泥、工业废渣等材料分别与土按一定比例,加适量的水,充分拌和、铺筑及压实的结构层,称为稳定土基层。稳定土基层的压实方法与路基的压实方法相近。但是,由于基层表面的质量有较严格的要求,则在碾压时应注意以下几点。

(1) 严格控制含水率,一般铺筑层含水率应比最佳含水率高1%,不可小于最佳含水率。碾压过程中,若表层发干,应及时补洒少量水。

(2) 水泥稳定土铺筑的基层,从拌和到碾压之间的延迟时间应控制在3.5h之内,施工流水长度在200m以内,以免水泥凝固,影响压实质量。其他材料铺筑的基层,也应做到当天拌和、当天碾压。

(3) 前一作业段横向接缝处应预留3~5m暂不碾压,待与下一作业段重新拌和后,再碾压,并要求压路机的驱动轮或振动轮压过横向接缝50~100cm。

(4) 碾压作业时,应避免碾压轮粘带混合土。

(5) 每班作业结束后,应将压路机驶离作业地段,选择平坦坚实地点停放。若需要临时在刚刚压实或正在碾压的路段内停放,则应使压路机与道路延线呈40°~60°角斜向停放。

(6) 压实终了,应及时整型,扫除多余的混合土,并铺盖麻片、草席或素土养生。

二、路面面层的压实

1. 沥青表面处治面层的碾压

沥青表面处治面层是由沥青和石料按层铺法或拌和法,铺筑的厚度不大于3cm的一种薄层沥青路面。施工一般选在气候干燥且较热的季节。

层铺法施工的沥青表面处置面层,按设计要求有单层、双层和三层三种。各层的压实方法相同。

在清理后的基层或原有路面上喷洒沥青,并铺撒粒径为5~10mm的石料后,立即用轻型压路机先沿路缘石或修整过的路肩往返碾压1~2遍。然后,按"先边后中、先慢后快"的原则碾压3~4遍,碾压速度可由2km/h逐渐提高到3~4km/h。

双层和三层沥青表面处治路面,最后一层应多碾压1~2遍。

2. 沥青贯入法式面层的碾压

沥青贯入式面层是在初步压实的碎石层上喷洒沥青后,再分层铺撒嵌缝石料和喷洒沥青,并以压实而形成的一种路面结构层。沥青贯入式面层厚度一般为4~8cm。施工时,也应选在气候干燥炎热的季节。

沥青贯入式面层的压实方法与填隙碎石基层相似。

沥青贯入式面层施工时,各作业程序应连续、不脱节,并做到当天铺筑、当天压实。通常,碾压作业路段以200m左右为宜。

3. 沥青碎石和沥青混凝土面层的碾压

沥青碎石和沥青混凝土面层均是用沥青作为结合料,与一定级配的矿料均匀拌和成混合料,并经摊铺和压实而形成的一种沥青路面结构层。它们的主要区别在于矿料的级配不同。沥青碎石混合料中细矿料和矿粉较少,压实后表面较粗糙。沥青混凝土混合料,矿料级配严格,细矿料和矿粉较多,压实后表面均匀细密。

沥青碎石和沥青混凝土面层的施工方法主要有热拌热铺、热拌冷铺、冷拌冷铺等。我国目前多采用热拌热铺法施工,下面介绍热拌沥青混合料的压实,图3-23为沥青路面施工图。

图3-23 沥青路面施工图

1)碾压温度

碾压时,沥青混合料的温度对压实质量有很大的影响。因此,应按表3-8所列的温度值控制热拌沥青混合料的温度。若沥青混合料温度过低,则难以压实。

热拌沥青混合料的碾压温度(℃)　　　　表3-8

沥青种类		石油沥青				聚合物改性沥青	煤沥青
		50号	70号	90号	110号		
开始碾压的混合料内部温度,不低于	正常施工	135	130	125	120	150	80~110不低于75
	低温施工	150	145	135	130		90~120不低于85
碾压终了的表面温度,不低于	钢轮压路机	80	70	65	60	90	不低于50
	轮胎压路机	85	80	75	70		不低于60
	振动压路机	75	70	60	55		不低于50
开放交通的路表面温度,不高于		50	50	50	45	50	路面冷却后

2)选择压路机的数量和组合方式

对热拌沥青混合料的碾压应配备足够数量的压路机,高速公路铺筑双车道沥青路面的压路机数量不宜少于5台。施工气温低、风大、碾压层薄时,压路机数量应适当增减。

选择合理的压路机组合方式及初压、复压、终压的碾压步骤,以达到最佳碾压效果。宜采用钢轮静力式压路机、轮胎压路机与双钢轮振动压路机的组合。一般中、下面层碾压顺序是轮胎压路机—双钢轮振动压路机—轮胎压路机—钢轮静力式压路机;上面层碾压顺序是轮胎压路机—钢轮静力式压路机;当碾压厚度小于40mm时,可直接用钢轮静力式压路机碾压。对SMA路面不宜采用轮胎压路机。

3)碾压程序

沥青混合料路面压实应按初压、复压、终压(包括成型)三个阶段进行。压路机的碾压速度应符合表3-9要求。

压路机的碾压速度(km/h)　　　　表 3-9

压路机类型	初压		复压		终压	
	适宜	最大	适宜	最大	适宜	最大
钢轮式压路机	2~3	4	3~5	6	3~6	6
轮胎压路机	2~3	4	3~5	6	4~6	8
振动压路机	2~3（静压或振动）	3（静压或振动）	3~4.5（振动）	5（振动）	3~6（静压）	6（静压）

压实后的沥青混合料的压实度和平整度均应达到规定要求,沥青混凝土的压实层最大厚度不宜大于100mm,沥青稳定碎石混合料的压实层厚度不宜大于120mm,但当采用大功率压路机且试验证明能达到压实度时,允许增大到150mm。

(1)初压。

①初压应紧跟在摊铺机后碾压,在混合料摊铺后较高温度下进行,不得产生推移、发裂,压实温度应根据沥青稠度、压路机类型、气温、铺筑层厚度、混合料类型经试验确定。

②压路机应从外侧向中心碾压。相邻碾压带应重叠1/3~1/2轮宽。当边缘有挡板、路缘石、路肩等支挡时,应紧靠支挡碾压。边缘无支挡时,可用耙子将边缘的混合料稍稍耙高,然后将压路机的外侧轮伸出边缘10cm以上碾压。也可在边缘先空出30~40cm,待压完第一遍后,将压路机大部分重量位于已压实过的混合料面上再压边缘,以减少向外推移。

③应采用轻型钢轮式压路机或停振的振动压路机碾压2遍,其线压力不宜小于350N/cm。初压后检查平整度、路拱,必要时予以适当修整。

④碾压时应将驱动轮面向摊铺机。碾压路线及碾压方向不应突然改变,以免导致混合料产生推移;压路机的起动、停止必须减速缓慢进行。

(2)复压。

①复压宜采用重型轮胎压路机,压路机碾压段的总长度应尽量缩短,通常不超过60~80m。采用不同型号的压路机组合碾压时,宜安排每一台压路机做全幅碾压,防止不同部位的压实度不均匀。碾压遍数应经试验确定,不宜少于4~6遍,应达到要求的压实度、无显著轮迹。

②密级配沥青混凝土的复压宜优先采用重型的轮胎压路机进行搓揉碾压,以增加密水性,其总质量不宜小于25t,吨位不足时宜附加重物,使每一个轮胎的压力不小于15kN。冷态时的轮胎充气压力不小于0.55MPa,轮胎发热后不小于0.6MPa,且各个轮胎的气压大体相同,相邻碾压带应重叠1/3~1/2的碾压轮宽度,碾压至要求的压实度为止。

③对粗集料为主的较大粒径的混合料,尤其是大粒径沥青稳定碎石基层,宜优先采用振动压路机复压。厚度小于30mm的薄沥青层不宜采用振动压路机碾压。振动压路机的振动频率宜为35~50Hz,振幅宜为0.3~0.8mm。层厚较大时选用高频率大振幅,以产生较大的激振力,厚度较薄时采用高频率低振幅,以防止集料破碎。相邻碾压带重叠宽度为10~20cm。振动压路机折返时应先停止振动,并在向另一方向运动后再开始振动,以免混合料形成鼓包。

④当采用三轮钢筒式压路机时,总质量不宜小于12t,相邻碾压带宜重叠后轮的1/2宽度,并不应少于20cm。

⑤对路面边缘、加宽及港湾式停车带等大型压路机难于碾压的部位,宜采用小型振动压路机或振动夯板做补充碾压。

(3)终压。

终压应紧接在复压后进行。可选用双轮钢轮式压路机或关闭振动的振动压路机碾压,不宜少于2遍,并无轮迹。路面压实成型的终了温度应符合规定要求。

4)碾压推进方式

碾压段长度以与摊铺速度平衡为原则选定,并保持大体稳定。压路机碾压推进方式宜采用平行四边形推进法,即每次由两端折回的位置阶梯形地随摊铺机向前推进,使折回处不在同一横断面上,并注意毗邻碾压带的重叠。在摊铺机连续摊铺的过程中,压路机不得随意停顿。压路机不得在未碾压成型并冷却的路段上转向、掉头或停车等。振动压路机在已成型的路面上行驶时应关闭振动。

5)接缝的碾压

(1)纵向接缝的碾压。

沥青混合料面层纵接缝形成情况不同,所采取的碾压方法也不同。

①两台或两台以上的摊铺机阶梯组队进行全路幅摊铺时,由于相邻摊铺带的沥青混合料温度相近,纵向接缝无明显界限。此时,可使压路机正对接缝,往返碾压一遍即可。

②一台摊铺机在一定的作业路段内,铺完一条摊铺带后,立即返回摊铺相邻摊铺带,或两台摊铺机前后距离较远时,由于先摊铺的摊铺带内侧无侧向限位,沥青混合料容易在碾压轮的挤压下,产生侧向滑移。这时,压路机可先从距内侧边缘30~50cm处沿着纵向接缝延线往返各碾压一遍。然后,将压路机调到路面外侧的路缘石或路肩处开始进行初压。当碾压到距路面内侧边缘30~50cm处的最初碾压带时,使压路机每行程只侧移10~15cm,依次碾压到距路面内侧边缘5~10cm处时,暂停对纵接缝的碾压。待相邻摊铺带铺好后,再从已碾压的一侧开始依次错轮碾压到越过纵向接缝50~80cm处为止。这种碾压纵向接缝的方法,要求前后摊铺带摊铺间隔时间不能过长,一般不大于一个作业路段的摊铺时间。

③由于受机械或其他条件的限制,相邻两条摊铺带和压实的间隔时间过长时,可先使压路机沿距无侧限一侧的边缘30~50cm处往返碾压各一遍,然后从路面有侧限的一侧开始进行初压。当碾压到最初碾压的轮迹时,依次错轮碾压到碾压轮越出无侧限边缘5~8cm处为止。待摊铺相邻车道时,已压实的摊铺带已冷却,需要进行接缝处理。一般是使新摊铺的混合料与已压实的摊铺带搭接3~5cm,待纵向接缝处加温后将搭接的沥青混合料推回新铺的混合料上,并整平。然后,立即使压路机碾压轮的大部分压在已压实的摊铺带上,仅留10~15cm宽压在新摊铺的沥青混合料上,并使压路机向新摊铺带方向依次侧移15~20cm进行碾压。直至碾压轮全部侧移过纵向接缝时为止。若是采用振动压路机进行振动碾压,则应将振动轮的大部分压在新摊铺带上,往返各碾压1~2遍,也能将纵向接缝压好,并能提高工效。

(2)横接缝的碾压。

在摊铺下一作业路段前,应对前段的横接缝进行处理。为了处理好横向接缝,简易的方法就是准备好一根宽约15cm的木条,其厚度等于铺层压实后的厚度,长度比摊铺带宽略长些。当摊铺机铺到尽头时,停止供料和捣固,让余料铺完,尽头形成一条斜坡铺层。趁热在斜坡铺层的厚端挖出一条直槽,其宽度比木条略宽,但槽必须与摊铺带纵向边缘垂直。将木条嵌入槽内,并薄薄地撒一层混合料进行压实,然后取出木条,并铲除木条以后的斜坡层全部余料,这样便形成一条平整而垂直的接缝口。

接铺时,可以在前条摊铺带端头上面两侧放两块薄木块,其厚度等于压实量。接铺应在接口以内开始,并在断面上涂上沥青。

碾压横向接缝时,应选用钢轮静力式压路机沿横向接缝方向进行横向碾压。开始碾压时,碾压轮的大部分应压在已压实的路段上,仅留15cm左右轮宽压在新摊铺的混合料上。然后,压路机依次向新摊铺路段侧移15~20cm,直至碾压轮全宽均侧移过横向接缝为止。

如果相邻车道未摊铺,可在横接缝端头垫上供压路机驶出的木板或其他材料,以免压坏摊铺带边缘。

如果路缘石高于路面,靠路缘石处未碾压的混合料,可待纵向碾压时补压。

碾压横向接缝最好在碾压纵向接缝之前进行,以免碾压纵向接缝时造成横向接缝接合面分离。

在碾压接缝时,若出现接缝不平,可把不平处耙松2~3cm深,修整后再压实。

6)沥青碎石和沥青混凝土面层碾压过程中的注意事项

(1)实施压实前应检查和维护好压路机,不要让柴油、机油等滴落在路面上。

(2)在碾压过程中,压路机的碾压轮轮面上应抹一层特制的乳化剂或水,以免混合料黏附在轮面上。

(3)压路机不得在刚刚压实和正在碾压的路段内停放。若需要在已压实的路段内停放,应使压路机与道路延线保持一定角度,而且不允许停放时间过长。

(4)压路机换向、变速、转向、起振、停振等操作的动作应轻柔平顺,不得使压路机产生冲击。

(5)雨季施工时(正在下雨时,不允许铺筑沥青路面,因为沥青在硬化前遇水,会大大降低其黏结性能),要做到及时摊铺、立即压实。若遇到作业中突然下雨,应尽量抢在雨水到来之前,将摊铺层压实。最起码也要初压2~4遍。否则一旦混合料受到雨水浸润,就要将混合料铲除重铺,费时费工。

(6)低温季节(日平均气温在5℃以下),应选择在气温较高的无风中午前后进行施工。可适当地缩短作业路段,并做到快铺快压,以保证碾压终了时,沥青混合料温度不低于50℃。

(7)对压路机无法压实的桥梁、挡土墙等构造物接头、拐弯死角、加宽部分及某些路边缘等部位,应采用振动夯板压实。对雨水井与各种检查井的边缘,还应用人工夯锤、热烙铁补充压实。

(8)OGFC宜采用小于12t的钢筒式压路机碾压。

(9)SMA路面宜采用振动压路机或钢筒式压路机碾压,除沥青用量较低,经试验证明采用轮胎压路机碾压有良好效果外,不宜采用轮胎压路机碾压,以防将沥青结合料搓揉挤压上浮。振动压路机应遵循"紧跟、慢压、高频、低幅"的原则,即紧跟在摊铺机后面,采取高频率、低振幅的方式慢速碾压。如发现SMA混合料高温碾压有推拥现象,应复查其级配是否合适。

(10)作业中应注意劳动保护,防止沥青污染。

【复习思考题】

1. 路基压实方法有哪几种？各有什么特点？
2. 公路施工时,如何正确选择压实机械？
3. 路基压实应遵循哪些原则？应注意哪些事项？
4. 各种路面压实应注意哪些事项？
5. 如何选择压路机的作业参数？

第四章
路面工程机械及其施工技术

[重点内容和学习要求]

本章重点讲述稳定土路面、沥青混合料路面和水泥混凝土路面机械化施工技术;论述稳定土拌和设备、沥青洒布机、沥青混合料拌和机、沥青混合料摊铺机、水泥混凝土拌和机及水泥混凝土摊铺机的特点、组成、工作原理及使用。

通过学习,熟悉各种路面机械化施工的内容,了解各种路面机械的特点、组成、工作原理及使用。

第一节 稳定土路面机械及其施工技术

在公路施工中,为了满足交通量和车辆轴载日益增长的需要,对道路的整体强度、水稳定性以及平整度等质量要求越来越高。经过多年的研究和实践证明,稳定土可补强道路的基层和底基层,提高道路的整体强度和水稳定性,延长道路的使用寿命。因此,在我国的公路建设中,常采用稳定土材料补强高等级道路的基层、底基层以及低等级道路的面层。

稳定土由土和稳定剂拌和而成。稳定剂主要包括无机料(石灰、水泥、粉煤灰等)和有机料(液态沥青和其他化学剂)两大类。用来把土和稳定剂进行破碎、撒铺、拌和及压实等工作的机械统称为稳定土路面机械。这些机械包括:粉料撒布机、洒水车、稳定土拌和设备、稳定土再生设备、摊铺设备和压实机械等。本节主要介绍稳定土拌和设备及稳定土路面施工。

一、稳定土厂拌设备

1. 稳定土厂拌设备的特点和用途

稳定土厂拌设备是专门用于拌制各种以水硬性材料为结合剂的稳定混合料的搅拌机组。它具有设备比较完善、可根据设计要求拌和各种不同配合比的稳定土材料,且土壤和稳定剂的配合比准确、拌和均匀、成品料质量稳定、便于计算机自动控制和生产率高等优点,是修筑高等级公路基层和底基层的必备设备之一。主要适用于集中拌和道路、机场和广场等基层和底基层的稳定土材料。但它需要较多的配套机械设备(如汽车、装载机、摊铺机等),施工成本较高。

2. 稳定土厂拌设备的组成和工作原理

现以 WBC300 型(图4-1、图4-2)为例,介绍其主要组成和工作原理。

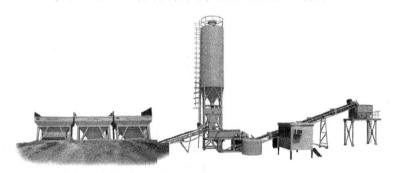

图4-1 WBC300 稳定土厂拌设备外貌示意图

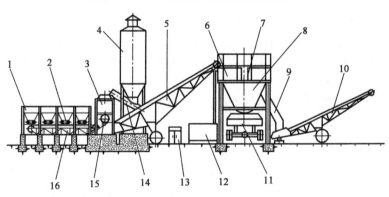

图4-2 WBC300型稳定土厂拌设备总布置图

1-配料料斗;2-皮带给料机;3-粉料仓;4-粉料筒仓;5-斜置集料皮带输送机;6-搅拌机;7-平台;8-混合料储仓;9-溢料管;10-堆料皮带输送机;11-自卸汽车;12-供水系统;13-控制柜;14-螺旋输送机;15-叶轮给料机;16-水平集料皮带输送机

1)集料配料机组

集料配料机组包括配料料斗1、皮带给料机2、斗架和水平皮带输送机16等。

集料配料时,利用装载机或其他上料机具,将需要拌和的不同粒径的集料,分别装进不同的配料料斗1内,每个配料料斗下都设有皮带给料机2,皮带给料机由调速电动机驱动,按施工技术要求的配合比进行配料;配好的物料落到水平集料皮带输送机16上,由其输送到斜置集料皮带输送机5上。

2)结合料(稳定剂)供给系统

结合料供给系统主要包括粉料筒仓4、螺旋输送机14、小粉料仓3和叶轮给料机15等。

结合料通过运输车上的气力输送装置输送到粉料筒仓4中,粉料筒仓的出料口与螺旋输送机14的进料口相连接,进入螺旋输送机的结合料被输送到小粉料仓3中;小粉料仓的出口装有叶轮给料机15,叶轮给料机由调速电动机驱动,按施工技术要求的配合比进行配料;配好的粉料落到斜置集料皮带输送机上。

3)斜置集料皮带输送机

斜置集料皮带输送机将配好的各种集料和结合料直接输送到搅拌机6中。

4)供水系统

供水系统的作用是向搅拌机中喷水,以控制和调节被拌和混合料的含水率。供水系统由水箱、水泵、三通阀、节流阀、流量计、管路和喷水管等组成。供水量由手动节流阀控制,用流量计显示。

5)搅拌机

搅拌机采用双轴强制连续搅拌式。当搅拌轴旋转时,由斜置集料皮带输送机输入搅拌机的各种物料,在旋转叶桨的作用下,一边被拌和,一边被推向出料方向。这样可保证连续进料、搅拌和出料。

6)混合料储仓

拌和好的成品混合料从搅拌机的出料端直接卸入混合料储仓8内暂时存放。混合料储仓主要包括立柱、平台、料斗、溢料管和启闭斗门的液压传动机构等组成。当混合料储仓装满拌和好的成品混合料时,可用手动控制液压系统打开放料门,将混合料卸入自卸汽车运往施工工地。

7)堆料皮带输送机

当自卸汽车不足或需要堆料时,放下混合料储仓内的液动导料槽,使搅拌机拌和好的成品混合料通过导料槽卸入溢料管9,流进堆料皮带输送机10中,由堆料皮带输送机进行堆料存放,使用时再运往施工工地。

整套设备各部分的运转采用电气控制系统在控制台集中控制。系统的动作分为单动和顺序动作两种。

3. 稳定土厂拌设备的使用

稳定土厂拌设备包括的总成比较多,是一种自动连续作业的大型设备,用于拌和各种类型的稳定土混合料,要求级配和配合比准确,拌和均匀。因此在使用中,除了按照设备使用说明书的要求进行严格操作、维修与维护外,还应特别注意以下问题:

1)保证各皮带输送机的正常运行

皮带输送机是稳定土厂拌设备中使用比较多的总成,其运行正常与否将直接影响设备是否能连续工作。因此,在工作过程中,必须加强对各皮带输送机的监控工作,当发现皮带跑偏时,应及时予以调整,否则将可能造成撕裂皮带等严重事故。

2)加强设备在工作中的全过程质量管理

稳定土混合料的制备过程包括原材料的堆存、称量配料、搅拌及混合料的运输等工序,各工序的好坏都会影响到混合料的最终质量。因此,必须对拌和的全过程加强质量管理。

(1)原材料的管理。

稳定土厂拌设备一般不带筛分装置,因而拌制混合料质量的好坏与所提供的原材料质量有很大的关系,所以在施工过程中必须对进入厂拌设备的各种原材料加强质量管理。

稳定土厂拌设备拌和时所用的原材料包括粗集料、细集料、粉料、水和添加剂等。首先应确认其质量是否符合施工规范的要求,对不符合质量要求的原材料坚决不予使用;其次是管理好原材料的储存,集料应储存在厂拌设备的现场,集料含水率的变化对混合料的质量有很大的影响,对来自不同产地的各种粒径的集料应分别储存在自然排水良好的料堆里,存放时间的长短取决于集料的级配和颗粒形状,一般以能将其内部的自由水分引出为准;同时还要考虑,在任何时候都应当储存有足够数量的集料,以保证厂拌设备能连续运转,不致因缺料而中断工作。在储存和配料的过程中,还应加强管理,避免不同粒径的集料混杂在一起。

所用的粉料(水泥、石灰和粉煤灰)最好是散装供应,运到施工现场后,应立即储存在干燥和通风良好的结构物内;现场应储存有足够数量的粉料,以保证厂拌设备能连续工作;储仓中的粉料每次工作结束时都应使用完,以防止粉料在储仓中结块,影响下次使用;每种粉料的运输、卸料和储存等均应有分隔设施。

(2)拌制混合料的质量管理。

拌制的目的是将各种形状不同、粒径不一的粗细集料、粉料与水拌制成成品混合料。成品混合料的质量可用均匀性来衡量,即从拌制好的混合料中随机取样进行均匀性试验,要求各个样品试验结果的差值均在规定的范围内。为了得到均质的混合料,除了对原材料进行严格的质量管理外,还应保证组成混合料的各种原材料的配料称量准确。因此,必须经常对设备的称量系统按其说明书要求的步骤和方法进行校定,当发现称量或配料的精确度不能满足要求时,都应立即停机检查,进行必要的调整或修理,直到确认配料精度能满足使用要求后,方可开机作业。

施工中对混合料的含水率有严格的要求。因此,供水系统应能准确地称量总的搅拌用水量。要做到这一点,除了把要加入的水量称量准确外,还要确切地知道集料(特别是砂料)在配料称量时的含水率,以及含水率的变化情况。对没有安装连续式含水率测定仪的厂拌设备,在使用时,应当经常检测集料,特别是细集料(砂)的含水率。细集料的含水率试验每天应做两次以上,至少上午一次,下午一次;同时,在设备开始拌和物料之前和发现含水率有变化时,应立即抽检,将检测的结果及时通知控制台,以便调节供水量。这样,可以保证设备拌制出的混合料始终处于最佳含水率状态。

二、稳定土拌和机

1. 稳定土拌和机的特点和用途

稳定土拌和机(图 4-3)是一种在行驶过程中,以其工作装置对土壤就地破碎,并与稳定剂(石灰或水泥等)均匀拌和的施工机械,如图 4-4 所示。其拌和效率高,但土壤和稳定剂的配合比不够准确,污染较严重。目前,常用于稳定土质量要求相对较低的道路、广场、机场等的基层或底基层的稳定土施工中。

2. 稳定土拌和机的分类

(1)按动力传动的形式分为机械式、液压式和混合式。

(2)按行走方式分为履带式、轮胎式和混合式,见图 4-5a)、b)、c)。
(3)按移动形式分为自行式、半拖式和悬挂式,见图 4-5d)、e)、f)。
(4)按转子的数量分为单转子式和多转子式。
(5)按转子的配置位置分为中置式和后置式,见图 4-5g)、h)。
(6)按转子旋转的方向分有正转式和反转式,见图 4-6。

图 4-3　稳定土拌和机外观图
a)后置式;b)中置式

图 4-4　稳定土拌和机现场施工图

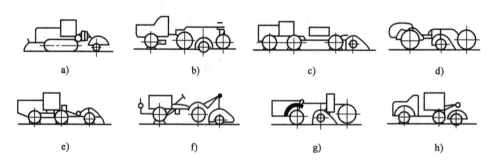

图 4-5　稳定土拌和机的分类
a)履带式;b)轮胎式;c)轮履混合式;d)自行式;e)半拖式;f)悬挂式;g)中置式;h)后置式

3.稳定土拌和机的组成

路拌稳定土拌和机(图 4-3)一般由基础车、工作装置及操纵机构等部分组成。基础车一般为轮胎式,工作装置悬挂在机架中部或后部,拌和转子由径向柱塞液压马达直接驱动,拌和转子可以正转或反转。

4. 稳定土拌和机的工作原理

稳定土拌和机的主要功能是对土壤进行破碎,并使土壤与稳定剂均匀拌和,这一过程是在由转子罩壳构成的工作室内,通过转子的高速旋转来完成的。根据作业对象(即土壤硬度)的不同,选用的转子旋转方向也不同:当在较松软的土层上进行拌和作业时,一般采用正转方式;当在坚硬的土层上进行拌和作业或铣削旧沥青混凝土路面时,多采用反转方式。下面分析已将稳定剂铺撒在土层上时,稳定土拌和机的作业过程,如图4-6所示。

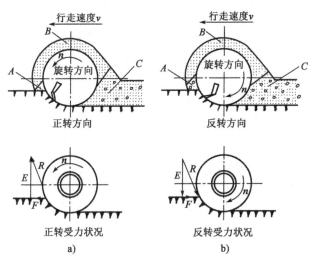

图 4-6 工作转子旋转方向及受力分析示意图
a)正转;b)反转

1) 正转作业过程(图4-6a)

转子正转时,高速旋转的刀具从土层上切下一块很薄的月牙形土屑,并把它抛向罩壳,这就是切削过程;抛出的土壤以一定的力量碰撞罩壳壁,随后向四周飞散开,其中一部分土壤颗粒被粉碎;也有部分土壤颗粒再次与刀具相碰,或互相碰撞,这一过程称为二次破碎;另有部分与罩壳碰撞后飞散开的土壤颗粒和沉落下来的土壤颗粒,被刀具带起,并抛向转子上部的罩壳壁 B 区内,其中有部分土壤颗粒逐渐向前,置于 A 区并形成前长条土堆;位于 A 区的土壤将再次受到转子刀具的冲击、切削。以上过程反复进行多次,土壤颗粒被破碎得很细,并与稳定剂均匀拌和,最后大部分土壤颗粒因失去速度而沉落在地面上,此时土壤因疏松而体积增大,并在罩壳后壁下面 C 区形成圆形土堆,经罩壳拖板下缘刮平、整形,形成一条具有一定厚度,且表面平坦的稳定土带层。

2) 反转作业过程(图4-6b)

转子反转时,高速旋转的刀具从沟底向上切削土壤,并将切下来的土壤沿机械前进方向向前抛,在转子前面形成前长条形土堆;在同一作业状态下,长条土堆的尺寸将基本保持不变,并沿土壤处理路段连续延伸;被切下来的土壤有相当大的一部分被抛入 C 区,一部分被向上抛并撞击前壁,和罩壳相碰的土壤颗粒将向四周飞散,而且和刀具相碰的土壤颗粒将沿转子旋转方向抛向罩壳的后壁。可以看出,被处理的土壤基本上都被拌刀从转子上方抛到 C 区,经罩壳拖板下缘刮平、整形,形成稳定土层带。

从上述的工作原理分析可知,整个拌和过程分为切削和拌和两个阶段,但这两个阶段不是绝对分开的,而是相互交织在一起,且往往是同时发生的。

现代的稳定土拌和机几乎都是单转子工作装置,一般在同一作业带上要拌和两遍,有的甚至要拌和三四遍,这要由机械的性能和工程的性质决定。

5. 稳定土拌和机的使用

现代公路基层施工是采用大规模、连续性的机械化施工。稳定土拌和机是基层路拌法施工的核心机械,为了充分发挥其作业能力,应注意以下事项:

1)确保配套机械的完好率

与稳定土拌和机配套的施工机械有:挖掘机、推土机、装载机、自卸汽车、粉料撒布机、平地机、洒水车、压路机等多种机械。在机械化施工作业时,除应确保稳定土拌和机无故障外,还要确保其配套机械的完好率,以保证机械化施工的连续作业。

2)选择合理的施工路段

从理论上讲,施工路段越长,其生产率越高。但从施工的综合因素考虑,则存在一个最经济的施工路段。根据施工单位的实践经验证明,一般以500~1000m为宜。在决定施工路段时,应选择各种施工机械掉头较方便的地方,因为机械掉头困难、掉头时间过长等都会影响生产率。

3)选择合理的拌幅

稳定土拌和机性能参数中的拌和宽度,是综合施工规范中各级公路基层宽度而优化选定的。在施工时要根据具体的工程条件决定实际的拌幅数,可参考下式:

$$n = \frac{B - X}{b - X}$$

式中:n——拌幅数;

B——施工路面基层宽度,m;

b——稳定土拌和宽度,m;

X——相邻拌幅的重叠量,一般为0.1~0.2m。

实际的拌幅数应为整数倍,这样既可充分发挥机械的能力,又可以提高生产率。

三、稳定土路面施工

在公路施工中,使用的稳定土种类很多。二灰土作为一种半刚性材料,广泛应用于高等级公路路面的基层(或底基层)中。二灰土是石灰、粉煤灰按一定的比例与土混合,掺入适量的水,经拌和、碾压、整平及在一定的温度、湿度下养生成型后,得到的具有一定抗压强度的新型筑路材料。现以修筑二灰土基层为例,介绍路拌稳定土路面施工。

1. 路拌稳定土路面施工

1)施工前的准备工作

在施工前,应做好技术、人员、材料和机械设备等方面的准备工作,主要内容如下:

(1)认真熟悉设计文件,确定施工组织形式和工艺流程。

(2)合理地进行人员配置,在质量上要有专人把关。

(3)做好混合料中的二灰(石灰、粉煤灰)最佳配合比试验和二灰与土的最佳配合比试验;根据配合比备好所需的各种工程材料。

(4)确保机械的完好率,保证零配件的供应,使运输、拌和、碾压工作形成良好的生产流水线,确保施工顺利进行。

(5)在全面开工前至少一个月,进行二灰土基层(底基层)试验施工。试验的面积为400~800m²。试验路段要求使用与主体工程一致的材料、配合比、拌和机械、压实机械及施工工艺,以检验准备采用的施工方案的适宜性。具体应包括采用不同的撒铺厚度进行拌和、碾压,测量其干密度、含水率,检验二灰土的拌和均匀程度,以确定拌和机械的性能、碾压遍数和施工工艺等。

2)施工程序

(1)现场清理和测量放线。

清理现场的垃圾、杂草,修补小冲沟。使用测量仪器校核各控制桩,进行高程放样,确保线形准确,保证全线高程贯通。用石灰画出边线及行车道与路肩的分界线。

(2)路床修整。

根据高程测量数据,做填方、挖方和路床高程,并根据高程指挥倒土,用推土机推平、平地机整型、压实机械稳压。对整型后的路床报监理人员验收。

(3)路拌二灰土基层(底基层)施工。

①原材料摊铺。

首先测试整型后路床铺土层的干密度和松散系数,计算出铺层厚度。按此厚度进行排料、打网格、倒土、摊铺、整平、稳压。铺土层应包括路肩和中央隔离带用土。在此基础上就可以摊铺粉煤灰。

粉煤灰的摊铺,也应测试出摊平、整型、稳压一遍后的干密度和松散系数,计算出摊铺厚度。按此厚度进行排料、打网格、倒料、摊铺、整型、稳压、洒水,使其含水率在33%~36%。挖验厚度,做高程。最后用平地机精平一遍,压实机械通压一遍后,即可摊铺石灰。

石灰摊铺前先计算出石灰的用量。计算时,应考虑石灰等级折减、含水率折减、质量湿度折减等。再由运输车辆的装载容量,除以折减后单位面积的用量,得出每一运输车辆所能摊铺的面积。再根据计算面积打网格、运灰、摊灰。

②混合料拌和。

拌和前,应首先检查稳定土拌和机的轮压、拌和刀具的磨损程度,以及拌和深度指针是否归零等。然后进行试拌,拌和深度应控制在下层松铺土恰好能拌到为止。误差要求±2cm。拌和由两侧向中间进行,控制拌和速度在6m/min。若拌和后大块较多,应拌和第二遍。每次拌和应由专人随机检查,挖验拌和深度。

③现场取样。

拌和完毕后,按取样频率取样,测定混合料的石灰剂量、含水率,并做抗压强度试验。

④洒水碾压。

取样石灰剂量合格后,先用凸块压路机振压一遍,然后洒水,洒水时夏季含水率可适当大于施工最佳含水率,只要不积水、不翻浆即可;其他季节应达到最佳含水率。然后用平地机整平,用光轮压路机碾压一遍(每次重叠1/2轮宽)。再用振动压路机振压三遍。

振压之后,进行复中线,断面找平,做高程,并预留1cm作为碾压下沿预留量,最后,根据高程用平地机精平,用光轮压路机碾压一遍。

⑤洒水养生。

洒水时应均匀。洒水量和养生时间要根据气候条件来决定。养生期间应封闭交通。

上述工序全部完成后,进行自检,将不合格的高程点用平地机及时修正、刮平。交监理工程师验收。

2. 厂拌稳定土路面施工

随着公路等级的提高,对路面质量的要求也越来越严格。目前,高等级公路的修建,按规定必须采用稳定土厂拌设备,进行机械化施工。即利用稳定土厂拌设备拌制混合料,由运输车辆将拌和好的混合料运送到施工现场,按照一定的技术要求由摊铺机进行摊铺、压实机械进行压实。其施工要点如下:

1) 施工前的准备工作

(1) 熟悉设计文件,确定施工组织形式。

(2) 确定拌和场的位置、选定拌和设备的型号和运输车辆的数量。

(3) 选定施工机械,包括摊铺机、压实机械及其他机械设备的数量、型号和生产能力等。

(4) 选择路用原材料,并进行混合料配合比试验。

(5) 铺筑试验路段。

2) 施工过程

(1) 拌和与运输。

拌和时,水泥、石灰、粉煤灰与集料应准确称量,按质量比例掺配,并以质量比加水。拌和过程中加水时间和加水量要有记录。同时,要严格保证拌和时间,确保拌和的均匀性。成品料要进行配合比、击实、抗压试验。

当拌和好的成品料经监理工程师检验合格后,由运输车辆将成品料运送到施工现场。运输车辆在通过已铺筑好的路面时,应低速行驶,车辙应均匀错开,以便使铺筑层得到均匀的压实。当拌和场距摊铺现场较远时,混合料应加以覆盖,以防止水分的蒸发;同时应保证装载高度均匀,以防止混合料发生离析。

(2) 摊铺和整型。

摊铺时,应按照要求的松铺厚度,均匀地摊铺在要求的宽度上。摊铺时,混合料的含水率宜高于最佳含水率 0.5% ~1.0%,以补偿摊铺及碾压时水分的损失。当摊铺厚度超过 20cm 时,应分层摊铺,最小压实厚度为 10cm。先摊铺的一层经过整型压实、监理工程师批准后,将先摊铺的一层表面翻松后再进行上层的摊铺,以便使前后摊铺层能够很好地结合成一体。摊铺完后,由平地机按照规定的拱度进行整型。

(3) 碾压。

混合料经摊铺和整型后,应立即在全宽范围内进行碾压,使混合料从加水拌和到碾压终了时间不超过规定范围。直线段,由两侧向中心碾压;超高段,由内侧向外侧碾压,以确保路拱符合技术要求。相邻两碾压带应重叠一定的宽度,以便使全路宽都得到均匀压实。在碾压过程中,混合料表面应始终保持湿润,如表面水分蒸发较快,应及时少量洒水。为了保证表面平整无轮迹和隆起,严禁压路机在碾压路段上掉头和紧急制动。

(4) 养生。

碾压完成后应立即进行养生。养生时间不少于 7 天。养生方法可视具体情况,采用洒水或沥青乳液等。养生期间应封闭交通,不能封闭时,车速应控制在 30km/h 以内,禁止重型车辆通行。

(5) 取样和试验。

混合料应在施工现场每天或每拌和 250t 混合料取样一次,并进行含水率、稳定剂用量和无侧限抗压强度试验。在已完成的基层上每 1000m² 随机取样一次,并进行压实度试验。

(6)气候条件。

工地气温低于 5℃时,不应进行施工。雨季施工,应特别注意天气变化,勿使水泥和混合料受雨淋。降雨时应停止施工,但已摊铺的混合料应尽快压实。

第二节　沥青混合料路面机械及其施工技术

黑色路面即沥青混凝土路面。沥青混凝土是按一定的配合比将经烘干加热的碎石、砂子等热集料和热沥青(加入一定的石粉)均匀拌制而成。用来完成沥青混凝土的拌制、运输、铺筑和压实的机械统称为黑色路面机械。主要有沥青加热设备、沥青洒布机、沥青混凝土拌和机、沥青混凝土摊铺机、运输车辆和压实机械等。本节主要介绍沥青加热设备、沥青洒布机、沥青混凝土拌和机、沥青混凝土摊铺机和沥青混凝土路面机械化施工等。

一、沥青加热设备

沥青在常温下为固态,沥青加热设备的作用是将沥青储仓(罐)中的固体沥青加热,使其熔化、脱水并达到要求的工作温度。

储仓(罐)内沥青的加热方式有蒸气加热、火力加热、电加热、导热油加热、太阳能加热和远红外线加热等几种,目前国内外广泛使用导热油加热。

导热油加热是用经加热至较高温度的高闪火点矿物油作为热介质,使其在导管和蛇形管中循环流动来加热管外的沥青。其优点是导热油加热器结构紧凑、使用方便、加热柔和、热效率高、易于自动控温,对沥青加热升温均匀、速度快。但是,加热器有可能使导热油焦化变质,甚至引起火灾,且使用成本较高。

1. 导热油加热沥青的工作原理

在导热油加热炉中,加热到 300℃的导热油由热油泵送入沥青储仓的蛇形管中,导热油以自身的热量去加热沥青,以使沥青升温,降温后的导热油又流回到加热炉中的蛇形管中再次被加热而不断循环,如图 4-7 所示。

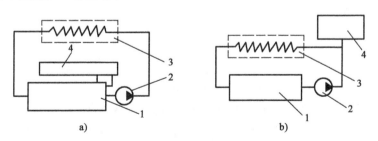

图 4-7　导热油加热沥青的工作原理
a)常压式;b)压力式
1—导热油加热炉;2—热油泵;3—热负荷;4—膨胀调节罐

导热油加热炉一般为卧式可搬移的,用途较广,可设置于沥青混凝土厂拌设备中,同时加热沥青罐与沥青输送管中的沥青、燃油箱中的燃油等,并可根据需要对沥青混凝土搅拌器及成品料仓起保温作用。

2. 沥青脱桶装置的组成和原理

沥青脱桶装置是用以将固态桶装沥青从桶中脱出并加热至泵吸温度。可将沥青的脱桶、脱水、加热和保温四大功能融为一体。

导热油加热式沥青脱桶装置（图4-8）由上桶机构、沥青脱桶室、沥青加热室、导热油加热管道、沥青脱水器、沥青泵、沥青管路与阀门等组成，可完成对桶装沥青的脱桶、脱水、加热和保温作业。

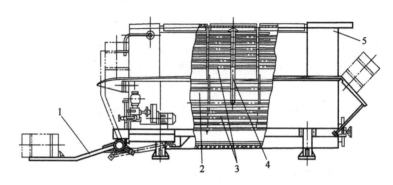

图4-8 导热油加热式沥青脱桶装置结构简图
1-上桶机构；2-沥青加热室；3-导热油加热管；4-沥青脱水器；5-沥青脱桶室

将沥青桶装入上桶机构，卸去口盖，桶口朝下。用液压缸起升臂架将沥青桶推入脱桶室，至室内将桶装满。导热油被泵入脱桶装置后，先进入沥青加热室的加热管道，后进入脱桶室的加热管道，当脱桶室里的温度达到沥青熔化流动的温度时，沥青从桶内流入加热室。待沥青充满加热室后，拨动三通阀，接通内循环管道，沥青泵将含水的温度为95℃以上的沥青泵至脱桶室顶部的平板上，沥青以薄层状态在流动中将水分迅速蒸发，水蒸气由顶部的孔口排出。当沥青中的水分排除干净，并被继续加热到所需的工作温度（130～160）℃以后，便可泵入其他保温罐中或直接被沥青混凝土搅拌设备使用。在循环作业中，已脱沥青的空桶由上桶机构上新桶时，靠其推力由沥青脱桶室的后部推出。

二、沥青洒布机

1. 沥青洒布机的用途和分类

沥青洒布机是在以贯入法、表面处治法修筑路面，稳定土壤以及路拌沥青混合料等工程中，用以运输、洒布液态沥青和煤焦油的一种专用机械。

（1）按其用途分为养护用和筑路用两种。养护用沥青洒布机的储料箱（储存液态沥青）的容量较小，一般小于400L；筑路用沥青洒布机的储料箱的容量为3000～20000L。

（2）按运行方式分为自行式（图4-9a）、拖式（图4-9b）和半拖式三种。自行式沥青洒布机安装在汽车底盘上；拖式和半拖式用汽车或单轴牵引车牵引。

（3）按沥青泵的驱动方式分为由汽车发动机驱动和专用发动机驱动两种。后者可在较大范围内调节沥青的洒布量。

（4）按喷洒方式分为泵压洒布和气压洒布两种。

图 4-9 稳定土拌和机外观图
a)自行式;b)拖式

2. 自行式沥青洒布机

自行式沥青洒布机是在汽车底盘上装有储料箱、加热系统、传动系统、循环—洒布系统、操纵机构和检查计量仪表等。

1)储料箱

储料箱(图 4-10)的作用是储存高温液态沥青并具有一定的保温作用。储料箱是由钢板焊制而成的椭圆形长筒,箱体外包以 50mm 厚的玻璃绒或石棉,用以保温和隔热,可使箱内的热态沥青在外界温度为 12~15℃时,冷却速度保持每小时 2℃ 左右。隔热层外用金属薄皮套包住。在运输过程中,为了减轻沥青对箱壁的冲击,在箱内设有底部带有缺口的隔板 17。在箱顶的中部有一个带滤网 5 的大圆口,可以直接加料,亦可供维修人员进出之用。箱内还装有进料管 13 和测定液量的浮标 15 等。

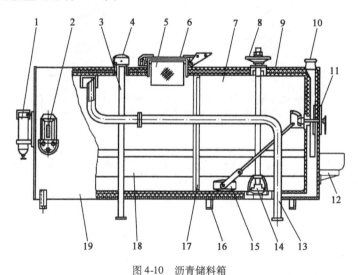

图 4-10 沥青储料箱

1-灭火器;2-温度计;3-溢流管;4-排气盖;5-进料滤网;6-进料口盖;7-筒体;8-总阀门手轮;9-玻璃绒;10-排烟口;11-刻度盘;12-固定喷灯;13-进油管;14-总阀门;15-浮标;16-料箱固定架;17-隔板;18-加热火管;19-箱外罩

2)加热系统

加热系统的作用是加热沥青,使储料箱中的沥青温度保持在 150~170℃,以确保工作的需要。它由燃油箱、两只固定喷灯、一只手提喷灯、两根 U 形火管、滤清器、油管和仪表等组成。

两根U形火管安装在储料箱的底部,两只固定喷灯向U形火管内喷入火焰,加热储料箱内沥青;一只手提喷灯用于施工前加热沥青泵与管路、熔化凝积的沥青,使各运动部件灵活运转。

3)传动系统

传动系统的作用是使车辆行走,驱动沥青泵进行工作。

4)循环—洒布系统

循环—洒布系统(图4-11)的作用是完成向储料箱内吸入热态沥青,转输热态沥青,通过循环使储料箱内沥青的温度保持均衡,完成热态沥青的各种洒布(全洒布、少量全洒布、左洒布、右洒布、手提洒布),抽空洒布管中余料及出空储料箱中沥青等十种工作。循环—洒布系统主要有沥青泵、全部循环—洒布管路和大小三通阀等部分组成。

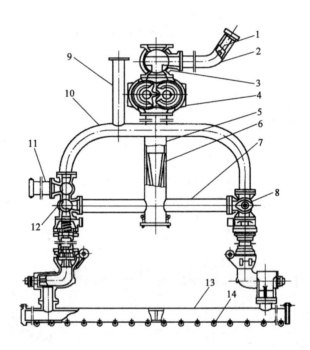

图4-11 循环—洒布系统

1-滤网;2-加油管;3-沥青泵上的主三通阀;4-沥青泵;5-输油总管;6-滤网;7-横管;8-右横管的小三通阀;9-进油管;10-循环管;11-传输时的放油管;12-左横管的小三通阀;13-洒布管;14-喷嘴

5)操纵机构

操纵机构(图4-12)的操纵控制包括三通阀的拨动,洒布管的提升、下降、水平移动和回转,以及驱动沥青泵的发动机和减速器(对后置专用发动机驱动而言)等。这些操纵机构都集中在车后的操纵台上,通过手轮和操纵杆进行。

3. 沥青洒布机使用技术参数的确定

沥青洒布机施工时,首先应确定分层洒布量、洒布路段的长度、洒布机的生产率。

1)分层洒布量的确定

沥青洒布机分层洒布时,应根据《公路沥青路面施工技术规范》(JTG F40—2004)的要求确定每层的洒布量。表4-1所列为各种表面处治时的沥青用量。

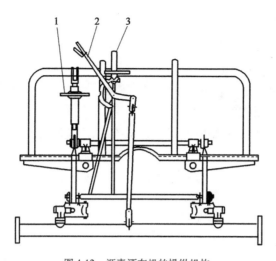

图4-12 沥青洒布机的操纵机构

1-洒布管的升降手轮;2-洒布管的喷油角调整手柄;3-洒布管左右摆动推杆

各种表面处治时的沥青用量 表4-1

沥青种类	类型	厚度(mm)	沥青或乳液用量(kg/m²)			
			第一次	第二次	第三次	合计用量
石油沥青	单层	1.0	1.0~1.2	—	—	1.0~1.2
		1.5	1.4~1.6	—	—	1.4~1.6
	双层	1.5	1.4~1.6	1.0~1.2	—	2.4~2.8
		2.0	1.6~1.8	1.0~1.2	—	2.6~3.0
		2.5	1.8~2.0	1.0~1.2	—	2.8~3.2
	三层	2.5	1.6~1.8	1.2~1.4	1.0~1.2	3.8~4.4
		3.0	1.8~2.0	1.2~1.4	1.0~1.2	4.0~4.6
乳化沥青	单层	0.5	0.9~1.0	—	—	0.9~1.0
	双层	1.0	1.8~2.0	1.0~1.2	—	2.8~3.2
	三层	3.0	2.0~2.2	1.8~2.0	1.0~1.2	4.8~5.4

单位面积的沥青洒布量与洒布机的行驶速度、洒布宽度以及沥青泵的生产率有关。其公式为:

$$Q_b = qVB \quad (\text{kg/min}) \tag{4-1}$$

式中:Q_b——沥青泵的生产率,kg/min;

V——洒布机的行驶速度,m/min;

B——洒布宽度,m;

q——单位面积洒布量,kg/m²。

依照上式,根据沥青泵的生产率、洒布宽度,即可确定洒布机的行驶速度。

2)每次洒布路段长度的确定

为了便于施工,当沥青洒布量确定后,应进一步确定每一罐料能洒布路段的长度,即:

$$L = \frac{KV}{qB} \quad (\text{m}) \tag{4-2}$$

式中:L——洒布路段长度,m;

V——洒布机储料箱容积,kg;
K——两洒布带重叠系数(0.90~0.95);
B——洒布的路面宽度,m;
q——单位面积洒布量,kg/m²。

3)沥青洒布机生产率的计算

沥青洒布机的生产率主要视运距、洒布机的准备工作和施工组织而定。其生产率可用下式计算。

$$Q_S = nK_m V \quad (\text{kg/天}) \quad (4-3)$$

式中:Q_S——沥青洒布机的生产率,kg/天;
V——沥青洒布机的油罐容量,kg;
K_m——油罐充满系数(0.95~0.98);
n——洒布机每班洒布次数。

$$n = \frac{60TK_b}{t} \quad (4-4)$$

式中:T——每天工作时间,h;
K_b——时间利用系数(0.85~0.90);
t——洒布机每一循环所需时间,min。

$$t = t_1 + \frac{L}{V_1} + \frac{L}{V_2} + t_2 + t_3 + t_4 \quad (4-5)$$

式中:t_1——加满每一储料箱所需时间,min;
L——由沥青基地至作业工地的距离,m;
V_1——洒布机重载行驶速度,m/min;
V_2——洒布机空载行驶速度,m/min;
t_2——洒布一储料箱沥青所需时间,min;
t_3——洒布机两处掉头倒车时间,min;
t_4——准备洒布所需时间,min。

在实际作业过程中,沥青洒布机用于洒布沥青的时间很短,大部分时间都用于运输。这样不但影响了洒布机的利用率,同时也影响了洒布的顺利进行、增加了非生产辅助时间。另外,由于长距离运行,必然增加洒布机的数量,提高了洒布机运行费用,这样很不经济。为了更好地组织施工、减少洒布机的用量,目前在大型工程中多用大型沥青保温油罐车进行运输和储存,相对减少了沥青的运输距离,使洒布机的生产率大大提高。保温油罐的用量可用下式计算:

$$n = \frac{Q}{tVK_m} \quad (4-6)$$

式中:n——保温油罐用量;
Q——洒布机只洒布不运输时的生产率,kg/天;
t——保温油罐车每次往返工地与沥青基地的时间,h;
V——保温油罐的容量,kg;
K_m——保温油罐的充满系数。

4.沥青洒布机的使用

为了保证沥青洒布机的正常工作,在每次洒布完毕之后都要将循环—洒布管路中的残余沥青抽回储料箱内。若当天不再使用,还要用柴油或煤油清洗储料箱、沥青泵和管路,以防止沥青凝固在各处影响下次使用。在每次使用之前,都要检查沥青泵,若发现有沥青凝固现象,需用手提喷灯烤化。直到沥青泵运转灵活为止,图4-13为沥青洒布机现场施工图。

为了提高沥青的洒布质量,施工中应注意以下要点:

(1)要求沥青洒布机有稳定的行驶速度,速度可按施工要求而定。

(2)要求汽车驾驶员和洒布操纵者密切配合,动作协调一致,确保洒布均匀。

(3)要保持沥青的洒布温度。因沥青的黏度和其温度成反比,而黏度又决定沥青泵的输出量,若沥青温度不当,则其黏度的变化会引起沥青泵输出量的变化,使洒布不均匀,从而影响到洒布的质量。

(4)洒布设备的喷嘴应适用于沥青的稠度,确保能成雾状,与洒油管呈15°~25°的夹角。要选好喷嘴的离地高度,因为喷嘴的离地高度不同,其洒布宽度不同(图4-14)。洒油管的高度应使同一地点接受2~3个喷嘴喷洒的沥青,不得出现白条。

(5)汽车轮胎应有足够的气压。若轮胎气压不足,储料箱内沥青数量的变化将会使轮胎变形较大,从而影响到喷嘴的离地高度。

(6)要保持稳定的洒布压力。因为洒布压力不同,喷出沥青的扇形形状会有所不同,致使洒布不均匀。

(7)要注意前后两次喷油的接缝。一般纵向应重叠10~15cm,横向应重叠20~30cm。

(8)要注意安全。沥青洒布机在加注或洒布热态沥青时,温度很高,必须注意安全,防止人员烫伤或跌倒。使用固定喷灯时,储料箱内的沥青液面应高于火管。在洒布过程中,不应使用喷灯。

图4-13 沥青洒布机现场施工图

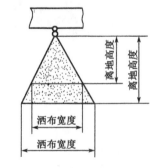

图4-14 离地高度和洒布宽度的关系

三、沥青混凝土拌和机

沥青混凝土拌和机是将不同粒径的集料和填料,按规定的比例掺和在一起,用沥青作为结合料,在规定的温度下拌和成均匀混合料的专用设备。

1.沥青混凝土拌和机的拌和工艺

(1)将砂石料烘干加热至155~200℃,筛分后按比例称量。

(2)将沥青加热熔化至145~170℃,保温,按容量或质量称量。

(3)将热砂石料(加入适量的石粉)与热沥青均匀拌和成所需的混合料,出料温度为135~170℃。

2. 沥青混凝土拌和机的分类

目前,沥青混凝土拌和机的类型很多,其主要类型有:

(1)按拌和规模和搬移情况分为固定式、半固定式和移动式三种。

固定式沥青混凝土拌和机(图4-15a、b、c)的全部机组固定安装在预先选好的场地上,规模较大,生产率较高,设备较完善,可进行多种级配的生产。由于其拌和设备安装得很高,可允许运输车辆在其下面直接受料,故又称为拌和楼。它适用于城市道路或工程量大而集中的路面铺筑工程。

图4-15 各种沥青混凝土拌和机外观图

半固定式沥青混凝土拌和机是将全部设备分装在数辆特制的平板挂车上,拖运到预定施工地点后,利用辅助起重设备,迅速拼装架设起来,投入工作。转移工地时,可迅速拆除,分别拖运。它特别适用于工程量较大而集中的路面铺筑工程。

移动式沥青混凝土拌和机(图4-15d)是将所有的设备都安装在一辆特制的平板挂车上,其生产率大多在20t/h以下。主要适用于黑色路面的改建和修理工作,也可用于工程量小且分散的路面建设。

(2)按作业方式分为间歇作业式和连续作业式两种。

间歇作业式(图4-15b、c)的特点是砂石料的供给、烘干与加热是连续进行的,而砂石料与沥青的称量、拌和及出料是按一定的时间间隔周期进行的,即为按份拌制。

连续作业式(图4-15a)的特点是混合料中各类材料的烘干、称量、拌和与出料等工艺过程,都是连续进行的。

比较以上两种作业方式,连续作业式生产率最高,但各料的配合比不准确;间歇作业式配合比准确,生产率较高,高速公路、一级公路宜采用间歇拌和机拌和。

(3)按拌和方式分为强制拌和式、自落拌和式两种。

强制拌和式的特点是砂石料的烘干、加热及与热沥青的拌和,是先后在不同的设备中进行的。拌和是利用旋转的叶桨,将热砂石料和沥青强制搅拌,拌和的质量较好,目前运用较广泛。

自落拌和式的特点是砂石料的烘干、加热及与热沥青的拌和,是在同一滚筒中进行的。拌和是依靠砂石料在旋转滚筒内的自由跌落实现与沥青的裹覆。其生产工序有周期进行的,也有连续进行的。

3.沥青混凝土拌和机的组成和工艺过程

沥青混凝土拌和机的类型不同,其主要组成差异较大。大到一座自动化拌和厂,小到一台机组。目前在公路工程中,常采用间歇作业式沥青混凝土拌和机,下面介绍间歇作业式沥青混凝土拌和机的组成和工艺过程。

如图4-16所示,它由两个机组组成:干燥机组和拌和机组。干燥机组的作用是烘干加热砂石料;拌和机组的作用是按一定的配合比,将热砂石料和热沥青拌制成所需的混合料。

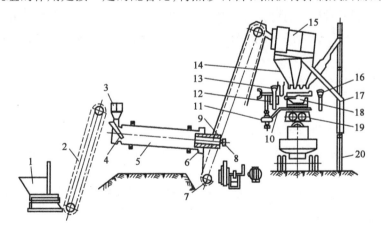

图4-16 间歇作业式混凝土拌和机的组成

1-给料器;2-冷料升运机;3-烟囱;4-加热槽;5-烘干筒;6-卸料箱;7-热料升运机;8-喷燃器;9-燃烧室;10-沥青管;11-沥青泵;12-沥青量桶;13-沥青称重指示器;14-热储料仓;15-筛分机;16-矿料称量指示器;17-溢流管;18-矿料称量斗;19-拌和器;20-矿粉升运机

其工艺过程如下:

湿的砂石料在给料器1中初配后,由冷料升运机2连续不断地供入到烘干筒5内烘干加热。烘干、加热好砂石料,经热料升运机7连续送入筛分机15内,由筛分机筛分成几种不同规格,并分别储存于热储料仓14的各个斗内。当储料仓内的砂石料积存过多时,多余的部分由溢流管17排于地下。热储料仓根据矿料级配不同配有不同的斗室(图4-16有四个斗),其中三个斗分别储存各种不同规格的热砂石料;而另一个斗储存由封闭式矿粉升运机20连续送来的矿粉。储存在各个热储料仓中的矿料,分别卸入矿料称量斗18内,按一定的质量比例称量。称好一份卸入拌和器19内。与此同时,热沥青由称量桶12称好后,经沥青泵11泵送到拌和器内,喷洒在热矿料上。各料在拌和器中进行拌和。拌和好的混合料进入成品料热储料仓储存,或卸入运输车辆的车箱内,运往铺筑工地,其工艺流程如图4-17所示。

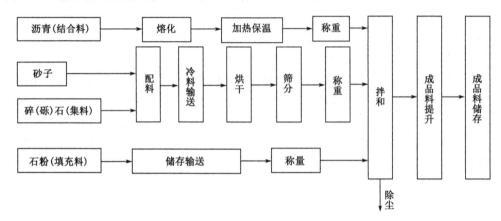

图4-17 工艺流程

这种拌和工艺的优点是:配合比准确,适应性高,可拌和任何比例的材料;可根据技术要求,控制拌和时间;所有工序的操作、计量等,均可由特制的设备、仪表和显示器等电气设备实行自动控制。这样既节省了人力,又提高了生产率。

为了减少拌和机对环境的污染,拌和机上增设了除尘装置;为了提高拌和机的工作效率,不因运输车辆中断而停机,拌和机上增设了成品料热储料仓。另外沥青的加热普遍采用了导热油加热装置。

4. 沥青混凝土拌和机的使用

1) 工作前的准备

拌和机在工作前需进行全面的检查。如检查各部紧固螺钉是否松动;拌和机内是否有余料;传动皮带是否跑偏;各机组及辅助设备安装是否正确;沥青管路接头是否漏气;电气系统、除尘设备是否完好等。

对于移动式拌和机,就位后还需放下前后支腿,将平板车抬起,并保持水平位置,使轮胎卸荷。

2) 运转中的有关规程

每一种沥青混凝土拌和机都有其相应的使用技术规程,因此在使用时,必须按其技术说明书上的有关技术规程进行操作。

(1) 拌和机在起动时,一般逆着运料流程进行。当烘干筒达到一定的温度后才能起动冷料输送机和配料给料装置。

(2) 拌和机在正式拌和成品料之前,应先用热砂石料预拌2~3次,以便给拌和机壳体预热。在正式拌和时,应先将热砂石料与石粉在拌和机内干拌 10~15s 后,再喷入沥青拌和。间歇式拌和机每盘的生产周期不宜少于 45s(其中干拌时间不少于 5~10s)。改性沥青和 SMA 混合料的拌和时间应适当延长。

(3)在工作中,供料应均匀,以防止热料仓各料斗内物料堆积过多、发生串仓现象,而影响砂石料的配合比。

(4)高速公路和一级公路施工用的间歇式拌和机必须配备计算机设备,拌和过程中逐盘采集并打印各个传感器测定的材料用量和沥青混合料拌和量、拌和温度等各种参数。每个台班结束时,打印出一个台班的统计量,按沥青路面质量过程控制及总量检验方法进行沥青混合料生产质量及铺筑厚度的总量检验。总量检验的数据有异常波动时,应立即停止生产,分析原因。

(5)沥青混合料的生产温度应符合《公路沥青路面施工技术规范》(JTG F40—2004)中的要求。烘干集料的残余含水率不得大于 1%。

(6)拌和机的矿粉仓应配备振动装置以防止矿粉起拱。添加消石灰、水泥等外掺剂时,宜增加粉料仓,也可由专用管线和螺旋升送器直接加入拌和锅,若与矿粉混合使用时应注意二者因密度不同发生的离析。

(7)间歇式拌和机的振动筛规格应与矿料规格相匹配,最大筛孔宜略大于混合料的最大粒径,其余筛的设置应考虑混合料的级配稳定,并尽量使热料仓大体均衡,不同级配混合料必须配置不同的筛孔组合。

(8)间隙式拌和机宜备有保温性能好的成品储料仓,储存过程中混合料温降不得大于 10℃,且不能有沥青滴漏。普通沥青混合料的储存时间不得超过 72h;改性沥青混合料的储存时间不宜超过 24h;SMA 混合料只限当天使用;OGFC 混合料宜随拌随用。

(9)生产添加纤维的沥青混合料时,纤维必须在混合料中充分分散、拌和均匀。拌和机应配备同步添加投料装置,松散的絮状纤维可在喷入沥青的同时或稍后采用风送设备喷入拌和锅,拌和时间宜延长 5s 以上。颗粒纤维可在粗集料投入的同时自动加入,经 5~10s 的干拌后,再投入矿粉。工程量很小时,也可分装成塑料小包或由人工量取直接投入拌和锅。

(10)使用改性沥青时,应随时检查沥青泵、管道、计量器是否堵塞,堵塞时应及时清洗。沥青混合料出厂时,应逐车检测沥青混合料的重量和温度,记录出厂时间,签发运料单。

3)停机、清洗

拌和机停机时,应将烘干筒、料斗、料仓以及拌和机内余料卸空;停机后,应用柴油或煤油清洗沥青系统,以防止堵塞沥青供应管路及卡死沥青泵,影响下次使用。

四、沥青混凝土摊铺机

沥青混凝土摊铺机是摊铺沥青混凝土路面的专用机械。它可将已拌制好的沥青混合料按一定的技术要求(横断面形状和厚度),迅速而均匀地摊铺在已整好的路基或底基层上,并给予初步捣实和整平。这既大大增加了铺筑路面的速度、节约了成本,又提高了路面的质量。

1. 沥青混凝土摊铺机的用途和分类

沥青混凝土摊铺机(图 4-18)广泛适用于公路和城市道路的建设和养护,还用于机场、港口、停车场等工程施工。沥青混凝土摊铺机的分类:

(1)按行走装置分为轮胎式和履带式。

轮胎式摊铺机(图 4-19)一般为全桥驱动,其前轮为实心光面轮胎,实心的目的是为了防止因料斗内混合料质量的变化引起前轮的变形,而影响到摊铺厚度的变化;后轮为充气或充气液二相轮胎,可提高其爬坡及附着能力。轮胎式摊铺机可获得较大的行驶速度。机动性好,在弯道上摊铺可实现较平滑过渡。

图 4-18 沥青混凝土摊铺机外观图
a)履带式;b)轮胎式

图 4-19 轮胎式沥青混凝土摊铺机

履带式摊铺机(图 4-20)的履带为无履刺式。履带式摊铺机可获得较大的牵引力、接地比压低,对路基不平度敏感性较差。但其行驶速度较低,在弯道处摊铺会形成锯齿状。在喷洒有粘层油的路面上铺筑改性沥青混合料或 SMA 时,宜使用履带式摊铺机。

(2)按动力传动系统分为液压式、机械式和液压机械式三种。

液压式摊铺机的行走、供料、分料、整平装置和振捣器的振动、整平装置的延伸等均采用液压传动。目前,摊铺机向着全液压的方向发展,并广泛采用机电液一体化技术。

机械式摊铺机的行走、供料、分料采用机械传动,结构复杂,操作不便。由于传动链多,且中心距较大,调速性和速度匹配性较差。

液压机械式摊铺机的结构是机械式和液压式摊铺机的综合。因而结构特点和使用性能介于二者之间。

(3)按摊铺宽度分为小型、中型、大型和超大型四种。

小型摊铺机摊铺宽度一般小于 3.6m,主要用于沥青混凝土路面的养护和低等级路面的摊铺。

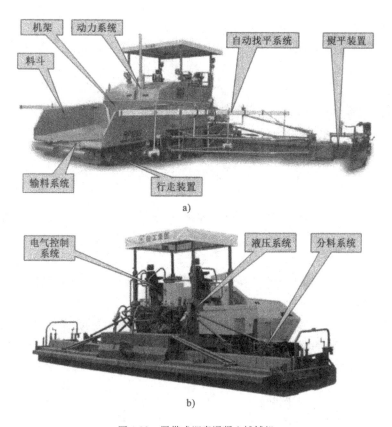

图 4-20 履带式沥青混凝土摊铺机

中型摊铺机摊铺宽度一般为 4~5m，主要用于二级以下公路的修筑和养护作业。随着自动调平系统的应用，该机型也可用于一级公路的摊铺。

大型摊铺机摊铺宽度为 5~10m，主要用于高等级路面的摊铺，传动形式以液压机械式和全液压式为主。具有自动找平系统，摊铺质量高。

超大型摊铺机摊铺宽度在 10m 以上，主要用于高速公路的施工，路面纵向接缝少，整体性好。

2. 沥青混凝土摊铺机的构造

沥青混凝土摊铺机主要由一台特制的轮胎式或履带式基础车、供料设备、工作装置以及操纵机构等部分组成（图4-19、图4-20）。

1）供料设备

供料设备由料斗、刮板输送器和闸门组成。

料斗置于机械前面，用来接受汽车卸下的混合料。它由底板与左右侧壁组成，前面敞开、后面以闸门作为后壁，其横截面有梯形和箱形两种。料斗的两侧壁连同其毗连部分（斗底）都可由其下面的油缸向中央顶翻，以便将料斗内的混合料向中央倾卸。

刮板输送器位于料斗下面，用来将料斗内的混合料连续向后输送到摊铺室内，它由一块与斗底共用的底板和两副装在链条1上的许多刮板所组成（图4-21）。链条的转动就使刮板沿底板向后移动，将斗内混合料向后刮送，一直送到摊铺室内卸下。左右两副刮板独立操纵，可控制在同速或不同速下运转。

闸门有左右两扇，可以独立升降，以控制向后输送混合料的强度。闸门开启的大小有标志,驾驶员可在驾驶室内观察到。

现代摊铺机一般设有供料电控系统,可根据摊铺室内混合料高度的变化成比例地调整供料速度。

2)工作装置

工作装置由螺旋分料器、振捣器和整平装置组成。

螺旋分料器是由两根大螺距、大叶片、螺旋方向相反的螺杆组成。它们同向旋转时,能将混合料自中间向两侧推移。

振捣器是左右两块矩形板,由液压驱动的偏心轴来驱动做上下振动,对所铺混合料进行初步振实。

整平装置(熨平板)紧贴在振捣器之后,分左右两块,由竖板与箱形纵截面的底座组成。用来熨平混合料并做成所需路拱。箱形底座中装有电加热器(远红外加热器),以便冬季施工时加热混合料。

螺旋分料器、振捣器与整平装置三者的左右外侧都可接加长段,以便摊铺更宽的路面。

3)自动调平系统

现代摊铺机都设有自动调平系统(图4-22),可根据道路不平度的变化随时调节两大臂牵引点的垂直高度,使摊铺的路面平整度符合技术要求,而不受路基不平度的影响。自动调平系统包括纵坡调平自动控制系统和横坡调平自动控制系统。

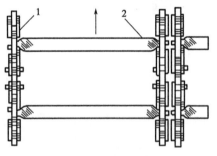

图4-21 刮板输送器
1-滚子键;2-刮板

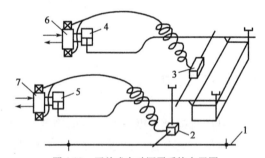

图4-22 开关式自动调平系统布置图
1-基准线;2-纵坡传感器;3-横坡传感器;4、5-调平油缸;
6、7-电磁阀

其工作情况如下:

摊铺机工作时,当左侧路面不平使左牵引臂的牵引点升降时,安装在左牵引臂上的纵坡传感器也随之升降,改变了传感器的传感臂与基准线之间的初始夹角(一般为45°),从而产生高度偏差信号,并经驱动电路推动左侧电磁阀,使调平油缸带动牵引臂的牵引点升降,直到整平装置恢复原来的工作仰角,传感器也回到原位。此时偏差信号消失,油缸停止调节。

右侧的调节与左侧相似,不同之处是它用横坡传感器检测横坡坡度的变化,只要有坡度偏差,右侧调平油缸便进行调节,直到横坡度恢复设定值。

五、沥青混凝土路面的机械化施工

1.施工工艺过程

摊铺沥青混凝土,是修建沥青混凝土路面中繁重而重要的工作之一。按其顺序包括清扫基层、运输混合料、摊铺混合料,以及整平、压实等。采用沥青混凝土摊铺机、运料车和压路机进行联合作业,就可完成沥青混凝土路面铺筑的全部过程(图4-23)。

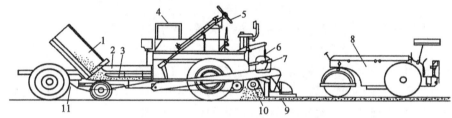

图4-23 摊铺沥青混凝土机械化工作过程

1-运料车;2-摊铺机料斗;3-刮板输送器;4-发动机;5-转向器;6-整平装置升降装;7-调整螺杆;8-压路机;9-整平装置;10-螺旋分料器;11-推滚

在摊铺沥青混凝土混合料之前,应使用路刷清扫基层表面,然后浇洒与沥青混凝土所用沥青标号相同的透油层,其定额可按施工要求决定。检查混合料的施工温度和拌和质量,检查合格的混合料即可装车运往施工地点。摊铺机摊铺混合料的施工过程如下:

(1)运料车自沥青混凝土供应基地装料运至摊铺地点。混合料的运输应注意:

①热拌沥青混合料宜采用较大吨位的运料车运输,但不得超载运输,或紧急制动、急弯掉头,以免对透层、封层造成损伤。运料车的运力应稍有富余,施工过程中摊铺机前方应有运料车等候。对于高速公路、一级公路,宜待等候的运料车多于5辆后开始摊铺。

②运料车每次使用前后必须清扫干净,在车箱板上涂一薄层防止沥青黏结的隔离剂或防粘剂,但不得有余液积聚在车箱底部。从拌和机向运料车上装料时,应多次挪动汽车位置,平衡装料,以减少混合料离析。运料车运输混合料宜用苫布覆盖保温、防雨、防污染。

③运料车进入摊铺现场时,轮胎上不得沾有泥土等可能污染路面的污物,否则宜设水池洗净轮胎后进入工程现场。沥青混合料在摊铺地点凭运料单接收,若混合料不符合施工温度要求,或已经结成团块、已遭雨淋的不得铺筑。

④SMA及OGFC混合料在运输、等候过程中,如发现有沥青结合料沿车箱板滴漏时,应采取措施予以避免。

(2)摊铺过程中,运料车应在摊铺机前10～30cm处停住,空挡等候,由摊铺机推动前进开始缓缓卸料,避免撞击摊铺机。在有条件时,运料车可将混合料卸入转运车经二次拌和后向摊铺机连续均匀地供料。运料车每次卸料必须倒净,尤其是对改性沥青或SMA混合料,如有剩余,应及时清除,防止硬结。

(3)摊铺机推着自卸汽车前进,自卸汽车边移动边向摊铺机料斗内卸料。摊铺机料斗内的混合料先由刮板输送器连续送至摊铺室内,然后再由螺旋分料器横向摊铺开来。在刮板输送器速度一定的情况下,混合料的供料强度由闸门来控制。由螺旋分料器摊铺开来的混合料由振捣器初步刮平并捣实。整平装置将振捣器初步捣实的混合料,按照技术要求(厚度和拱度)加以熨平。

(4)整平后的摊铺层由压路机最终压实。压实成型的沥青路面应符合压实度和平整度的要求。

2. 摊铺机作业参数的确定与调整

摊铺机在施工以前,应首先对机械进行一次全面的检查,发现问题应及时处理,保证机械各部分技术状况的完好,确保施工过程的顺利进行。同时,还要根据施工技术要求,做好摊铺机作业参数的确定与调整。

1)摊铺带宽度的确定和整平装置宽度的调整

现代公路路面的宽度,大都超过摊铺机整平装置的标准宽度和加宽后的总宽度,所以必须进行多次摊铺。《公路沥青路面施工技术规范》(JTG F40—2004)中规定,筑高速公路、一级公路沥青混合料时,一台摊铺机的铺筑宽度不宜超过6(双车道)~7.5m(3车道以上),通常宜采用两台或更多台数的摊铺机前后错开10~20m,阶梯组队摊铺。施工前应根据摊铺路面的总宽度,计算好所需摊铺带的次数和每次摊铺带的宽度。一般可按下式计算:

$$n = \frac{B - x}{b - x} \tag{4-7}$$

式中:n——摊铺的次数;

B——路面的总宽度,m;

b——每次摊铺带的宽度,m;

x——相邻两摊铺带的重叠量,m,一般为0.05~0.1m。

上式中,摊铺的次数 n 最好为整数。若不能为整数时,应在尽可能减少摊铺次数的前提下,使所剩最后一次摊铺带的宽度不小于摊铺机的标准摊铺宽度。实在不足时,只好用切割机来切割摊铺带。同时,在确定摊铺带宽度时,还要注意以下因素:

(1)当全路宽分两次铺完时,摊铺宽度不得使机械在已铺好的路面上行走。

(2)使用缩短的整平装置进行施工时,尽可能在第一次摊铺时使用;使用加长宽度的整平装置时,尽可能避免反复加长、缩短。

(3)摊铺狭窄道路时,可以让整平装置伸到边沟或路缘石上,但应注意振捣器不能碰到路缘石上。

(4)上下层的接缝应错开20cm以上。

(5)摊铺纵向接缝时,整平装置与相邻的路面应重叠5~10cm。

(6)摊铺下层时,为了便于机械转向,熨平装置的端头与路缘石、边沟间距,应保留10cm以上。

(7)摊铺大坡度路段时,应从低的路段开始;摊铺单向横坡时,应从内侧向外侧进行。

2)摊铺厚度的确定和整平装置仰角的调整

为了保证摊铺层厚度经碾压密实后符合设计要求,一般按下列顺序调整摊铺厚度:

(1)摊铺工作开始前,加工好两块木块,作为摊铺厚度的基准。木块的宽度为5~10cm,

长与整平装置纵向尺寸相同或稍长,厚度为铺层厚加压实量(沥青混合料的松铺系数应根据混合料类型由试铺试压确定,一般为铺层厚的 1.15~1.2 倍)。在摊铺机的行驶装置停置于摊铺带起点的平整处后,抬起整平装置,将两木块分别置放于整平装置的两端下面,如图 4-24 所示。如果整平装置采用加宽节段,垫木不可置放于接缝处,而应置于加宽节段的边侧内端。

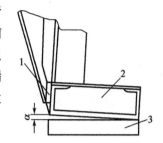

图 4-24 用木块确定摊铺厚度
1-振捣板;2-整平装置;3-木垫块;
α-仰角

(2)垫木置好后,打开液压阀,使整平装置的升降油缸处于自由浮动状态(油缸最好采用单作用式,当它处于浮动位置时,绝对不能有向下的液体压力,否则行驶装置将被抬升,影响到铺层厚度的准确性)。此后,转动左右两个厚度调节器的螺杆,使其处于中立位置。此时,整平装置只靠自重落在垫木上,不受其他垂直载荷的作用。

(3)为了减少整平装置底座的前移阻力,整平装置放置好后,接着要调整整平装置的初始工作仰角。仰角的调整视机型的不同、铺层厚度的不同,以及混合料种类和温度等因素而异,各机型的使用说明书中都有规定。在一般情况下,可将调节螺杆右旋(使整平装置后端向下压)1~1.25 圈即可。此时,整平装置的前端微升,形成 20′~40′ 的仰角。摊铺厚度较大时,初始仰角应稍大些。

(4)按上述方法初步确定铺层厚度后,还要在开铺后立即用深度测量仪来复核其实际铺层厚度,必要时再转动厚度调节器进行调整。考虑到路基的不平度,复测时应分几处测试,取其平均值;对于凹凸不平较为明显的路基,几处测量仍难求得正确的厚度值时,可用摊铺的面积和所用混合料的数量求得,其平均厚度 h 可按下式计算:

$$h = \frac{100G}{\gamma A} \quad (\text{cm}) \tag{4-8}$$

式中:G——所用混合料的质量,t;
γ——未最终压实的混合料密度,约为 2.0t/m^3;
A——摊铺的面积,m^2。

对于采用自动调平装置的摊铺机,在施工过程中,铺层厚度可自动控制,不必人工调整。

3)摊铺层拱度的调整

为了达到道路横断面设计拱度的要求,在摊铺机上大都设有拱度调节机构。在摊铺工作时,通过转动拱度调节器,以达到所需的拱度形状,并用整平装置底面、拉线绳校对。

在铺筑旧路面时,如旧沥青路面的拱度合适,可将整平装置贴在旧路面上调拱。摊铺开始后,以铺出的新路面进行拱度对比,如不合适,再予以调整。

摊铺层拱度可在调整摊铺层厚度和整平装置仰角时同时进行,无特殊情况,铺筑同一摊铺带时不再调整。

4)振捣器振动频率的选择

为了保证沥青混凝土摊铺层有足够的密实度和平整度,振动频率与摊铺速度应相互匹配。特别是在摊铺细粒度沥青混凝土薄面层时更应注意。经验证明:摊铺机每前进 5mm,振捣板最少振捣一次以上,即摊铺机以 3m/min 工作速度施工,振捣板的振动频率不应低于 600 次/min。

振捣板振动频率除与工作速度相匹配外,还应考虑其他因素的影响。例如:摊铺厚度增大,捣固行程增大;材料集料粒径增大、混合料温度较低时,振动频率调低些。

5）整平装置的加热

在每天开始施工前或停工后再工作时,应提前 0.5~1h 预热整平装置(熨平板)不低于 100℃,即使在炎热的夏季也应如此。因为沥青混合料摊铺时的温度要求在 100℃以上,当混合料碰到 30℃以下的整平装置底面时,将会冷粘在上面,这些黏附的颗粒料随整平装置一起向前滑移时,会拉坏铺层表面,而形成沟槽和裂纹。如果先对整平装置进行加热,则加热后的整平装置可对铺层起到熨烫的作用,避免了混合料的黏结,从而使路面平整光滑。但是,加热整平装置时,不可过热。整平装置过热除了易使板本身变形、加速磨损外,还会使铺层表面烫出沥青胶浆和拉沟。因此施工中一旦发现此种现象应立即停止加热。

在连续的摊铺过程中,当整平装置已充分受热时,可暂停对其加热。但对于摊铺低温混合料和沥青胶砂时,在较低的气温下,应对整平装置连续加热,以使板底对混合料经常起着熨烫作用。

6）摊铺机工作速度的选择

摊铺机必须缓慢、均匀、连续不间断地摊铺,不得随意变换速度或中途停顿,以提高平整度,减少混合料的离析。摊铺速度宜控制在 2~6m/min 的范围内,对改性沥青混合料及 SMA 混合料宜放慢至 1~3m/min。当发现混合料出现明显的离析、波浪、裂缝、拖痕时,应分析原因,予以消除。

摊铺机断续工作,会使路面形成台阶状。在摊铺粗粒沥青混合料时,如摊铺机停歇过久,因混合料已冷凝,以致难以压到所需的密实度,而新摊铺层,随之压实,其厚度将减小,因而在搭接处便形成台阶状的接缝。在摊铺面层细粒沥青混合料时,若摊铺机停歇过久,则会由于熨平装置自身的重力而下沉,在该处出现台阶状。因此,为了保证摊铺机工作的连续性,确保铺筑路面的质量,在选择摊铺速度时,首先要考虑混合料的供应能力,它包括沥青混凝土拌和设备的生产能力和运输车辆的运输能力。同时,还要考虑摊铺的宽度、厚度。当摊铺机的供料能力即刮板输送器的输送能力一定时,摊铺机的工作速度可按下式计算：

$$v = \frac{100Q}{60bh\gamma} \tag{4-9}$$

式中：Q——混合料的供给能力,t/h;

h——压实后的摊铺厚度,cm;

b——摊铺的宽度,m;

γ——沥青混合料压实后的容量,2.35t/m³。

另外,实际选择摊铺速度时,还要考虑所用混合料的类型、温度、交通条件及铺层的层次等。一般底层的摊铺速度较快,约为 10m/min;面层的摊铺较慢,为 6m/min 以下,以得到足够的密度和平整度;摊铺薄细料罩面层时,要更慢些,因为速度减慢,铺层可得到较多的振捣次数(一般要求摊铺机每前进 1m,振捣梁的振捣次数不应小于 200 次)。

现代化摊铺机一般设有电子自动调速系统,摊铺机速度一旦确定,就应力求保持恒定。因为当摊铺速度改变时,振捣器作用于单位面积上的振捣次数将随之改变,从而导致铺层密实度、厚度发生改变,影响到路面的质量。

在确定了摊铺速度后,如果拌和设备的生产能力(应稍大于摊铺机的生产率)足够,应计算出所需运输车辆的数量,并要妥善做好施工组织工作,使车辆既不中断混合料的供应,又不造成混合料的积压。

7)摊铺机供料机构的正确操作

摊铺机的供料机构包括通过闸门向后供料到摊铺室的刮板输送器和向两侧布料的螺旋分料器两部分。供料时,二者应密切配合,工作速度应匹配恰当。在确定了它们的工作速度后,要力求保持一致,确保摊铺路面的平整度。

刮板输送器的供料速度及闸门的开启度,共同影响着向摊铺室的供料量。通常,刮板输送的供料速度确定后,便保持恒定。因此向摊铺室的供料基本依靠闸门的开启度来调节。在摊铺速度恒定时,闸门开启过大(图4-25a),使得螺旋分料器来不及把刮板输器送来的混合料向两侧分布,而使摊铺室中部积料过多,形成高堆,从而造成螺旋分料器的过载,加速其叶片的磨损。同时也增加了整平装置的前进阻力,破坏了整平装置的受力平衡,使整平装置自动浮起,铺层厚度增加。如果关小闸门(图4-25c)或暂停刮板输送器的运转,一旦掌握不好操作方法,又会使摊铺室内的混合料突然减少,摊铺室中部料堆高度下陷,密实度降低,同时对整平装置的阻力减小,破坏了整平装置的受力平衡,使整平装置下沉,铺层厚度减少。

摊铺室内最恰当的混合料数量(图4-25b)是料堆高度平齐于或略高于螺旋分料器的轴心线。即以稍微看见螺旋分料器的螺旋叶片或刚盖住叶片为宜。另外,料堆的高度应保持一致。因此要求螺旋分料器的转速应均衡。

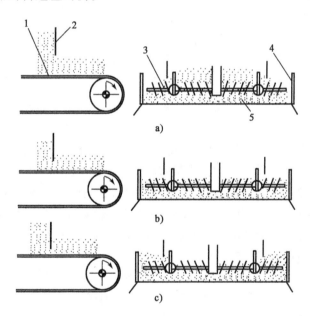

4-25 各闸门开度对沥青混合料沿整平装置宽度方向分布的现象
1-刮板输送器;2-料斗闸门;3-螺旋分料器;4-侧板;5-沥青混合料

闸门的最佳开度,应在保证摊铺室内混合料处于上述正确高度状态下,使刮板输送器和螺旋分料器在全部工作时间内,都要保持连续运转。但由于路基的不平以及诸多复杂的因素,为保证摊铺室内混合料维持标准高度,刮板输送器与螺旋分料器不可避免地要有暂停运转和再起动的情况发生。不过这种情况越少越好,因为频繁地停转与再起动,会加快其传动机构的磨损。一般要求其动转时间占全部工作时间的80%~90%。

为了保持摊铺室内混合料高度经常处于标准状态。现代摊铺机一般都配有供料电控系统,对供料速度和闸门的开度进行自动控制。

无论是手动操纵还是自动供料控制,都必须要求运输车辆对摊铺机有足够持续的供料量。一旦出现摊铺机停机待料,为了避免摊铺机料斗内混合料的温度降低而凝结在料斗内,摊铺机必须将余料一次摊铺完。如果不这样做,除了造成铺层波浪起伏外,还会加速刮板输送器的磨损。

8) 摊铺带长度的确定

用一台摊铺机分幅摊铺,如果摊铺长度过长,在摊铺下一幅时,因第一条摊铺带的混合料已凝固,结合处温差较大,难以结合,会出现纵向接缝,影响到路面的质量;如果摊铺长度过短,则影响生产率,增加横向接缝。因此,必须确定合适的摊铺长度。

摊铺带的合适长度与施工地点的气温有关,同时还要考虑施工线路总长度、摊铺速度、混合料摊铺温度、工作环境和交通条件等。表4-2列举了不同温度、环境条件下的摊铺长度,可供选择。

摊铺带长度的选择　　　　表 4-2

无风时气温(℃)	摊铺带长度(m)	
	防风处、建筑物段、林带和深路堑	开阔路段
5~10	30~60	25~30
10~15	60~100	30~50
15~25	100~150	50~80
>25	150~200	80~100

3. 摊铺接缝的施工方法

1) 纵向接缝的施工

两条毗连的摊铺带,其接缝处必然有一部分搭接,才能保证该处与其他部分具有相同的厚度和平整度。搭接的宽度应前后一致。搭接有冷接缝与热接缝两种。

冷接缝是指新铺层与经过压实后的已铺层的搭接,如图4-26所示。搭接宽度为3~5cm,过宽会使接缝处压实不足,产生热裂纹。新铺层的厚度必须与已铺层未压实前同厚。对新铺层的碾压,在压实前拣出搭接处的大粒碎石。压实时,第一次只碾压到离前一条摊铺带边缘20~30cm处。以后依次移过纵向接缝。

热接缝是指使用两台或两台以上摊铺机并列(前后相隔10~20m)施工时,两条摊铺带的搭接,如图4-27所示。此时,两条毗邻摊铺带的混合料都还处于压实前的热状态,所以纵向接缝易于处理,连接强度较好。毗邻摊铺带的搭接宽度为3~6cm。碾压第一条摊铺带时,要离其接缝边缘约30cm暂不碾压,该处留待碾压第二条摊铺带时一起压过。

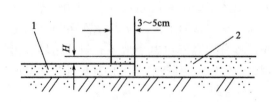

图 4-26 冷接缝处理
1-第一条摊铺带;2-第二条摊铺带;H-压实量

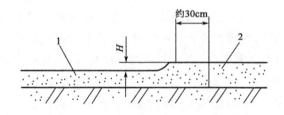

图 4-27 热接缝处理
1-第一条摊铺带;2-第二条摊铺带;H-压实量

对纵向接缝,不管采用冷接法还是热接法,摊铺带的边缘都必须齐整,这就要求机械在直线和弯道上行驶时,都应始终保持正确位置。为此,可沿摊铺带的一侧敷设一根导线,在机械上安置一根带链条的悬杆。作业时,驾驶员只要使所悬链条对准导线,就能保证机械行驶方向的准确性。

2) 横向接缝的施工

横向接缝是摊铺施工中无法避免的。前后两条摊铺带横向接缝的质量好坏,对路面的平整度影响很大,它比纵向接缝对汽车行驶速度和舒适性的影响要大得多。所以必须妥善处理。为了减少横向接缝,每条摊铺带在一天的施工中应尽可能长些,最好是一个工班只留一条接缝。横向接缝基本上都是冷接缝。

处理好横向接缝的一个基本原则是,要将第一条摊铺带的尽头边缘铲成上下垂直状,并与纵向边缘呈直角,接铺层的厚度为前一条摊铺带厚度加压实量。

4. 自动找平装置的运用

现代摊铺机一般都设有自动找平装置。使用自动找平装置,必须事先选好纵坡基准。基准有专设的弦线和现成的基准(如已铺的路面、平整的路缘石、路基等)。

1) 弦线基准及其敷设

当路基高低不平、边侧又无平坦的基准面可供参考时,可采用弦线基准。它是在道路的边侧专门设置具有规定纵坡的基准线。摊铺机工作时,传感器的触件沿着基准线移动。这是一种精确度很高的基准形式,一般由弦线、铁立杆、弹簧秤和张紧器等部分组成。常用于路面的下面层或基层。

基准线常用钢丝和尼龙线。

钢丝一般使用直径为 2~2.5mm 的弹簧钢丝,每根长度以 200m 为宜,过长不易拉紧。总数量要满足两、三天的施工用量。其优点是不受外界气候变化的影响;缺点是张紧比较困难,易出现松弛线段,需做脚踩实验。200m 长钢丝的张紧力一般需 800~1000N。

尼龙线的缺点是遇水会伸长,所以在遭受露水、雨水或受潮后都要重新张紧。每天开工前,都要复查其张紧度,必要时应进行张紧。但尼龙线柔软,使用方便,所以使用仍较多。每根尼龙线长 150~200m,张紧力为 300~400N。

基准线的敷设,如图 4-28 所示。两立杆的间距一般为 5~10m,弯道处要短些。标桩用于测拉线的高程,应设在立杆附近,以便于检查。其数量视坡度变化程度而定。敷设基准线时,除了应按规定的纵坡保证各支点都处于正确的高程位置外,还要注意其纵向走向的准确性,最好使每根立杆与路面中线的距离都相等。这样,同时可充当前面所述的导向线。敷设好的基准线必须复核其高程的准确性,如果高程不准确,非但失去了使用自动找平装置的意义,反而会出现不平整或纵坡不合要求的铺层。另外,为了避免施工过程中发生碰撞,在各立杆上要做出醒目的标志,以引起人们的注意。

2) 现成的基准

现成的基准有较平整的路基、已铺好的路面、较平整的路缘石和坚实的边沟等。但选用路缘石或硬边沟作基准面时,应检查它们的表面是否平整,可否用作基准,然后才能正式使用。

传感器的接触件有滑靴(雪橇式)、平衡梁等,应视所参考的基准面种类而定。对于底层的铺筑,以原路基作基准,可视原路基的平整情况,采用长短不一的平均直梁或带小脚(或小滚轮)的平衡梁作接触件。以铺好的路面作基准,常用于摊铺纵向毗邻的摊铺带。此时由于已铺路面较平整,可采用滑靴作接触件。对冷接缝施工,滑靴应置于离摊铺带边缘 30~40cm 处,因为已铺摊铺带经碾压后,其边缘会产生变形。对热接缝施工,滑靴可置于未碾压摊铺带的边缘处。铺筑改性沥青或 SMA 路面时,宜采用非接触式平衡梁。

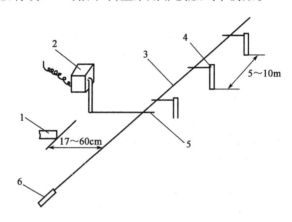

图 4-28 基准线的安装
1-整平装置;2-纵向控制器;3-基准线;4-支撑桩;5-传感器;6-拉力计

3) 纵向传感器的安置、检查与调整

纵向传感器在安装妥善后,要将灵敏度调整旋钮调整在其"死区"的中立位置("死区"范围一般都在出厂时调整好,不必再进行调整)。调整之前,首先要检查左右牵引臂铰点的高度是否一致,其适当的高度应是油缸行程处于中心位置。调整时要将牵引臂的铰销锁住。传感器处于中立时,传感器控制面板上的信号指示灯熄灭,如果信号指示灯是亮着的,则表明它还未处在中立位置,需重新调整。调好后,将传感器的工作选择开关拨到"工作"位置,打开电源开关,预热 10min,等到摊铺机向前摊铺 10~15m,铺层厚度达到规定值时,就可让自动调平装置投入工作。

4) 横坡的控制

一般情况,铺层的横坡由横坡控制系统配合一侧的纵坡传感器来控制。但是如果一次摊铺的宽度较大(6m 以上),由于整平装置的横向刚性降低,容易出现变形,使横坡传感器的检测精度降低,此时常改用左右两侧的纵坡控制系统进行控制。当路面的横坡变化过大时,也常如此。横坡控制系统包括横坡传感器、横坡选择器和控制器等。

横坡传感器的"死区"在 ±0.2% 左右时,工作较为顺利。近年来的一些产品,已提高到 ±0.02%。

当机械直线摊铺时,只要给定设计的横坡值,就能实现自动控制。但在弯道上摊铺时,因转弯半径不同,横坡值也不同,这很难实现自动控制。为了操作正确,可事先在弯道地段每隔 5m 打一标桩,将各桩处的坡度值记入表格,并画出曲线图,如图 4-29 所示。如果转弯半径很小,两桩的间距可适当缩小,最小为 1m,但在进出弯道处所设标桩间距可大些。作业时操作人员根据图表,在进入某标桩之前约 2m 处,提前调整横坡选择器(因为横坡的实际变化滞后于调整动作)。例如:图中弯道标桩 A 处的横坡为 3%,横坡选择器提前 2m,在 B 处就要调到 3% 的位置。

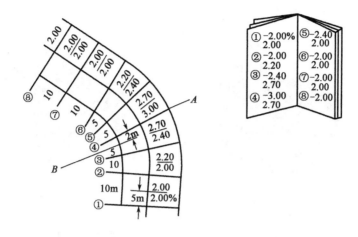

图 4-29 弯道路段横坡变化图表

第三节 水泥混凝土路面机械及其施工技术

水泥混凝土路面是将水泥、砂、碎石和水按适当比例配合,拌和后经摊铺、振捣、整平和养生而成为一块板状的路面。水泥混凝土路面和沥青混凝土路面相比,具有承载能力大、稳定性好、使用寿命长、平整度好、养护费用低等优点。适用于重载、高速、交通量大的道路。水泥混凝土路面机械主要有:搅拌设备、输送设备、摊铺机、整面机、切缝机、真空脱水设备等。本节主要介绍搅拌设备、摊铺机及水泥混凝土路面施工等。

一、水泥混凝土搅拌机

水泥混凝土搅拌机是将一定配合比的水泥、砂子、碎石(集料)和水等拌制成水泥混凝土的机械。

1. 搅拌机的用途、分类和型号

水泥混凝土搅拌机的用途就是机械化地拌制水泥混凝土,其种类较多,分类方法和特点如下。

(1)按作业方式分为间歇作业式和连续作业式两种。

间歇作业式(图4-30)的供料、搅拌、卸料三道工序是按一定的时间间隔周期进行的,即按份拌制。由于拌制的各种物料都经过准确的称量,故搅拌质量好。目前大多采此种类型的作业方式。

连续作业式的上述三道工序是在一个较长的筒体内连续进行的。虽然其生产率较循环作业式高,但由于各料的配合比、搅拌时间难以控制,故搅拌质量较差。目前使用较少。

(2)按搅拌方式分为自落式搅拌、强制式搅拌两种。

自落式搅拌机(图4-30a、b)就是把混合料放在一个旋转的搅拌鼓内,随着搅拌鼓的旋转,鼓内的叶片把混合料提升到一定的高度,然后靠自重撒落下来。这样周而复始地进行,直至拌匀为止。这种搅拌机一般拌制塑性和半塑性混凝土。

图 4-30 搅拌机外观图

强制式搅拌机(图 4-30d)是搅拌鼓不动,而由鼓内旋转轴上均置的叶片强制搅拌。这种搅拌机拌制质量好,生产效率高;但动力消耗大,且叶片磨损快。一般适用于拌制干硬性混凝土。

(3)按装置方式分为固定式和移动式两种。

固定式搅拌机是安装在预先准备好的基础上,整机不能移动。它的体积大,生产效率高。多用于搅拌楼或搅拌站。

移动式搅拌机(图 4-30a、b、c)本身有行驶车轮,且体积小,重量轻,故机动性能好。应用于中小型临时工程。

(4)按出料方式分为倾翻式和非倾翻式两种。

倾翻式(图 4-30c)靠搅拌鼓倾翻卸料,而非倾翻式(图 4-30a、b)靠搅拌鼓反转卸料。

(5)按搅拌鼓的形状不同,有梨形(图 4-30a、b)、鼓筒形、双锥形(图 4-30c)、圆盘立轴式(图 4-30d)和圆槽卧轴式五种。前三种系自落式搅拌;后两种为强制式搅拌。

(6)按搅拌容量分为大型(出料容量 1000~6000L)、中型(出料容量 300~500L)和小型(出料容量 50~250L)。

各搅拌机的分类,见图 4-31。

2. 锥形反转出料混凝土搅拌机

锥形反转出料搅拌机具有结构简单、搅拌质量好、生产率高、易实现自动控制等优点,是作为逐步取代鼓筒搅拌机的一种机型。它主要有以电动机为动力的 JZ 系列型号和 JZY 系列型号,也有部分以柴油机为动力的 JZR 系列型号。

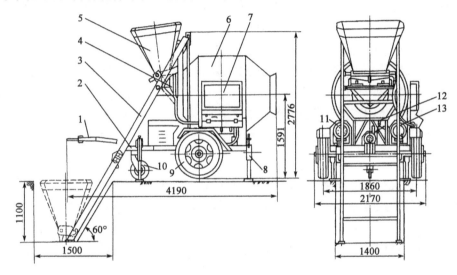

图 4-31 水泥混凝土搅拌分类图

图 4-32 为 JZ350 型搅拌机,该机进料容量为 560L,额定出料容量为 350L,生产率为 11~13m³/h。其主要机构有搅拌系统、进料装置、供水系统、底盘和电气控制系统等。

图 4-32 JZ350 型搅拌机

1-牵引架;2-底盘;3-上料架;4-中间料斗;5-料斗;6-搅拌筒;7-电气箱;8-支腿;9-行走轮;10-前支轮;11-搅拌动力和传动机构;12-供水系统;13-卷扬系统

1) 搅拌系统

锥形反转出料搅拌机的搅拌筒见图 4-33,搅拌筒由中间的圆柱体及其两端的截头圆锥组成,通常采用钢板卷焊而成。搅拌筒内有两组交叉布置的搅拌叶片,分别与搅拌筒轴线呈 45°和 40°夹角,且呈相反方向。其中一组较长的主叶片直接与筒壁相连;另一组较短的副叶片则由撑脚架起。当搅拌筒转动时,叶片除使物料做提升和自由下落运动外,还强迫物料沿斜面做轴向窜动,并借助于两端锥形筒体的挤压作用,从而使筒内物料在撒落的同时又形成沿轴向往返交叉运动,大大强化了搅拌作用,提高了搅拌效率和搅拌质量。

在搅拌筒的进料圆锥一端,焊有两块挡料叶片,防止进料口处漏浆。在出料圆锥一端,对称地布置一对与副叶片倾斜方向一致的螺旋形出料叶片。当搅拌筒正转

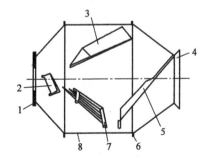

图 4-33 JZ350 型搅拌机的搅拌筒

1-进料口圈;2-挡料叶片;3-主叶片;4-出料口圈;5-出料叶片;6-挡圈;7-副叶片;8-筒体

时,螺旋运动方向朝里,将物料推向筒内;搅拌筒反转时,螺旋叶片运动方向朝外,将搅拌好的混凝土卸出。

2）进料装置

上料装置由料斗、上料架、中间料斗和传动装置等组成,上料架轨道的下端可向上翻转折叠,以便运输或转场;其上端与机架焊接,以便安装和增加刚性。

料斗提升电动机通过减速器减速后驱动钢丝绳卷筒,钢丝绳通过滑轮组牵引料斗上升。当料斗提升到卸料位置时,由电气控制装置控制,料斗便停止在卸料位置上卸料。

3）供水系统

供水系统由电动机、水泵、节流阀、管路等组成。它是由电动机带动水泵直接向搅拌筒供水,设有节流阀调节水的流量,通过时间继电器控制水泵供水时间来实现定量供水。工作时,根据每罐混凝土所需水量,将时间继电器的表盘指针拨至对应的时间刻度上,按下水泵起动开关即开始供水;当其指针回零时,水泵电动机断电,供水终止。

4）电气控制系统

搅拌筒的正转、停止、反转以及水泵的运转和停止分别由五个控制按钮来实现。供水量由时间继电器的延时多少来确定。

此外,该型搅拌机的整机安装在单轴拖式底盘上,既可低速拖行转场,也可由载货车装运转场。底盘有四个支脚,以保持停机和工作时的稳定性。

3. 搅拌机的使用

（1）为了保证混合料的拌制质量,必须使碎石、砂子和水泥按要求称量准确;并在搅拌前,按要求调整好水箱指示牌上指针的位置,以控制供水量。要严格掌握好搅拌时间,同时要求进料斗卸料干净,否则会影响下一份混合料的配合比。

（2）在向进料斗内装料时,应注意装料顺序,即碎石在下、水泥在中、砂子在上,这样料斗升起时不致引起水泥飞扬。

（3）工作完后,应向搅拌鼓内倒进一些碎石或砂子,搅拌 10min 再放出。否则鼓内的余料凝固后,很难清除。

二、水泥混凝土搅拌站

水泥混凝土搅拌站（搅拌楼）是用来搅拌混凝土的联合装置,亦称混凝土工厂,如图 4-34 所示。因其机械化和自动化程度较高、生产率较大,故常用于混凝土工程量大、施工周期长、施工集中的公路路面与桥梁工程、大中型水利电力工程、建筑施工以及混凝土制品工厂中。

1. 泥混凝土搅拌站的用途和分类

1）按工艺布置形式分为单阶式和双阶式

碎石、砂子和水泥等材料一次就提升到搅拌站最高层的储料斗,然后配料称量直到搅拌成成品料,均借物料自重下落而形成垂直生产工艺体系,其工艺流程如图 4-35 所示。它具有生产率高,动力消耗小,机械化和自动化程度高,布置紧凑,占地面积小等特点;但其设备较复杂,基建投资大。故常用于大型永久性搅拌站。

碎石、砂子和水泥等材料分两次提升,第一次将材料提升至储料斗,经配料称量后,第二次再将材料提升并卸入搅拌机,其工艺流程如图 4-36 所示。它具有设备简单,投资少,建设快等优点；但其机械化和自动化程度较低，占地面积大，动力消耗多，故主要用于中小型搅拌站。

图 4-34 水泥混凝土搅拌站外观图

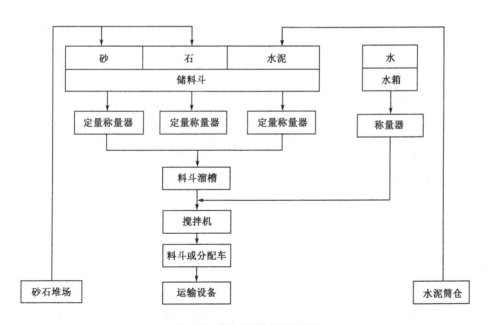

图 4-35 单阶式搅拌站工艺流程

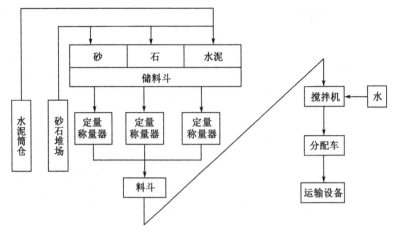

图4-36 双阶式搅拌站工艺流程

2)按装置方式分为固定式和移动式

前者适用于永久性的搅拌站;后者则适用于施工现场。

3)按搅拌机平面布置形式分为巢式和直线式

巢式是数台搅拌机环绕着一个共同的装料和出料中心布置,其特点是数台搅拌机共用一套称量装置,但一次只能搅拌一个品种的混凝土。

直线式是指数台搅拌机排列成一列或两列,这种布置形式的每台搅拌机均需配备一套称量装置,但能同时搅拌几个品种的混凝土。

2. 水泥混凝土搅拌站

在目前的公路与桥梁施工中,水泥混凝土搅拌站已是修建高等级水泥混凝土路面和大型桥梁工程不可缺少的主要设备之一,下面以常用双阶移动式为例,介绍水泥混凝土搅拌站的主要组成与工作原理。

双阶移动式混凝土搅拌站(图4-37)主要由混凝土搅拌机、集料与水泥称量设备、供水及称量设备、集料堆场、水泥筒仓、运输机械、控制系统等部分组成。

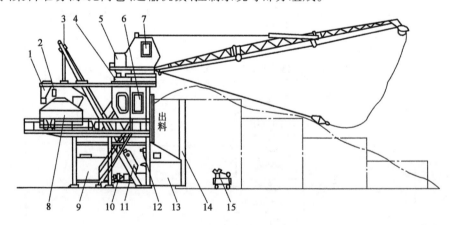

图4-37 双阶移动式混凝土搅拌站

1-水泥秤;2-示值表;3-料斗卷扬机;4-回转机构;5-拉铲绞车;6-主操作室;7-拉铲操作室;8-搅拌机;9-水箱;10-水泵;11-提升料斗;12-电磁气阀;13-集料秤;14-分壁柱;15-空气压缩机

(1)混凝土搅拌机:混凝土搅拌机采用涡桨式,搅拌机额定容积 $0.5m^3$,生产率为 $25m^3/h$。

(2)集料的输送及储存:集料堆集在搅拌站的后部,用隔墙隔成若干个独立的料仓,分别储存砂子、石子。采用拉铲把半圆形堆料场的材料堆集起来,并将砂子及两种规格的石子分别运送到三个出料区上部。当控制出料区的三个闸门依次打开时,流入秤斗的砂石料由秤进行累计称量。

(3)集料的称量装置:集料称量秤由秤斗、秤盘、一级杠杆、二级杠杆和弹簧表头等主要部分组成。弹簧表头是秤的关键部分,精度为 $0.2\% \sim 0.5\%$,表盘上有三个定针,分别用来预选三种不同集料的质量,当动针与定针重合时就发出信号,控制集料出料区三个闸门的开闭。

(4)集料提升装置:在提升料斗完成集料称量后,由专门的卷扬机牵引料斗沿轨道向上提升。料斗升至搅拌机上方时,料斗的底门打开,集料落入搅拌机。料斗下降转入水平轨道时速度减慢,在轨道末端设有挡块,以减小料斗进入秤盘时的冲击力。

(5)水泥筒仓与水泥称量装置:两个水泥筒仓分别安装在搅拌站的两侧(图中未表示)。筒仓底部装有闸门和给料器,并与螺旋输送机相连接,由螺旋输送机将水泥输送至水泥秤斗进行称量。在表盘上设有一动针与定针,当两针重合时,螺旋输送机停止运转,从而完成水泥的称量。

(6)供水及称量设备:搅拌用水由水泵抽水经计量水表、管道送入拌筒。用计量水表称量用水。当达到规定水量时,水泵停止供水。

(7)控制系统:混凝土搅拌站采用电气控制系统。称料时,料仓闸门或给料器的开闭、搅拌机搅拌时间、搅拌机卸料闸门的开闭等工艺过程,可以按规定的程序自动运行。

三、水泥混凝土摊铺机

1. 水泥混凝土摊铺机的用途和分类

水泥混凝土摊铺机(图4-38)是将从搅拌输送车或自卸汽车中卸出的混合料,沿路基按给定的厚度、宽度及路型进行摊铺的机械。目前,水泥混凝土摊铺机主要有两种,一种是轨模式摊铺机,另一种是滑模式摊铺机。摊铺机摊铺器的形式有螺旋式、回转铲式和箱式。

螺旋式摊铺器是利用正反方向旋转的螺旋杆(直径约50cm)将混合料摊开(和沥青混凝土摊铺机分料器相似)。螺旋杆后面有刮板,可以准确调整摊铺层厚度。这种摊铺器摊铺能力大,目前在滑模式和轨模式摊铺机上均有采用。

回转铲式摊铺器的匀料铲可回转180°,同时,可在前面的导管上左右移动,将卸下的混合料直接摊铺在路基上。匀料铲的高度可无级调整,故能随意调节布料高度。这种摊铺器比其他类型摊铺器的重量轻,容易操作,但摊铺能力较小。目前在轨模式摊铺机上采用较多。

箱式摊铺器是一装满混合料的钢制箱子。机械前进时,箱子横向移动,其下端按松铺高度刮平混合料。由于混合料全部放在箱内,重量大,故摊铺均匀准确,故障较少,但作业效率低,目前仅用在周期作业的轨模式摊铺机上。

2. 轨模式水泥混凝土摊铺机

轨模式摊铺机(图4-39)是由摊铺机、整面机、修光机等组成的摊铺列车。施工时,列车在轨模上通过就可铺筑好一条行车带。轨模既是列车的行驶轨道,又是水泥混凝土的模板。摊铺机上装有摊铺器(又称布料器),用来将倾卸在路基上的水泥混凝土按一定的厚度均匀地摊铺在路基上。摊铺机在摊铺水泥混凝土时,轨模是固定不动的。

图 4-38 水泥混凝土摊铺机外观图

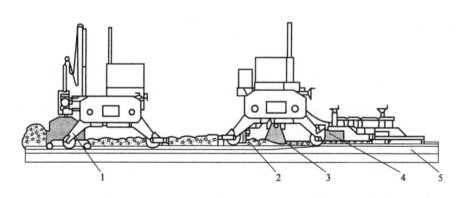

图 4-39 轨道式摊铺机(弗格勒)
1-摊铺器(回转铲式);2-顶平整刮板;3-振捣装置;4-修光器;5-轨模

轨模式摊铺机结构简单,但在摊铺作业中铺设和调整轨道十分不便。

3. 滑模式水泥混凝土摊铺机

滑模式水泥混凝土摊铺机(图 4-40)是连续作业式机械,它由动力传动、主机架、四条履带支腿总成、螺旋布料器、虚方控制板、振捣棒、捣实板、成型模板、浮动模板、边模板、自动找平和自动转向系统组成。其摊铺工艺流程(图 4-41)为:螺旋布料器→虚方控制板→振动棒→捣实板→成型模板→浮动模板→自动磨光机→拖布,摊铺完成后,拉毛、喷洒养生剂、切缝等工序由另外的机械完成。

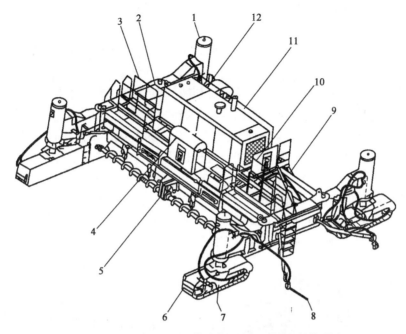

图 4-40　SF350 型四履带滑模式水泥混凝土摊铺机的外形图
1-支腿装置;2-喷水装置;3-机架伸缩部分;4-操作控制台;5-摊铺装置;6-履带装置;7-转向装置;8-自动找平装置;9-伸缩梁;10-中间通道;11-发动机组;12-油箱组

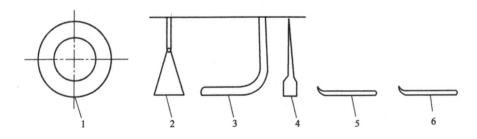

图 4-41　SF-350 摊铺机主要工艺流程图
1-螺旋布料器;2-虚方控制板;3-振捣棒;4-捣实板;5-成型模板;6-浮动模板

近几年来,国外综合了轨模式和滑模式两者的长处,生产出了轨道滑模式水泥混凝土摊铺机。摊铺机用履带行走,被其牵引的装有滑模板的整面机、修光机等在轨道上行走。该摊铺机亦可用来摊铺沥青混凝土,一机两用。

四、切缝机

水泥混凝土路面有横缝和纵缝之分。横缝有伸缝和缩缝两种。路面每隔 6~8m 设置的一条横缝叫缩缝,一般做成假缝形式,缝宽约 1cm,缝内填塞沥青类材料,以防渗水。路面每隔 30~40m 设置一条横缝叫作伸缝,必须做成透底缝形式,缝宽 1~2cm,缝的下部填以软木或甘蔗板,上部用沥青填料封口。根据实践经验,有些地区的伸缝距离可以增长,甚至可以取消。通常在 7m 宽的路面中间设置一条纵缝。路面宽度超过双车道时,纵缝的距离按一条车道的宽度确定。纵缝可按缩缝形式做成假缝。

切缝机就是专门对水泥混凝土等进行高效率切割的设备。主要用于公路路面、机场道路和广场等可以连续大面积摊铺的施工,然后再用切缝机做伸缩缝切割,使得伸缩缝笔直、光滑、美观,并可以提高工作效率。另外,切缝机还可以用于沥青混凝土、石料、陶瓷制品及路面修补作业的坑槽等方面的切割。

切缝机按其工作原理的不同可分为手持式切缝机和盘式切缝机两种。

手持式切缝机是把一种电动或气动的偏心式振动器安装在一块长板条上而成的。该切缝机利用偏心电动机旋转时产生的振动,把振动沉板压入未凝固的混凝土内并停留4~7min后拔出,这样划出的切缝较为清晰,并能增加混凝土边缘强度和切缝处的外观,提高混凝土铺砌层的质量。

盘式切缝机(图4-42)由切割、进刀、行走、定位导向和冷却五部分组成。工作时,电动机通过皮带轮带动盘式圆钢轮或圆砂轮旋转进行切割工作。用圆钢轮切缝时,由于水泥混凝土用摊铺机上捣实机械配合而具有坚固而整齐的边缘。

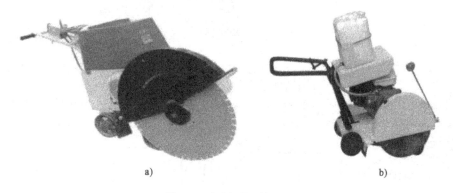

图4-42 盘式切缝机外观图

五、水泥混凝土路面机械化施工

1. 水泥混凝土路面施工工艺过程

水泥混凝土路面施工工艺过程,见图4-43。图中定线放样工序首先由施工技术人员完成,而其他各工序必须根据施工单位所具有机械的类型、数量及施工方法来确定。图示水泥混凝土路面的施工工艺过程,既适用于人工、小型机械化施工,也适用于全机械化施工。在全机械化施工过程中,由于使用机械类型不同,有些工序可交叉进行或省略,如使用自动控制滑模式水泥混凝土摊铺机时,就不需要安装边模(或轨模)这道工序。

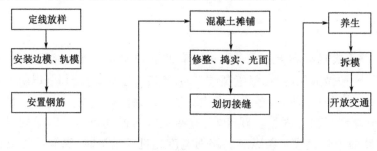

图4-43 水泥混凝土路面施工工艺过程

1)安装边模

模板一般架立在路中心线、纵缝处或路边线处,可选用木模板或钢模板,木模板应选用质地坚实、变形小、无腐朽、无扭曲、无裂纹的木料。模板高度应与混凝土板厚度一致,允许误差为±2mm,企口舌部或凹槽的长度允许误差为:钢模板±1mm;木模板±2mm。

立模的平面位置与高程应符合设计要求,架立应准确稳固,接头应紧密平顺,不得有离缝、前后错茬和高低不平等现象。

水泥混凝土摊铺前,应对模板的间隔、高度、润滑、支撑稳定情况,基层的平整、润湿情况,以及钢筋的位置和传力杆装置等进行全面检查。轨模是供轨模式水泥混凝土摊铺机行走的轨道,一般可用金属、混凝土、钢筋混凝土或木料制成,目前施工过程中大多数采用金属制的轨模。

轨模的需要量为,混凝土浇筑后2~3天内(经24h以上才可以拆模)不拆卸原用轨模,而又可连续进行浇筑施工的数量。若每天摊铺300m,则必须架立1200m的模板。

2)安置钢筋

混凝土板边和板钢筋、传力杆、窨井加固钢筋等都应按设计要求定好位置,并结扎牢固。

在机械化施工过程中,钢筋和钢筋网格都是在工厂中预制的。用专用机械设备进行铺设,但在工序上有交叉,即边摊铺混凝土边安放钢筋网格,并将钢筋网格用专用设备压入混凝土层。

3)摊铺水泥混凝土

在人机综合摊铺混凝土作业中,一般用拌和机拌制混凝土,利用运输机械运达施工点,将混凝土卸入边模内,摊铺工作大多利用人工进行。

在机械化铺筑水泥混凝土路面施工过程中,可利用轨道式或滑模式水泥混凝土摊铺机来摊铺。

摊铺混凝土层的厚度,视不同的混凝土稠度而定。一般层高应比振实后的路面高度高20%~30%,以保证对料层的振实。

4)水泥混凝土路面铺砌层的捣实、整平和光面

水泥混凝土的捣实、整平和光面等作业应和摊铺作业紧密配合。

人机综合作业施工,应符合下列规定:

(1)对厚度不大于22cm的混凝土板,在边角处先用插入式振捣器顺序振捣,再用功率不小于2.2kW平板振捣器纵横交错全面振捣。纵横振捣时,应重叠10~20cm,然后用振捣梁振捣拖平。有钢筋的部位,振捣时应防止钢筋变位。

振捣器在每一位置振捣持续的时间,应以混合料停止下沉、不再冒气泡为准,且当水灰比小于0.45时,不宜少于30s,用插入式振捣器时,不宜少于20s。

当采用插入式振捣器和平板式振捣器配合使用时,应先用插入式振捣器振捣,后用平板式振捣器振捣。分两次摊铺的,振捣上层混合料时,插入式振捣器应插入下层混合料5cm,上层混合料的振捣必须在下层混合料初凝以前完成。插入式振捣器的移动间距不宜大于其作用半径的0.5倍,并应避免碰撞模板和钢筋。

(2)混合料整平时,填补板面应选用集料(碎石、砾石)较细的混合料,严禁用纯水泥砂浆填补找平。经用振捣梁整平后,可再用铁滚筒进一步整平。设有路拱时,应使用路拱成型板整平。整平时必须保持模板顶面整洁,接缝处板面平整。

(3)光面前,应清边整缝,清除粘浆,修补掉边、缺角。光面时严禁在板面上洒水、撒水泥粉,一般分两次进行。先找、抹平,待混凝土表面无泌水时,再第二次抹平。抹平后沿横坡方向拉毛或用机具压槽,槽深一般为 1~2mm。

在机械化施工中,水泥混凝土铺砌层的捣实、整平和光面等作业都是由整面机来完成的。整面机上设有振捣梁、振捣板、整平梁和光面器等。它和带边模的轨道式摊铺机、切缝机等组成一个摊铺列车进行作业。滑模式水泥混凝土摊铺机整面装置是与摊铺机制成整体联合作业的,只要摊铺机一通过,即可完成一个行车带。

5)划切伸缩缝

在机械化施工中,可以使用切缝机在混凝土上划切,形成伸缩缝。

利用手扶式切缝机切缝,应在混凝土浇筑后 2~4h 以内进行。时间过早,切缝容易淤塞,深度不足;时间过迟,则工作困难。

使用圆砂轮盘式切缝机切缝时,必须在混凝土凝固后进行。其特点为切缝几何形状尺寸准确,相邻板块表面平整,生产率高;但使用时必须加水,并要用较大的动力。

在人工摊铺或工程量不大的情况下,可以使用预埋木板、金属制板或压缩材料制成的隔板来制作伸缩缝。使用前应涂抹润滑油,伸缝压缝板可起模板作用。缩缝压缝板一般宜用钢板。为便于混凝土摊铺工作的进行,压缝板可在浇筑混凝土后压入。如用木板做成压缩缝使用前木板应浸水胀透,必须架设牢固,并保持垂直,并保证振捣混凝土时不走样。

6)养生

为了防止混凝土日晒干燥和雨淋,在其表面上加盖蓄水的麻袋、湿布或草席(但不能覆盖太早,否则路面上会残留麻袋等痕迹),并经常洒水使其保持湿润,养生 14~21 天。

在配套机械化施工中,有的在轨模上配有可移动的帐篷,除防止日晒雨淋外,还可以防止气流变化而导致混凝土干涸,帐篷尽量低矮,越接近铺砌层越好,只要不接触表面即可。帐篷内应设置洒水设备,以保持混凝土养生期内的湿润。

水泥混凝土路面施工用水量较大。一般用水定额:浇筑混凝土以前的基层洒水 $5L/m^2$,或每 $1m^3$ 混凝土 25~30L;拌制混凝土为 $180L/m^3$;养生期内洒水为 $1m^3$ 混凝土 700~1000L。

7)拆模及填缝

拆模时间根据施工期的气温及混凝土强度增长情况而定。一般日平均温度为 5℃,拆模时间为 3 天;日平均温度每增高 5℃,拆模时间可缩短半天。日平均温度为 25~30℃,路面施工 24h 即可拆模。拆模时注意不要损伤板边、角和企口的混凝土。

填缝工作一般在用水期满后进行,填缝时采用填缝机。在填缝前,先用压缩空气将缝内杂物吹扫干净。透底缝内如有砂浆牵连,一定要凿去,以免造成将来缝边破损。填缝时,为使填缝料与混凝土有较好的粘接,在接缝两壁应先涂上一层沥青。鉴于材料的热胀冷缩,夏季灌注填缝料应高出路面 4~5mm,冬季则与路面平齐,以使接缝内填料常年饱满。

填缝料应具有伸缩回弹的能力,即冬季不因冷冻和载荷作用而脆裂;夏季不因高温软化膨胀而挤出。填缝材料配方可参照表4-3。

8)开放交通

一般混凝土强度达到 40% 时允许行人通过,强度完全达到设计要求时正式开放交通。特殊情况下,混凝土强度达到 90% 以上也可开放交通。如需提前开放交通,可在普通水泥混凝土中掺入早强剂(或用高强度等级的水泥),以提高混凝土早期强度。

填料配方　　　　　　　　　　　　　表4-3

编号	掺配后沥青(%)		石棉屑(%)	石粉(%)	橡胶粉(%)	软化点(℃)
	油-60,沥青96%+重柴油4%	油-30,沥青80%+重柴油20% 油-10,沥青85%+重柴油15%				
1	60~65		5~10	10~15	15~20	>80
2		70~75	5	10	10~15	>80
3	油-18,沥青50		30	20		>80

2. 水泥混凝土路面全机械化施工

在修整规模较大的水泥混凝土路面工程时,多采用全机械化施工。水泥混凝土的拌制使用水泥混凝土拌和机;水泥混凝土的供应一般采用拌和输送车和自卸汽车;水泥混凝土的摊铺采用水泥混凝土摊铺机。现以滑模式水泥混凝土摊铺机为例,介绍其施工组织:

1)滑模摊铺施工拉线设置

滑模式摊铺机是沿着两侧(或一侧)的基准线来摊铺水泥混凝土路面的。因此基准线设置必须准确无误,所用的工具、测量仪器和基准线设施必须齐备。基准线准确是路面高程、横坡、纵坡、板厚、板宽、弯道等符合规范要求的基本保证。

基准线桩到摊铺路面边沿的距离应根据滑模式摊铺机侧模到传感器的位置而定,基准线桩必须牢固打入基层10~15cm。当打入困难时,应采用手电锤打孔后打入。基准线桩纵向最大间隔为15m。为保证与基层里程桩号一致。推荐拉线桩距离为5~10m。夹线臂到基层顶面的距离为45~75cm。基准线必须张紧。一般每侧基准线应施加100kg的拉力。一根拉线的最大长度为400m,超过400m应采用两根拉线,用两个紧线器在一个接线桩上平顺连接。当滑模式摊铺机通过连接部位时,操作人员要特别注意传感器的过渡。

基准线有单向坡双线式、单向坡单线式(后幅)、双向坡双向式三种。采用单向坡双线式基准线时,两根基准线间的横坡应与路面横坡一致;单向坡单线式基准线,要保证路面横坡与前幅路面一致;双向坡双向式的两根基准线是平行的,路拱则靠滑模式摊铺机调整后自动铺成。

基准线和滑模摊铺的精度要求如下:

摊铺中线平面偏位:20mm。

路面宽度偏差:±20mm。

面板厚度偏差:-5mm,极值:-10mm。

纵断面高程偏差:±10mm。

横坡偏差:±0.15%。

前后幅纵缝高差:±2.5mm。

基准线设置好后,禁止扰动,特别是正在摊铺作业时,严禁碰撞。风力达5~6级、基准线振动厉害时,应停止施工作业,防止出现波状的路面表面。

2)滑模摊铺施工前的准备

使用滑模式摊铺机进行路面摊铺施工之前,应全面检查摊铺基层是否平整、清洁和湿润;基准线是否准确;工作缝支架和传力杆是否定位;纵缝拉杆板是否直;是否涂好沥青等。同时,应对滑模式摊铺机进行彻底全面的维护检查:振动棒位置在挤压板最低点以上,中间间距为 35~45cm;振动棒与摊铺机边沿不大于 25cm;挤压板前倾角为 5°;配有前后远近照明灯,以便于夜间施工作业。施工前,将滑模式摊铺机驶进待摊铺位置,测量摊铺底板的高程和坡度,将传感器挂到基准线上,检查传感器的灵敏度及反应是否准确无误。这一切准备完成后,方可进行摊铺施工。

3)滑模摊铺施工

使用滑模式摊铺机进行摊铺施工时,必须有专人指挥车辆卸料,以便较准确地估计卸料位置。滑模摊铺前的水泥混凝土拌和料不得高于滑模摊铺机卸料板允许高度,亦不得出现缺料现象。要求供料与摊铺机速度协调,尽可能匀速摊铺,最大限度地减少摊铺施工中的停机次数。料位过高或过低时,可采用小型挖掘机或装载机进行初摊布料;用人工卸料时,用锹反扣,严禁抛掷和耧耙,以防止水泥混凝土产生离析。

在滑模摊铺施工过程中,操纵人员应随时观察新拌混凝土的稠度(坍落度一般为 40~60mm),并根据水泥混凝土的工作性来调整滑模摊铺机的作业速度和振动频率。当新拌水泥混凝土显得过稀时,应适当降低振动频率,加大机器作业速度;当新拌水泥混凝土显得过干时,则应适当提高振动频率,降低机器作业速度。滑模摊铺机的作业速度应控制在 1~3m/min 范围内;振动频率应控制在 6000~11000r/min 范围内,振动频率不得低于 6000r/min。为防止水泥混凝土过振或漏振,开机前必须先开启振动棒,然后再行走;停机时应立即关闭振动棒。为防止振动棒空载振动而烧毁振动棒,严禁振动棒在水泥混凝土外面振动,同时要随时观察每个振动棒的振动情况及是否有漏油现象。

在滑模摊铺施工过程中,若新拌水泥混凝土供应不足时,滑模摊铺机停机等待的时间不能超过当时气温下新拌混凝土初凝时间的 2/3。在此时间内,应每隔 15min,开动振动棒振动 3min;若超过此时间,为防止施工冷缝断板,应将滑模式摊铺机驶出摊铺位置,该点作为施工缝。

滑模式摊铺机进行整体或分幅摊铺路面时,必须配置自动或人工打纵缝拉杆的装置。分幅打进或整体植入的拉杆,必须位于路面板厚的中间位置。拉杆的高低误差不得大于 ±2cm;横向误差不得大于 ±3cm;纵向误差不得大于 ±5cm。分幅打入的拉杆必须到底,防止拉杆挂坏路面边沿。

分幅摊铺时,滑模摊铺机履带上前幅水泥混凝土路面的时间应在此路面养护 7 天以后,最短时间不得小于 5 天。同时,滑模摊铺机上路面一侧的履带底部必须铺橡胶垫,并且滑模摊铺机的底板不得挂坏前幅路面的边部。

4)滑模摊铺施工后的结束工作

滑模摊铺机施工作业完后,必须进行下述两项工作:

(1)将滑模式摊铺机驶离施工作业点,升起机架,将黏附在机器上的水泥混凝土用水清洗干净,并喷涂废机油以防止锈蚀和黏结。滑模式摊铺机严禁不清洗,严禁留待下一班开工前硬敲黏结在机器上的水泥混凝土。

(2)做横向施工缝时,应铲除从摊铺机振动仓内脱离出来的纯砂浆,设置工作缝端模并用水准仪测量路面高程、坡度和平整度,传力杆的设置要符合允许误差的要求。后幅工作缝要尽量与前幅缩缝、工作缝和胀缝对齐。在有设备条件时,也可切掉施工端部,钻孔插入传力杆。

第四节　路面机械的选配

在沥青、水泥混凝土路面施工中,使用的机械主要有:混凝土拌和机、混凝土摊铺机、运输车辆、压实机械等。其中,前两种属主导机械、后两种属配套机械。它们之间的合理选配是保质、保量、迅速、经济地完成路面铺筑的前提。

一、路面机械的选型

所谓机械选型,是根据路面铺筑工序和工艺要求,从众多的同类型机械中,经过充分的分析比较,选择技术性能先进、使用经济可靠、主要参数协调一致、能够胜任各工序工作的机型。

1. 选型原则

(1)机械规格必须满足路面技术标准要求。
(2)在工艺条件允许的情况下,尽可能使用重型或专用机械,以确保有足够的工作量。
(3)整套机械的主要参数必须得到最大限度的发挥,次要机械的选型必须在保证主导机械主要参数充分发挥最大效益的前提下进行。
(4)尽量减少整套机械的数量。
(5)机械的选型要根据平均技术经济资料进行。
(6)要求安全可靠,立足国内,便于推广。
(7)应考虑机械的使用费用、修理成本、动力来源等因素。
(8)应符合当地环境保护条件(噪声、振动、排气等)。

2. 机械选型的程序

(1)全面调查和研究路面施工技术要求(道路等级、宽度、摊铺厚度等),工程量的大小,工期长短,施工条件等。
(2)确定路面机械的类型和数量。
(3)对现有机械进行调查、分析、比较。
(4)按选型原则选型。

3. 路面机械的选型

路面机械的种类很多,一般主要进行拌和机和摊铺机的选型。

1)拌和机的选型

混凝土拌和机可根据施工规模及技术要求等来选型。

对低等级沥青混凝土路面的铺筑及小工程量路面的修补,多使用移动式沥青混凝土拌和机;对城市道路多使用综合作业的固定式沥青混凝土拌和机;对高等级路面的铺筑多使用综合作业的半固定式沥青混凝土拌和机。

对工程量大、供料较集中的水泥混凝土路面的修筑,多选用水泥混凝土拌和楼;对工程量较小、供料较分散的水泥混凝土路面的修筑,多选用水泥混凝土拌和机。

2)摊铺机的选型

混凝土摊铺机可根据道路等级、摊铺宽度、摊铺厚度和工程量的大小等选型。

对高等级沥青混凝土路面的铺筑,多使用带自动找平装置的履带式沥青混凝土摊铺机;对高等级水泥混凝土路面的铺筑,多使用滑模式水泥混凝土摊铺机。

二、路面机械的选配

对路面机械进行选配,一般先选配主导机械(混凝土拌和机、混凝土摊铺机),然后选配配套机械(运输车辆、压实机械等)。

1. 沥青混凝土机械的选配

选配时,要根据沥青混凝土的供料方式和施工单位沥青混凝土机械的现有情况来决定。

沥青混凝土的供料方式有沥青混凝土拌和厂、沥青混凝土拌和场(点)两种。前者多用于城市道路的铺筑;后者常用于公路工程的铺筑。

施工单位沥青混凝土机械现有情况包括:已有沥青混凝土拌和机(或摊铺机)、已有沥青混凝土拌和机和摊铺机、无沥青混凝土机械三种。

因此,机械的选配有以下两种方法。

(1)先选定拌和机,然后根据拌和机的供料能力选择摊铺机。

沥青混凝土拌和机的数量,取决于工程量和拌和机生产率的大小。其计算公式如下:

$$N_b = \frac{Q}{Q_b} \tag{4-10}$$

式中:N_b——沥青混凝土拌和机的数量,台;
  Q——每小时工程量,t/h;
  Q_b——沥青混凝土拌和机的生产率,t/h。

$$Q = \frac{hBL\gamma}{nTK}$$

$$Q_b = \frac{60}{t}Kq$$

式中:h——铺砌层厚度,m;
  B——铺砌层宽度,m;
  L——流水作业长度,m;
  γ——沥青混凝土摊铺后单位体积质量,t/m³;
  n——季度有效工作日;
  T——拌和机每天工作时间,h;
  K——拌和机的时间利用率;
  t——拌和一次所用时间,min;
  q——拌和一次出料的质量,t。

拌和机选择好后,可根据拌和机数量和生产率选择与之匹配的摊铺机。若一台摊铺机的工作能力不能满足拌和机的生产率时,可选用多台摊铺机联合作业,并使摊铺机的总生产能力略大于拌和机的生产能力。所需摊铺机的数量如下:

$$N_t = \frac{Q_b}{Q_t} \tag{4-11}$$

式中：N_t——摊铺机数量，台；
Q_t——摊铺机的生产率，t/h。

$$Q_t = hBV\gamma K$$

式中：h——摊铺厚度，m；
B——摊铺宽度，m；
V——摊铺机的摊铺速度，m/h；
γ——沥青混凝土摊铺后单位体积质量，t/m³；
K——摊铺机的时间利用率，一般为 0.75~0.95。

这种选配方法，可使拌和机满负荷工作，充分发挥机群效率，避免了拌和机中途停机。只要摊铺机的生产能力和拌和机的生产能力相差不大，摊铺机也不会中途多次停机或停机时间较长，因而对路面摊铺质量影响不大。

(2) 先选择摊铺机，然后选择与之匹配的拌和机。

摊铺机的数量取决于工程量和摊铺机的生产率，其计算公式如下：

$$N_t = \frac{Q}{Q_t} \tag{4-12}$$

若一台拌和机的生产能力不能适应摊铺机的工作能力时，可用多台拌和机联合进行作业，所需拌和机的数量如下：

$$N_b = \frac{Q_t}{Q_b} \tag{4-13}$$

当拌和机的生产能力与摊铺机的工作能力无法相等时，可选用生产能力略小于摊铺机工作能力的拌和机。

这种选配方法的优点是，摊铺机是根据道路的宽度、厚度等技术要求来选定的。因而可尽量减少道路的纵向接缝，提高道路的质量。

2. 水泥混凝土机械的选配

水泥混凝土机械的选配就是为水泥混凝土拌和机（或摊铺机）选择性能相适应的水泥混凝土摊铺机（或拌和机），其选择方法也有以下两种：第一种方法：首先选择水泥混凝土拌和机，再选择水泥混凝土摊铺机。第二种方法：首先选定水泥混凝土摊铺机，再选择水泥混凝土拌和机。

以上两种方法的具体选配，可参考沥青混凝土机械的选配。

水泥混凝土拌和设备的生产率，必须与水泥混凝土摊铺设备的生产率相匹配。既要保证摊铺设备生产率的充分发挥，又要保证拌和设备生产率的发挥，一般可按以下两种公式计算，然后参考相近机械选取配套。

推导公式：

$$Q' = \frac{1}{\eta} bhv \tag{4-14}$$

式中：Q'——选定摊铺设备的生产率，m³/h；
b——路面板宽，m；

h——路面板厚,m;
η——水泥混凝土的压实系数;
v——摊铺设备的工作速度,m/h。

经验公式:
$$Q = (1.15 \sim 1.20)bhv$$

三、运输车辆的选配

运输车辆是混凝土拌和设备和摊铺设备能够协调工作的纽带,也是主导机械生产率充分发挥的关键。当拌和设备和摊铺设备选配之后,其主要选配问题也就是运输车辆与主导机械的选配。

运输车辆选型的主要依据是运距和运量。从国内外试验资料得知,运送水泥混凝土时,运距在0.5km以内,采用1~2t小翻斗车比较经济;运距超过1km时,则采用自卸汽车最为经济,但考虑到塑性水泥混凝土在长距离运送过程中的水分流失和水泥混凝土的离析问题,在运距超过5km时,则采用水泥混凝土搅拌输送车较为理想。在运送沥青混凝土时,无论运距长短都采用自卸汽车。

运输车辆配置数的选择,应能保证及时将拌和料送至工作面,使拌和机械和摊铺机械有正常的生产率和协调的工作节拍。运输车辆数的选配,可用下式计算:

$$N = \frac{\alpha[60(L/V_1 + L/V_2) + t_1 + t_2]}{t} \tag{4-15}$$

式中:N——自卸汽车(或其他运输车辆)数量;
α——途中通行阻滞的安全系数,一般取1.2~1.3;
L——拌和场(厂或点)与摊铺地点之间距离,km;
V_1——自卸汽车(或其他运输车辆)重载行驶速度,一般取30~35km/h;
V_2——自卸汽车(或其他运输车辆)空载行驶速度,一般取35~45km/h;
t_1——路线上调度和卸料时间(包括配合摊铺机摊铺),min;
t_2——在拌和机下面估计待装时间,min;
t——装满一车料所需时间,min。

【复习思考题】

1. 说明稳定土厂拌设备的组成和工作原理。使用时应注意哪些问题?
2. 稳定土拌和机使用时应注意哪些问题?
3. 简述路拌稳定土路面施工的施工程序。
4. 说明厂拌稳定土路面施工的内容。
5. 沥青洒布机循环—洒布系统的作用有哪些?施工中应注意哪些要点?
6. 说明综合式沥青混凝土拌和机的组成和工作原理。

7. 画简图说明沥青混凝土摊铺机自动找平系统的组成和工作原理。
8. 说明沥青混凝土路面铺筑的施工过程。
9. 沥青混凝土摊铺机施工中应注意哪些问题？并能说明其要点。
10. 说明水泥混凝土路面施工的工艺过程。
11. 滑模式水泥混凝土摊铺机在施工中应注意哪些问题？
12. 说明路面机械选型原则的要点。

第五章
桥梁工程机械及其施工技术

[重点内容和学习要求]

本章重点讲述现场钻孔灌注桩的施工方法和钢丝绳的使用;论述各种桩工机械、水泥混凝土振捣器和起重机械与架桥设备的用途、分类及使用特点。

通过学习,熟悉现场钻孔灌注桩的施工方法和钢丝绳的使用;了解桩工机械、水泥混凝土振捣器、起重机械与架桥设备的用途、分类及使用特点。

在桥梁工程机械化施工中,所用的机械种类繁多。搬移土石方需用土石方工程机械;制备混凝土构件需用水泥混凝土机械和钢筋加工机械;桩基础需用桩工机械与排水机械;架设桥梁需用架桥机与起重机械等。

第一节　桩工机械及其施工技术

一、桩工机械的用途与分类

桩工机械是用于各种桩基础、地基改良加固、地下挡土连续墙、地下防渗连续墙及其他特殊地基基础施工的机械设备。其作用是将各种桩埋入土中,以提高基础的承载能力。

现代建桥用的基础桩有两种基本类型:预制桩和灌注桩。前者用各种打桩机将预制好的基础桩打(振、沉)入土中,所用机械称为预制桩施工机械;后者用钻孔机现场钻孔灌注混凝土,所用机械称为灌注桩施工机械。

1. 预制桩施工机械

预制桩施工机械主要包括打桩机、振动沉拔桩机和液压静力压桩机三大类。它们也可用于沉井基础施工和管柱基础施工等。

(1)打桩机:打桩机由桩锤和桩架组成,靠桩锤冲击桩头,使桩在冲击力的作用下贯入土中,故又称冲击式打桩机。

根据桩锤驱动方式不同,可分为蒸汽、柴油和液压三种打桩机。

(2)振动沉拔桩机:振动沉拔桩机由振动桩锤和桩架组成。振动桩锤利用机械振动法使桩沉入或拔出。

(3)静力压桩机:静力压桩机采用机械或液压方式产生静压力,使桩在持续静压力作用下压入至所需深度。

(4)桩架:桩架是打桩机的配套设备,桩架应能承受自重、桩锤重、桩及辅助设备等重量。

由于工作条件的差异,桩架可分为陆上桩架和船上桩架两种。

由于作业性的差异,桩架有简易桩架和多能桩架(或称万能桩架)。简易桩架具有桩锤或钻具提升设备,一般只能打直桩;多能桩架具有多种功能,可提升桩、桩锤或钻具,使立柱倾斜一定角度,平台回转360°,自动行走等。多能桩架适用于打各种类型桩。

由于行走机构不同,桩架有滚管式、轨道式、轮胎式、汽车式、履带式和步履式等。

2. 灌注桩施工机械

灌注桩的施工关键在成孔,其施工方法和配套的施工机械有以下几种:

(1)全套管施工法:即贝诺特法(Benoto),使用设备有全套管钻机。
(2)旋转钻施工法:采用的设备是旋转钻机。
(3)回转斗钻孔法:使用回转斗钻机。
(4)冲击钻孔法:使用冲击钻机
(5)螺旋钻孔法:常使用长螺旋钻孔机和短螺旋钻孔机。

二、预制桩施工机械的组成与工作原理

1. 柴油打桩机

柴油打桩机由柴油桩锤(图 5-1)和桩架两部分组成。桩架有专用的,也有利用挖掘机或

起重机上的长臂吊杆加装龙门架改装而成。柴油桩锤按其动作特点分导杆式和筒式两种。导杆桩锤冲击体为气缸,它构造简单,但打桩能量小;筒式桩锤冲击为活塞,打击能量大,施工效率高,是目前使用较广泛的一种打桩设备。下面以筒式桩锤为例,介绍柴油桩锤的工作原理。

a)　　　　　　　　　　　　　　　b)

图 5-1　柴油桩锤外观图

柴油桩锤有导杆式和筒式两种,如图 5-2 所示。前者(图 5-2a)的冲击部分为气缸 1,它沿两根导杆上下运动,冲击活塞 2 做功。后者(图 5-2b)的冲击部分为长筒形活塞 2,它沿气缸筒 1 上下运动,冲击锤座 3 做功。

导杆式柴油桩锤构造简单,但打桩能量小,耐用性差,目前已很少使用;筒式柴油桩锤打击能量大,施工效率高,是目前使用较广泛的一种打桩设备。下面以筒式桩锤为例介绍柴油桩锤的工作原理。

柴油桩锤利用冲击部分自由下落的冲击能和柴油燃烧爆炸的能量使桩下沉。它实质上是一个单缸二冲程柴油机。其工作情况,如图 5-3 所示。

当活塞 1 下行触及油泵压块 7 时,就开始向锤座 5 的中央球槽中喷油;活塞继续下行至关闭吸、排气口 4 时,缸内空气被压缩,这是喷油与压缩过程(图 5-3a)。此后活塞下行,直到冲击锤座 5,产生强大的冲击力,使桩下沉。与此同时,喷入球槽中的柴油,在高温高压空气的作用下雾化,并着火燃烧(图 5-3b)。燃烧爆炸力一边将活塞向上推,一边对锤座产生压力,加速桩的下沉(图 5-3c)。

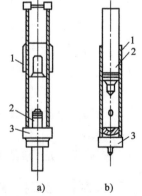

图 5-2　柴油桩锤的结构形式
a)导杆式;b)筒式
1-气缸;2-活塞;3-锤座

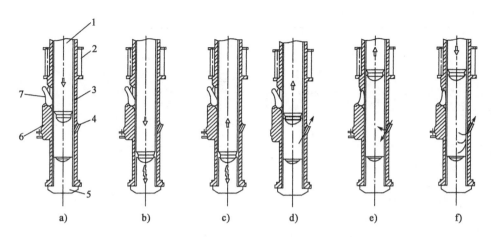

图 5-3 筒式柴油桩锤工作过程
a)喷油和压缩;b)冲击;c)爆炸;d)排气;e)吸气;f)活塞下行并排气
1-活塞;2-柴油箱;3-汽缸;4-吸、排气口;5-锤座;6-喷油泵;7-油泵操纵压块

当活塞上行到越过吸、排气口 4 时,废气排出缸外(图 5-3d)。缸内废气排出,但活塞仍惯性上行,于是新鲜空气又被吸入(图 5-3e)。

当活塞重新下行时,缸内新鲜空气被向缸外扫出一部分(图 5-3f),直到活塞下行至图 5-2a)所示情况。至此完成一个工作循环。

柴油桩锤在起动时,是依靠外力通过起落架将冲击活塞提升到一定的高度,当起重钩触及限位撞块时,而自行脱钩下落。

柴油桩锤构造简单,使用方便,其最大特点是地层越硬,桩锤跳得越高,这样就自动调节了冲击力。地层软时,由于贯入度(每打击一次桩的下沉量,一般用 mm 表示)过大,燃油不能爆发或爆发无力,桩锤反跳不起来,而使工作循环中断。这时只好重新起动,甚至要将桩打入一定深度后,才能正常工作。所以,在软土地区使用柴油锤时,开始一段效率较低。若在打桩作业过程中发现桩的每次下沉量很小,而柴油锤又确无故障时,说明此种型号桩锤规格太小,应换大型号桩锤。过小规格的桩锤作业效率低,而用过大的油门试图增大落距和增大锤击力的做法,其生产效率提高不大,而往往将桩头打坏。一般要求是重锤轻击,即锤应偏重,落距宜小,而不是轻锤重击。另外,柴油桩锤打斜桩效果较差。若打斜桩时,桩的斜度不宜大于 30°。柴油桩锤系列标准参见表 5-1。

柴油桩锤系列标准 表 5-1

型号	项目				
	冲击部分质量 (kg)	桩锤总质量 (不大于)(kg)	桩锤全高 (不大于)(mm)	一次冲击最大能量 (不小于)(N·m)	最大跳起高度 (不小于)(m)
D8	800	2060	4700	24000	3
D16	1600	3560	4730	48000	3
D25	2500	5560	5260	75000	3
D30	3000	6060	5260	90000	3
D36	3600	8060	5285	108000	3
D46	4600	9060	5285	138000	3

续上表

型号	项目				
	冲击部分质量（kg）	桩锤总质量（kg）	桩锤全高（mm）	一次冲击最大能量（N·m）	最大跳起高度（m）
D62	6200	≤12100	≤5910	≥186000	≥3
D80	8000	≤17100	≤6200	≥240000	≥3
D100	10000	≤20600	≤6358	≥300000	≥3

2.振动沉拔桩机（图5-4）

a)   b)

图5-4 振动沉拔桩机外观图

振动沉拔桩机由振动桩锤和通用桩架组成。振动桩锤是利用振动使桩沉入或拔出，其类型较多。按振动频率不同分为低、中、高和超高频四种；按作用原理分为振动式和振动冲击式两种；按动力装置与振动器连接方式分为刚性和柔性两种；按动力来源分为电动式和液压式两种。

1）振动桩锤的工作原理

振动桩锤主要工作装置为振动器，利用振动器所产生的激振力，使桩体产生高频振动，并将振动波传给桩体周围的土壤，降低对桩体下沉（或提升）的摩擦阻力，桩便在自重和激振力的作用下，沉入或从土中拔出。

振动器产生激振力的原理，如图5-5所示。

振动器是由两根装有相同偏心块的轴组成。当两根轴相向转动时，偏心块便产生离心力。

该力在水平方向上的分力互相抵消,而其垂直方向上的分力则叠加起来。其合力为:

$$P = 2mr\omega^2 \sin\varphi \quad (N) \tag{5-1}$$

式中:P——激振力,N;

m——偏心块的质量,kg;

ω——角速度,rad/s;

r——偏心块质心至回转中心距离,m。

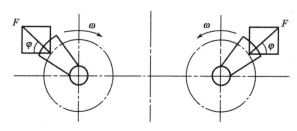

图 5-5 振动原理示意图

2)电动式振动沉拔桩机

电动式振动沉拔桩机是将振动器产生的振动,通过与振动器连成一体的夹桩器传给桩体,使桩体产生振动。主要由振动器、夹桩器、电动机等组成。图 5-6 中电动机 4 与振动器 2 刚性连接,称为刚性振动锤。图 5-6 中电动机底座 5 与振动器 2 之间装有弹簧 6,称为柔性振动锤。

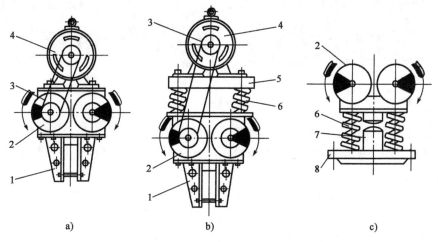

图 5-6 振动打桩机的形式
a)刚性振动锤;b)柔性振动锤;c)冲击式振动锤
1-桩夹;2-振动器;3-传动机构;4-电动机;5-电动机底座;6-弹簧;7-冲击凸块;8-冲击板

振动器的偏心块用电动机通过三角胶带驱动,其振动频率可调,以适应在不同土壤上打各种桩对激振力的不同要求。

夹桩器用来连接桩锤。分液压式、气压式、手动(杠杆或液压)式和直接(销接或圆锥)式等。

图 5-6c)为振动冲击式振动锤。它的沉桩既靠振动又靠冲击。振动器 2 和冲击板 8 经由弹簧 6 相连。两个偏心块在电动机带动下,同步反向旋转时,在振动器做垂直方向振动的同时,给予冲击凸块 7 以快速的、一连串的冲击,使桩快速下沉。

177

这种振动冲击式桩锤,具有很大的振幅和冲击力,其功率消耗也较少,适用于在黏性土壤或坚硬的土层上打桩。其缺点是冲击时噪声大,电动机受到频繁的冲击作用易损坏。

3)液压式振动沉拔桩机

液压式振动沉拔桩机的原动力由液压马达驱动提供。液压马达驱动能无级调节振动频率,还有起动力矩小、外形尺寸小、重量轻、不需要电源等优点。但其传动效率低,结构复杂,维修困难,价格高。

3. 静力压桩机(图 5-7)

图 5-7　静力压桩机外观图

依靠持续作用静压力,将桩压入的桩工机械,称为静力压桩机。静力压桩机分为机械式和液压式两种。其中,液压静力压桩机工作时噪声低、振动小、无污染、桩身不受冲击应力、损坏可能性小、施工质量好、效率高。

图 5-8 为 ZYB400B 型液压静力沉桩机结构组成图。主要由驾驶室 1、控制台 2、升降机构 3、压桩机构 4、起重机 5、机身 6、横移回转机构 9、纵移机构 10、油箱 11、泵站 12、配重 7、边桩机构 8(选配)及液压系统、电气系统等组成。

泵站 12 内装 45kW 和 55kW 电机油泵组,为主机液压系统提供压力油,通过液压系统实现桩机各工作机构的运动控制。

由升降机构 3 实现纵移机构 10、横移机构 9 的离地、接地和机身的调平,为压桩做准备。

压桩机构 4 通过四个夹桩油缸、一对主压桩油缸及一对副压桩油缸实现夹桩与压桩功能。

起重机 5 用于吊桩和其他辅助吊运工作。

三、灌注桩施工机械的组成和工作原理

1. 冲击式钻孔机(图 5-9)

冲击式钻孔机是灌注桩基础施工的一种重要钻孔机械,它能适应各种不同地质情况,多用

于在岩层、坡积岩堆、漂卵石层或孤石层中钻孔。同时,用冲击式钻孔机成孔后,孔壁四周形成一层密实的土层,对稳定孔壁、提高桩基承载能力、均有一定作用。钻孔孔径一般为 0.8~1.5m。

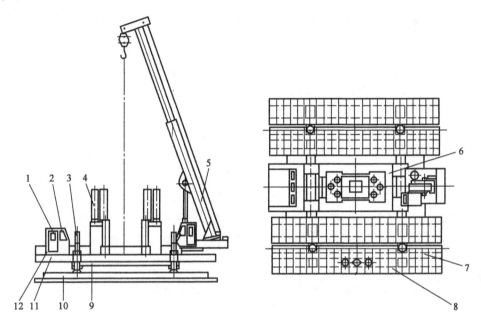

图 5-8　ZYB400B 型液压静力压桩机结构组成图

1-驾驶室;2-控制台;3-升降机构;4-压桩机构;5-起重机;6-机身;7-配重;8-边桩(选配);9-横移回转机构;10-纵移机构;11-油箱;12-泵站

图 5-9　冲击式钻孔机外观图

目前,常用的冲击式钻孔机 CZ 系列主要性能见表 5-2。钻机由机体和冲锤两大部分组成,并附设有掏渣筒。

CZ 型冲击式钻孔机主要技术性能 表 5-2

型号	钻孔直径(m)	钻孔深度(m)	冲击次数(次/min)	提吊力(kN)	主机质量(t)	钻具重(t)	外形尺寸(m)
CZ-22	0.6	300	40~50	20	7.5	1.3	8.6×2.3×2.3
CZ-30	1.3	500	40~50	30	13.67	2.5	10×2.7×3.5

冲锤(图 5-10)有各种形状,但它们的冲刃大多是十字形的。

掏渣筒是一个带有底阀门的圆筒,其直径为孔径的 40%~60%,筒高为 1.5~2m。筒上面有吊环,筒底有碗形、单扇门或双扇门等形式的底阀门,阀门随着渣筒在渣浆中的降升而自动开闭。

在操作钻孔机作业时,要注意掌握闸把,应勤松绳,少松绳,不可操之过急。要随时判断冲锤冲击孔底的情况,避免因松绳太少出现"打轻"现象,致使缩短钢丝绳的使用寿命,或因松绳太多出现"打重"的现象。在钻进过程中,要及时清渣,以提高钻进效率。

2. 冲抓式钻孔机

冲抓式钻孔机根据其护壁方式不同可分为泥浆护壁法施工的钻孔机和全套管施工的钻孔机两种。

1) 泥浆护壁的冲抓式钻孔机

该机主要由冲抓锥、钻架、卷扬机、动力装置和泥浆泵等组成。它们可以分别布置在现场,也可以集中安置在一台履带式基础车上,而成为一台完整的泥浆护壁的冲抓式钻孔机。在履带基础车的机架前部设有可竖起和放倒的钻架,该架上悬挂一个冲抓锥和系一个可左右回转的卸渣槽。卷扬机、动力装置、泥浆泵以及相应的液压操纵系统等则装在基础车上。

冲抓锥由锥身、瓣柄与瓣片三部分组成,其工作过程如图 5-11 所示。由卷扬机通过钢索将它提升起来,让瓣片处于张开状态,然后借自重下落,于是瓣片就靠冲击能切入土中;再收紧钢索将瓣片闭合,抓取土石渣;最后将冲抓锥提升起来,并转向孔侧卸去土石渣。

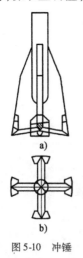

图 5-10 冲锤

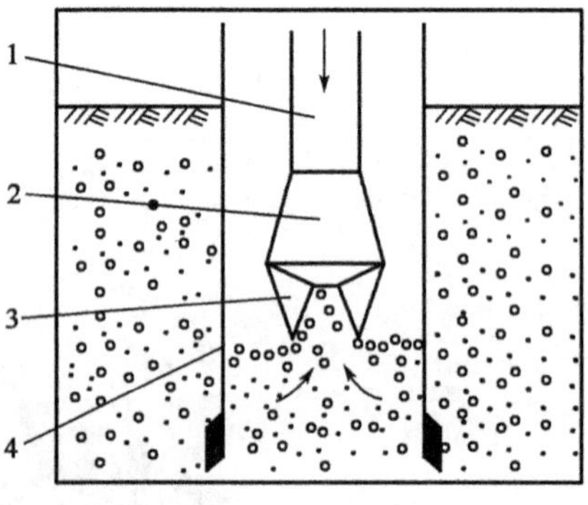

图 5-11 冲抓锥工作示意图
1-锥身;2-瓣柄;3-瓣片;4-钢套管

根据现场地层的土质不同,常用的冲抓锥(图 5-12)有两瓣、四瓣和六瓣(图中未示出)三种。其瓣片形状也有所不同,根据不同的地质条件做成两种形式,即在卵石地层,瓣片应厚、钝、耐磨;在砂土、黏土地层,瓣片瓣尖应薄、锐、耐磨。四瓣和六瓣冲抓锥适用于卵石、黏土、砂石等各种地层的钻孔。

对于冲抓锥的操纵有单索式和双索式两种。

桩孔直径在 1.2~1.6m 时,常用冲抓锥来钻孔,最大可钻 1.8m 的桩径。钻孔深度在 20m 以内工效较高,砂土层平均每班(8h)进度 4~8m。深度大于 20m,工效则随孔深增加而降低。

2) 全套管施工的钻孔机

全套管施工法是由法国贝诺特公司发明的一种施工方法,也称贝诺特施工法。配合该施工工艺的设备称为全套管钻孔机。

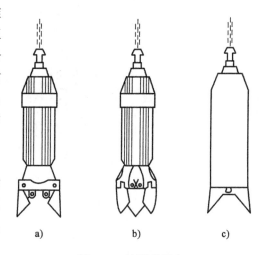

图 5-12 冲抓锥的形式
a)用于含砂砾石的双瓣锥;b)用于各种地质条件下的强齿四瓣锥;c)用于一般砂土的双瓣锥

(1) 全套管钻孔机的分类及总体结构。

全套管钻孔机按结构形式分为两大类:整机式和分体式。

整机式是以履带式或步履式底盘为行走系统,同时将动力系统、作业系统等集成于一体(图 5-13)。它由主机 1、钻机 2、套管 3、锤式抓斗 4、钻架 5 等组成。主机主要由驱动全套管钻孔机短距离移动的底盘、动力系统和卷扬系统等组成;钻机主要由压拔管、晃管、夹管机构和液压控制系统等组成。套管是一种标准的钢质套管,采用螺栓连接,要求有良好的互换性;锤式抓斗由单绳控制,靠自由落体冲击落入孔内取土,提上地面卸土;钻架主要是为锤式抓斗取土服务,设置有卸土外摆机构和配合锤式抓斗卸土的开启锤式抓斗机构。

分体式全套管钻孔机是将压拔管机构作为一个独立系统,施工时必须配备其他形式的机架(如履带式起重机),才能进行钻孔作业(图 5-14)。它由起重机 1、锤式抓斗 2、锤式抓斗导向口 3、套管 4、钻机 5 等组成。起重机为通用起重机,锤式抓斗、导向口、套管均与整机式全套管钻机的相应机构相同;钻机由导向及纠偏机构、晃管装置、压拔管液压缸、摆动臂和底架等组成。

(2) 全套管钻孔机工作原理。

首先在桩位上竖立起一根长度为 2~6m,其端部装有特殊耐磨切削刃的套管,开动钻孔机的抱管、晃管、压拔管机构,将套管边晃边压入土。再将锤式抓斗提升钢绳快速放松,使锤式抓斗自由下落。锤式抓斗在下落过程中,抓片自动张开,在冲击地面时,钻入土中。然后,开动卷扬机将锤式抓斗提升。锤式抓斗下部的抓片自动合拢将土抓起。当锤式抓斗提升到预定的高度后,借助液压机构将锤式抓斗推向前,使其位于卸料槽上,进行卸土。此后进行第二次冲抓,如此反复进行。处于套管内壁及下边缘处的土石料就不断向中央处塌落,这也有利于加压使套管下沉。在第一节套管达到沉入最大尺寸后,接上第二节套管,反复进行上述操作,直到桩孔达到所希望的深度为止。成孔后清孔,并下放钢筋笼及灌注水下混凝土的导管。在灌注水下混凝土的同时,逐节拔出并拆除套管,直到灌注完毕,最后将套管全部取出,如图 5-15 所示。

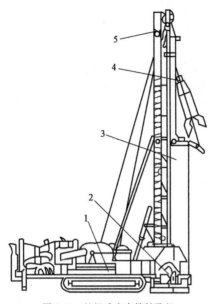
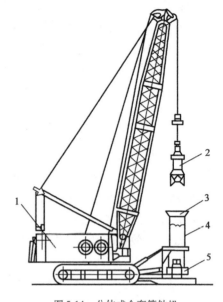

图 5-13 整机式全套管钻孔机
1-主机；2-钻机；3-套管；4-锤式抓斗；5-钻架

图 5-14 分体式全套管钻机
1-起重机；2-锤式抓斗；3-导向口；4-套管；5-钻机

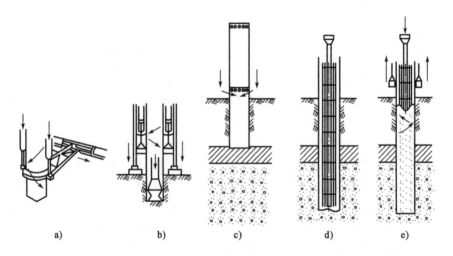

图 5-15 全套管施工法原理
a)用抱管、晃管、压拔管机构将套管一边沿圆周方向往复晃动，一边压入土中；b)用锤式抓斗取土；c)接长套管；d)当套管达到预定高程后，清孔，并下放钢筋笼及水下混凝土导管；e)随灌注水下混凝土的同时，拔出套管，直到灌注完毕

全套管钻孔机可以钻直径为 0.6~2m、长度在 50m 以内的桩孔。

全套管钻孔机在黏土层、砂砾层、大卵石层的地质条件下施工最为理想。对孤石层、硬黏土层、岩基地质虽有困难，但仍可行。当遇有 5m 以上中间砂层时，会使砂层松动，造成拔起套管困难。不适宜水上施工。它的显著特点是：不论垂直孔或是斜桩孔，只要任意设定，就能保证成孔的优异直线性；能既容易又准确地确认挖掘深度和地层。

3. 回转式钻孔机（图 5-16）

回转式钻孔机（图 5-17）。它由带转盘的基础车（履带式或轮胎式）、钻杆回转机构、钻架、工作装置（钻杆和钻头）等组成。钻头是回转钻孔的主要工具，它安装在钻杆的下端。钻头视钻孔的土质及施工方法的不同有不同的形状,便于在钻孔时合理选用。

回转式钻孔机是利用旋转的工作装置切下土壤,使之混入泥浆中排出孔外。根据排出渣浆的方式不同,回转式钻孔机分为正循环和反循环两类。常用反循环钻孔机。

图 5-16 回转式钻孔机外观图

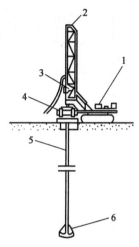

图 5-17 旋转钻机示意图
1-基础车;2-钻架;3-水龙头;4-钻杆回转机构;
5-钻杆;6-钻头

正循环钻孔机的工作原理(图 5-18)。钻机由电动机驱动转盘带动钻杆、钻头旋转钻孔,同时开动泥浆泵对泥浆池中泥浆施加 1200~1400kPa 的压力,使其通过胶管 2、提水笼头 3、空心钻杆 4,最后从钻头 5 下部两侧喷出,冲刷孔底;并把与泥浆混合在一起的钻渣沿孔壁上升,经孔口排出,流入沉淀池。钻渣沉积下来后,较干净的泥浆又流回泥浆池,如此形成一个工作循环。

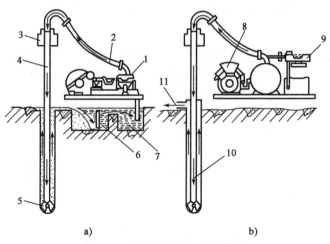

图 5-18 正循环钻孔机工作原理图
a) 水或水泥排渣;b) 空气或泡沫排渣
1-泥浆泵;2-胶管;3-提水笼头;4-钻杆;5-钻头;6-沉淀池;7-泥浆池;8-空压机;9-泡沫喷射管;10-空气或泡沫;11-排渣管道

反循环钻孔机的工作原理,如图 5-19 所示。其泥浆循环与正循环方向相反,夹带浆渣的泥浆经钻头、空心钻杆,提水笼头、胶管进入泥浆泵,再从泵的闸阀排出流入泥浆池中,泥浆经沉淀后,再流向孔内。

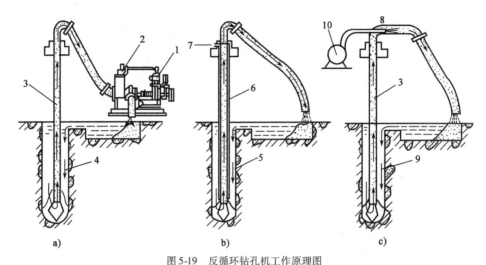

图 5-19 反循环钻孔机工作原理图
a) 泵吸反循环；b) 压气反循环；c) 射流反循环
1-真空泵；2-泥浆泵；3-钻渣；4、5、9-清水；6-气泡；7-高压空气进气口；8-高压水进口；10-水泵

反循环钻孔的钻进效率比正循环钻孔增加 2～15 倍，钻进费用也大幅度降低。在正循环回转钻进时，固壁泥浆由泥浆泵送出，由钻杆与孔壁之间的环状间隙返回孔口，在这一过程中，将孔底的钻屑排出。但随着钻孔直径逐渐增大，钻杆与孔壁之间的环状间隙不断增加，使泥浆的上行流速大大降低，影响孔底钻渣的排出，降低了钻进速度。反循环钻进时，与正循环作业相反，固壁泥浆以自流方式从供浆池流入孔底，然后挟带钻渣通过钻杆中空返回孔口。因钻杆内径较正循环钻杆内径大得多，只要管路内有足够的抽吸力，就可达到高的上升流速，比正循环作业时大 4～5 倍。所以这类钻机排渣快，且能吸出粒径较大的钻渣。实现反循环有三种方法：泵吸反循环、压气反循环和射流反循环。

1) 泵吸反循环

利用砂石泵的抽吸力迫使钻杆内部水流上升，使孔底带有钻渣的钻液不断补充到钻杆中，再由泵的出水管排出至集渣坑。由于钻杆内的钻液流速大，对物体产生的浮力也大，因此只要小于管径的钻渣都能及时排出，因此钻孔效率高。

2) 压气反循环

压气反循环是将压缩空气通过供气管路送至钻杆下端的空气混合室，使其与钻杆内的钻液混合，在钻杆内形成比管外较轻的混合体，同时在钻杆外侧压力水柱的作用下，产生一种足够排出较大粒径钻渣的提升力，将钻渣排出。这种作业有利于深掘削，当掘削深度小于 5m 时，不起扬水作用，还会发生反流现象。

3) 射流反循环

采用水泵为动力，将 500～700kPa 的高压水通过喷射嘴射入钻杆内，从钻杆上方喷射出去，利用流速形成负压，迫使带有钻渣的钻液上升而排出孔外。此方法只能用于 10m 之内的钻削作业。但是，这种方法作为空气升液式作业不足的补充作业，尤为有效。

回转式钻孔机(图 5-20)适用于砂土层和不超过 25～40mm 粒径的碎卵石层。特别是在砂土层钻孔，效果更佳。反循环钻机一般对黏土、粉土、砂层、硬黏土层及基岩等均能够进行钻孔作业。但是，对硬黏土层、基岩进行钻削时，必须安装特殊刀头。对漂石等块状物进行钻削时，由于粒径受钻杆内径的限制，当粒径超过钻管内径 70% 时，在旋转接头转弯处会发生堵塞现象,必须采用其他施工方法。

a)　　　　　　　　　　b)　　　　　　　　　　c)

图 5-20　回转式钻孔机外观图

4. 螺旋钻孔机

螺旋钻孔机是钻孔灌注桩施工机械的主要机种。其原理与麻花钻相似,钻头的下部有切削刃,切下来的土沿钻杆上的螺旋叶片上升,排至地面上。螺旋钻孔机钻孔直径范围为 0.15~2m,一次钻孔深度可达 15~20m。

目前,各国使用的螺旋钻孔机主要有长螺旋钻孔机、短螺旋钻孔机、振动螺旋钻孔机、加压螺旋钻孔机、多轴螺旋钻孔机、凿岩螺旋钻孔机等。这里我们主要介绍长螺旋钻孔机与短螺旋钻孔机。

1) 长螺旋钻孔机

长螺旋钻孔机(图 5-21)由钻具和底盘桩架两部分组成。钻具的驱动力可用电动机、内燃机或液压马达。钻杆 3 的全长上都有螺旋叶片,底盘桩架有汽车式、履带式和步履式。采用履带打桩机时,和柴油锤等配合使用,在立柱上同时挂有柴油锤和螺旋钻具,通过立柱旋转,先钻孔,后用柴油锤将预制桩打入土中。这样可以降低噪声,加快施工进度,同时又能保证桩基质量。

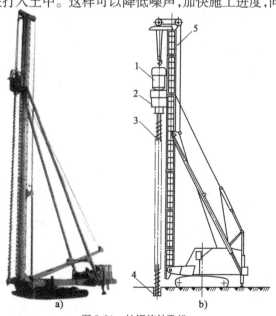

图 5-21　长螺旋钻孔机

1-电动机;2-减速器;3-钻杆;4-钻头;5-钻架

长螺旋钻孔机钻孔时,钻具的中空轴允许加注水、膨润土或其他液体进入孔中,并可防止提升螺旋时由于真空作用而塌孔和防止泥浆附在螺旋上。

2) 短螺旋钻孔机

短螺旋钻孔机(图5-22)的钻具与长螺旋的钻具相似,但钻杆上只有一段叶片(为2~6个导程,2m左右)。工作时,短螺旋不能像长螺旋那样,直接把土输送到地面上,而是采用断续工作方式,即钻进一段,提出钻具卸土,然后再钻进。

短螺旋由于一次取土量少,因此在工作时整机稳定性好。但进钻时由于钻具重量轻,进钻较困难。为了提高钻进速度,可采用钢绳加压。短螺旋钻孔机的钻杆有整体式和伸缩式两种。前者钻深20m,后者钻深30~40m。

短螺旋钻孔机有三种卸土方式。

(1) 高速甩土(图5-23a)。

低速钻进,高速提钻卸土,土块在离心力作用下被甩出。这种方式虽然外出土迅速,但因甩土范围大,对环境有影响。

(2) 刮土器卸土(图5-23b)。当钻具提升至地后,将刮土器的刮土板插入顶部螺旋叶片中间,螺旋一边旋转,一边定速提升,使刮土板沿螺旋刮土,清完土后,将刮土器抬离螺旋,再进行钻孔。

(3) 开裂式螺旋卸土(图5-23c)。在钻杆底端设有铰,钻进时,当螺旋被提升至底盘定位板外,开裂式螺旋上端的顶推杆与定位板相碰,开裂式螺旋即被压开,使土从中部卸出。如一次没卸净,可反复几次。

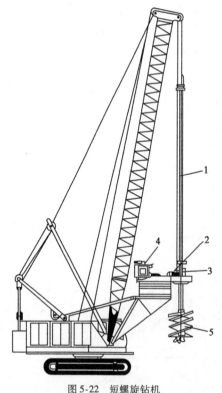

图5-22 短螺旋钻机
1-钻杆;2-加压油缸;3-变速器;4-发动机;5-钻头

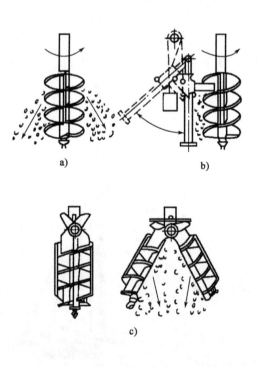

图5-23 短螺旋钻孔机卸土原理图
a) 高速甩土;b) 刮土器卸土;c) 开裂式螺旋卸土

5. 钻孔灌注桩施工方法

钻孔灌注桩的施工,因其所选护壁形成的不同,有泥浆护壁法和全套管施工法两种。

1) 泥浆护壁施工法

冲击成孔、冲抓成孔和回转钻削成孔等均可采用泥浆护壁施工法。其施工过程是:平整场地→泥浆制备→埋设护筒→铺设工作平台→安装钻机并定位→钻进成孔→清孔并检查成孔质量→下放钢筋笼→灌注水下混凝土→拔出护筒→检查桩质量。施工顺序,如图5-24所示。

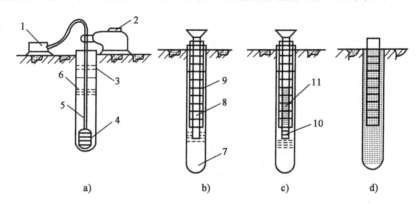

图5-24 泥浆护壁钻孔灌注桩施工顺序图
a)钻孔;b)下钢筋笼及导管;c)灌注混凝土;d)成型
1-泥浆泵;2-钻机;3-护筒;4-钻头;5-钻杆;6-泥浆;7-沉淀泥浆;8-导管;9-钢筋笼;10-隔水塞;11-混凝土

(1)施工准备。

施工准备包括选择钻机、钻具、场地布置等。钻机是钻孔灌注桩施工的主要设备,可根据地质情况和各种钻孔机的应用条件来选择。

(2)钻机的安装与定位。

安装钻机的基础如果不稳固,施工中易产生钻机倾斜、桩倾斜和桩偏心等不良影响,因此要求安装地基稳固。对地层较软或有坡度的地基,可用推土机推平,再垫上钢板或枕木加固。

为防止桩位不准,施工中应定好中心位置和正确地安装钻机。对于有钻塔的钻机,先利用钻机本身的动力与附近的地笼配合,将钻机移动大致定位,再用千斤顶将机架顶起,准确定位,使起重滑轮、钻头或固定钻杆的卡孔与护筒中心在同一垂线上,以保证钻机的垂直度。钻机位置的偏差不得大于2cm。对准桩位后,用枕木垫平钻机横梁,并在塔顶对称于钻机轴线上拉上缆风绳。

(3)埋设护筒。

钻孔成败的关键是防止孔壁坍塌。当钻孔较深时,地下水位以下的孔壁土在静水压力下会向孔内坍塌,甚至发生流砂现象。钻孔内若能保持比地下水位高的水头,增加孔内静水压力,就能稳定孔壁、防止坍孔。护筒除起到这个作用外,同时还有隔离地表水、保护孔口地面、固定桩孔位置和钻头导向作用等。

泥浆护壁时,只埋设孔口护筒。埋设时,先按桩位挖孔,孔径比护筒外径约大0.4m,并用黏土回填夯实。筒要垂直,位置要准确。

制作护筒的材料有木材、钢板、钢筋混凝土三种。护筒要求坚固耐用、不漏水,其内径应比钻孔直径大(旋转钻约大20cm,潜水钻、冲击或冲抓锥约大40cm),每节长度2~3m。一般常用钢护筒。

(4)泥浆制备。

钻孔泥浆由水、黏土(膨润土)和添加剂组成。具有浮悬钻渣、冷却钻头、润滑钻具,增大静水压力,并在孔壁形成泥皮,隔断孔内外渗流,防止坍孔的作用。调制的钻孔泥浆及经过循环净化的泥浆,应根据钻孔方法和地层情况来确定泥浆稠度,泥浆稠度应视地层变化或操作要求机动掌握,泥浆太稀,排渣能力小,护壁效果差;泥浆太稠,会削弱钻头冲击功能,降低钻进速度。

(5)钻孔。

钻孔是一道关键工序,在施工中必须严格按照操作要求进行,才能保证成孔质量,首先要注意开孔质量,为此必须对好中线及垂直度,并压好护筒。在施工中,要注意不断添加泥浆和抽渣(冲击式用),还要随时检查成孔是否有偏斜现象。采用冲击式或冲抓式钻机施工时,附近土层因受到振动而影响邻孔的稳固。所以钻好的孔应及时清孔,下放钢筋笼和灌注水下混凝土。钻孔的顺序也应事先规划好,既要保证下一个桩孔的施工不影响上一个桩孔,又要使钻机的移动距离不要过远和相互干扰,一般可采用如图5-25所示的顺序钻孔。

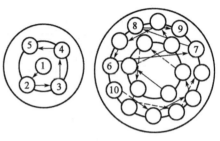

图5-25 钻机钻孔顺序图

(6)清孔。

钻孔的深度、直径、位置和孔形直接关系到成桩质量与桩身曲直。为此,除了钻孔过程中密切观测监督外,在钻孔达到设计要求深度后,应对孔深、孔位、孔形、孔径等进行检查。在终孔检查完全符合设计要求时,应立即进行孔底清理,避免隔时过长以致泥浆沉淀,引起钻孔坍塌。对于摩擦桩,当孔壁容易坍塌时,要求在灌注水下混凝土前沉渣厚度不大于30cm;当孔壁不易坍塌时,不大于20cm。对于柱桩,要求在射水或射风前,沉渣厚度不大于5cm。清孔方法视使用的钻机不同而灵活应用。通常,可采用正循环旋转钻机、反循环旋转钻机、真空吸泥机以及抽渣筒等清孔。其中,用吸泥机清孔,所需设备不多,操作方便,清孔也较彻底,但在不稳定土层中应慎重使用。图5-26为风管吸泥清孔示意图。其原理就是将压缩机产生的高压空气吹入吸泥机管道内将泥渣吹出。

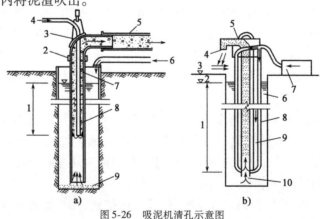

图5-26 吸泥机清孔示意图

a)内风管吸泥清孔:1-高压风管入水深;2-弯管和导管接头;3-焊在弯管上的耐磨短弯管;4-压缩空气;5-排渣软管;6-补水;7-输气软管;8-钢管长度大于2m;9-孔底沉渣

b)外风管吸泥清孔:1-水面至导管进风管口;2-钻孔水面;3-地面;4-浆渣出口;5-接在导管上的弯管;6-钻孔;7-空压机;8-小风管;9-灌注混凝土导管;10-浆渣进口

(7)灌注水下混凝土。

清完孔之后,就可将预制的钢筋笼垂直吊放到孔内,定位后要加以固定,然后用导管灌注混凝土,灌注时混凝土不要中断,否则易出现断桩现象。

2)全套管施工法

全套管施工法的施工顺序,如图5-27所示。其一般的施工过程是:平整场地、铺设工作平台、安装钻机、压套管、钻进成孔、安放钢筋笼、放导管、浇筑混凝土、拉拔套管、检查成桩质量。

全套管施工法的主要施工步骤除不需泥浆及清孔外,其他的与泥浆护壁法类似。压入套管的垂直度,取决于挖掘开始阶段的5~6m深时的垂直度。因此,应随时用水准仪及铅垂校核其垂直度。

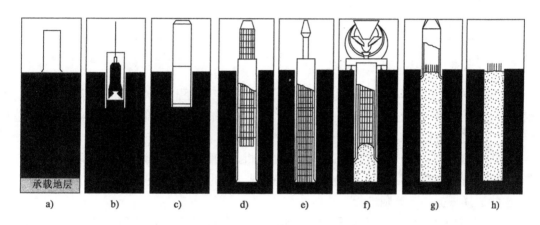

图5-27 全套管施工法施工顺序图

a)压入第一根套管;b)挖掘,旋转套管并压入;c)连接第二根套管;d)安放钢筋笼;e)插入导管;f)浇筑混凝土,拉拔导管;g)拉拔套管;h)结束就地灌注作业

四、桩工机械的选用

1. 预制桩施工机械适用范围及选用

1)适用范围

预制桩施工机械的适用范围见表5-3。

预制桩施工机械的适用范围　　　　表5-3

打桩机类别	适 用 范 围	优 缺 点
柴油打桩机	1. 轻型宜于打木桩,钢板桩 2. 重型宜于打钢筋混凝土桩,钢管桩 3. 不适于在过硬或过软土层中打桩	附有桩架、动力设备,机架轻,移动方便,燃料消耗少,沉桩效率高
振动沉拔桩机	1. 用于沉拔钢板桩、钢管桩、钢筋混凝土桩 2. 宜用于砂土、塑性黏土及松软砂黏土 3. 在卵石夹砂及紧密黏土中效果较差	沉桩速度快,施工操作简易安全,能辅助拔桩
静力压拔桩机	1. 适用于不能有噪声和振动影响邻近建筑物的软土地区 2. 适用压拔板桩、钢板桩、型钢桩和各钢筋混凝土方桩 3. 宜用于软土基础及地下铁道明挖施工中	对周围环境无噪声,无振动,桩配筋简单,短桩可接,便于运输。只适用松软地基,且运输安装不便

2）柴油桩锤的选用

桩锤是打桩机的核心部件，因此柴油锤的正确选择，对提高工作效率至关重要。选择桩锤，必须考虑桩的规格、基础规格和土质条件等因素。一般选用柴油打桩机，桩质量与锤质量之比为 0.7~2.5 时，可提高工作效率。一般桩的限制打击次数，见表 5-4。采用适当质量的桩锤进行打桩，在接近打桩结束时，每次打击的贯入量应小于 2mm，这样可充分发挥桩的承载力。在确保承载力的条件下，也可采用比上述限值更大一些的贯入量。

各种桩的限制打击次数　　　　　　　　　　　　　　　　　表 5-4

桩 种	限制总打击次数	桩 种	限制总打击次数
钢桩	3000 次以下	预应力混凝土桩	2000 次以下
钢筋混凝土桩	1000 次以下		

2. 灌注桩施工机械适用范围及选用

如前所述，灌注桩基础施工工艺过程繁多，在整个施工过程中，关键环节是钻孔。因此，钻孔机械的选择尤为重要，其他工艺过程的机械随钻孔机械而进行配套。钻孔机械就是灌注桩基础施工的主导机械。

钻孔机的种类有：回转式钻孔机、冲击式钻孔机、冲抓式钻孔机、全套管钻孔机、潜水钻孔机等，各种钻孔机有其各自的工作特点和适用范围。因此，钻孔机的选择是施工的重要环节。钻孔机的选择根据如下原则进行。

（1）选择钻孔机类型时，必须根据所钻孔位的地质（土壤及土层结构）情况结合钻孔机的适用能力而选型，见表 5-5。

各种钻孔方法适用范围　　　　　　　　　　　　　　　　　表 5-5

各类灌注桩适用范围		适 用 条 件
护壁成孔灌注桩	冲击成孔	用于各种地质情况
	冲抓成孔	用于一般黏土、砂土、砂砾土
	旋转正、反循环钻成孔	用于一般黏土、砂土、砂砾土等土层，在砂砾或风化岩层中亦可应用机械旋转钻孔，但砾石粒径超过钻杆内径时不宜采用反循环钻孔
	潜水钻成孔	用于黏性土、淤泥、淤泥质土、砂土
干成孔灌注桩	螺旋钻成孔	用于地下水位以上黏性土、砂土及人工填土
	钻孔扩底	用于地下水位以上坚硬塑黏性土、中密以上砂土
	人工成孔	用于地下水位以上黏性土、黄土及人工填土
沉管灌注桩	锤击沉管	用于可塑、软塑、流塑黏性土、黄土、碎石土及风化岩
	振动沉管	
爆扩灌注桩	爆扩	用于地下水位以上黏性土、黄土、碎石土及风化岩

（2）钻孔机的型号应根据设计钻孔的直径和深度结合钻孔机钻孔能力而定。

（3）一台钻孔机配备有不同形式的钻头，而钻头的选择应根据地质结构情况而选择。

（4）钻孔机的选择还应考虑钻架设立的难易程度，钻孔机的运输条件及钻孔机安装场地的水文、地质，钻孔机钻进反力等情况，力求所选钻孔机结构简单、工作可靠、使用及运输方便。

（5）钻孔机的选择要考虑其生产率应符合工程进度的要求，在保证工程质量和工作进度的前提下,生产率不宜过大。因为生产率高的钻孔机费用高、工程造价高。

(6)一个工程队如要配备两台以上钻孔机时,应尽可能统一其型号规格,以便管理。根据施工需要也可配备不同型号种类的钻孔机。

总之,在钻孔机选型时,要综合考虑各种因素,力求经济实用。

第二节　水泥混凝土机械及其施工技术

用来拌制、输送、振实水泥混凝土,以预制桥涵等各种人工构筑物构件的专用机械称为水泥混凝土机械,主要有水泥混凝土拌和机、水泥混凝土搅拌输送车、水泥混凝土泵和振捣器等。本节主要介绍水泥混凝土泵(图5-28)、水泥混凝土泵车、振捣器的工作原理及应用。

图 5-28　混凝土泵外观图

一、混凝土泵

混凝土泵是水泥混凝土机械中的主要设备,用于垂直和水平方向混凝土的输送工作。具有效率高、质量好、机械化程度高、作业时不受现场条件限制及减少环境污染等特点。目前,已被广泛用于水利、电力、隧道、地铁、桥梁、大型基础和高层建筑等工程。

1.混凝土泵的种类及工作原理

混凝土泵的种类较多,根据其构造和工作原理不同分为活塞式泵、挤压式泵、隔膜式泵及气罐式泵。

活塞式泵又可分为机械传动式混凝土泵和液压活塞式混凝土泵。液压活塞式混凝土泵(图5-29)主要由料斗、混凝土缸、分配阀、液压控制系统和输送管等组成。通过液压控制系统使分配阀交替启闭。液压缸与混凝土缸相连,通过液压缸活塞杆的往复运动以及分配阀的协同动作,使两个混凝土缸轮流交替完成吸入与排出混凝土的工作过程。这种泵容量大、泵送压力高,可实现计算机自动控制,目前应用广泛。

挤压式混凝土泵(图5-30)主要由泵体、软管、橡胶滚轮及行星齿轮等组成,通过行星齿轮上的滚轮挤压装有混凝土的软管来完成输送过程。这种泵结构紧凑、构造简单、制作方便。使用时,改变滚轮架的回转速度可改变其输送量。其缺点是挤压软管容易损坏,对于坍落度较小和粗集料粒径达40mm的混凝土挤压困难。最适用于输送轻质混凝土及砂浆。

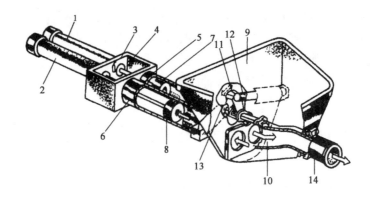

图 5-29 活塞式混凝土泵泵送机构

1、2-主液缸;3-水箱;4-换向装置;5、6-混凝土缸;7、8-混凝土活塞;9-料斗;10-分配阀;11-摆臂;12、13-摆动液缸;14-出料口

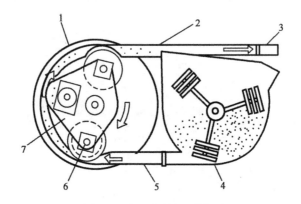

图 5-30 挤压式混凝土泵原理

1-泵室;2-橡胶软管;3-输出管;4-集料斗;5-吸入管;6-回转滚轮;7-滚轮架

隔膜式混凝土泵(图 5-31)由隔膜、泵体、控制阀、水泵及水箱等组成,是一种周期性工作的混凝土泵,依靠隔膜的往复运动来实现混凝土的泵送。其特点为结构简单、泵的自身无传动部件。主要部件为隔膜和控制阀,其缺点是操作比较麻烦,隔膜易损坏,且不便更换。

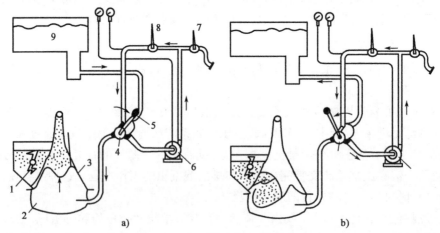

图 5-31 水压隔膜式混凝土泵
a)泵送混凝土;b)吸入混凝土

1-搅拌器;2-泵体;3-隔膜;4-控制阀;5-手柄;6-水泵;7-冲洗用阀门;8-单向阀;9-水箱

气罐式混凝土泵(图5-32)依靠压缩空气来输送混凝土,泵体本身就是气罐,无传动机构,结构简单、易于维护,属周期式输送。用这种泵输送出去的混凝土具有很大的喷射力及很高的流速。

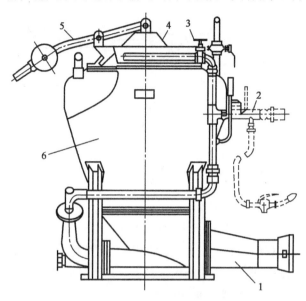

图5-32　风动单罐式混凝土泵
1-锥形管;2-总进气管;3-气门;4-锥形活门;5-操纵杠杆;6-泵体

2. 混凝土泵的使用

随着混凝土的不断发展,混凝土泵已被广泛应用于混凝土浇筑工程中。为了确保混凝土泵达到规定的技术状况,必须认真执行使用和维修养护规程,以提高混凝土泵送施工质量与进度。

1) 使用要点

(1) 操作者及有关设备管理人员应仔细阅读使用说明书,掌握其结构原理、使用和维护以及泵送混凝土的有关知识;操作混凝土泵时,应严格按技术说明书中的有关技术规程执行。同时,应根据施工现场的具体情况,制定泵送方案,并在施工中贯彻实施。

(2) 支撑混凝土泵的地面应平坦、坚实;整机需水平放置,工作过程中不应倾斜。支腿应能稳定地支撑整机,并可靠地锁住或固定。泵机位置既要便于混凝土搅拌运输车的进出及向料斗进料,又要考虑有利于泵送布管以减少泵送压力损失,同时要求距离浇筑地点近,供电、供水方便。

(3) 应根据施工场地特点及混凝土浇筑方案进行配管,配管设计时要校核管路的水平换算距离是否与混凝土泵的泵送距离相适应。弯管角度一般分15°、30°、45°和90°四种,曲率半径分1m和0.5m两种(曲率半径较大的弯管阻力较小)。配管时,应尽可能缩短管线长度,少用弯管和软管。输送管的铺设应便于管道清洗、故障排除和拆装维修。当新管和旧管混用时,应将新管布置在泵送压力较大处。配管过程中,应绘制布管简图,列出各种管件、管卡、弯管和软管等的规格和数量,并提供清单。

(4) 需垂直向上配管时,随着高度的增加(即势能的增加),混凝土存在回流的趋势,因此应在混凝土泵与垂直配管之间铺设一定长度的水平管道,以保证有足够的阻力阻止混凝土回流。当泵送高层建筑混凝土时需垂直向上配管,此时其地面水平管长度不宜小于垂直管长度的1/4。如因场地所限,不能放置上述要求长度的水平管时,可采用弯管或软管代替。

在垂直配管与水平配管相连接的水平配管一侧,宜配置一段软件包管。另外,在垂直配管的下端应设置减振支座。垂直向上配管的形式,如图5-33所示。

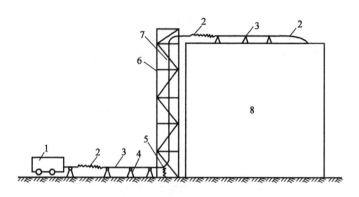

图5-33 垂直向上的管路布置
1-泵车;2-软管;3-水平管;4-支架;5-减振支座;6-管架;7-垂直管;8-建筑物

(5)在混凝土泵送过程中,随着泵送压力的增大,泵送冲击力将迫使泵管来回移动,这不仅损耗了泵送压力,而且使泵管之间的连接部位处于冲击和间断受拉的状态,可导致管卡及胶圈过早受损、水泥浆溢出,因此必须对泵加以固定。

(6)混凝土泵与输送管连通后,应按混凝土泵使用说明书的规定进行全面检查,符合要求后方能开机进行空运转。空载运行10min后,再检查一下各机构或系统是否工作正常。

(7)在炎热季节施工时,宜用湿草袋、湿罩布等物覆盖混凝土输送管,以避免阳光直接照射,可防止混凝土因坍落度损失过快而造成堵管。

(8)在严寒地区的冬季进行混凝土泵送施工时,应采取适当的保温措施,宜用保温材料包裹混凝土输送管,防止管内混凝土受冻。

2)泵送工作要点

(1)混凝土的可泵性。泵送混凝土应满足可泵性要求,必要时应通过试泵送确定泵送混凝土的配合比。

①粗集料的最大粒径与输送管径之比应为:泵送高度在50m以下时,对于碎石不宜大于1:3,对于卵石不宜大于1:2.5;泵送高度在50~100m时,宜在1:3~1:4范围;泵送高度在100m以上时,宜为1:4~1:5。针片状颗粒含量不宜大于10%。

②对于不同泵送高度,入泵混凝土的坍落度可按表5-6选用。

泵送高度与入泵混凝土的坍落度对照表 表5-6

泵送高度(m)	30以下	30~60	60~100	100以上
坍落度(mm)	100~140	140~160	160~180	180~200

③泵送混凝土的水灰比宜为0.4~0.6。

④泵送混凝土的含砂率宜为38%~45%。细集料宜采用中砂,通过0.315mm筛孔的砂量应≥15%。

⑤泵送混凝土中水泥的最少含量为300kg/m³。

(2)混凝土泵起动后应先泵送适量水,以湿润混凝土泵的料斗、混凝土缸和输送管等直接与混凝土接触的部位。泵送水后再采用下列方法之一润滑上述部位:泵送水泥浆、泵送1:2

的水泥砂浆、泵送除粗集料外的其他成分配合比的水泥砂浆。

润滑用的水泥浆或水泥砂浆应分散布料,不得集中浇筑在同一地方。

(3)开始泵送时,混凝土泵应处于慢速、匀速运行的状态,然后逐渐加速。同时,应观察混凝土泵的压力和各系统的工作情况,待各系统工作正常后方可以正常速度泵送。

(4)混凝土泵送工作尽可能连续进行,混凝土缸的活塞应保持以最大行程运行,以便发挥混凝土泵的最大效能,并可使混凝土缸在长度方向上的磨损均匀。

(5)混凝土泵若出现压力过高且不稳定、油温升高、输送管明显振动及泵送困难等现象时,不得强行泵送,应立即查明原因予以排除。可先用木锤敲击输送管的弯管、锥形管等部位,并进行慢速泵送或反泵,以防止堵塞。

(6)当出现堵塞时,应采取下列方法排除:

①重复进行反泵和正泵运行,逐步将混凝土吸出返回至料斗中,经搅拌后再重新泵送。

②用木锤敲击等方法查明堵塞部位,待混凝土击松后重复进行反泵和正泵运行,以排除堵塞。

③当上述两种方法均无效时,应在混凝土卸压后拆开堵塞部位,待排出堵塞物后重新泵送。

(7)泵送混凝土宜采用预拌混凝土,也可在现场设搅拌站供应泵送混凝土,但不得泵送手工搅拌的混凝土。对供应的混凝土应予以严格的控制,随时注意坍落度的变化,不符合泵送要求的混凝土不允许入泵,以确保混凝土泵的有效工作。

(8)混凝土泵料斗上应设置筛网,并设专人监视进料,避免因直径过大的集料或异物进入而造成堵塞。

(9)泵送时,料斗内的混凝土存量不能低于搅拌轴位置,以避免空气进入泵管引起管道振动。

(10)当混凝土泵送过程需要中断时,其中断时间不宜超过1h,并应每隔5~10min进行反泵和正泵运转,以防止管道中因混凝土泌水或坍落度损失过大而堵管。

(11)泵送完毕后,必须认真清洗料斗及输送管道系统。混凝土缸内的残留混凝土若清除不干净,将在缸壁上固化,当活塞再次运行时,活塞密封面将直接承受缸壁上已固化的混凝土对其的冲击,导致推送活塞局部剥落。这种损坏不同于活塞密封的正常磨损,密封面无法在压力的作用下自我补偿,从而导致漏浆或吸空,引起泵送无力、堵塞等。

(12)当混凝土可泵性差或混凝土出现泌水、离析而难以泵送时,应立即对配合比、混凝土泵、配管及泵送工艺等进行研究,并采取相应措施解决。

3)混凝土泵选型

(1)混凝土泵的选型应根据工程对象、特点、要求的最大输送量、最大输送距离与混凝土浇筑计划以及具体条件进行综合考虑。

(2)混凝土泵的生产率可按下式计算:

$$Q = 60 k_b k_q ZASn \tag{5-2}$$

式中:Q——混凝土泵的生产率,m^3/h;

k_b——作业时间率,一般为 0.57~0.66;

k_q——容积效率,一般为 0.85~0.9;

Z——混凝土泵缸体数;

A——活塞面积,m^2;

S——活塞行程,m;

n——活塞每分钟循环次数,次/min。

(3)混凝土泵的最大水平输送距离,可按下列方法之一确定:

①由试验确定。

②根据混凝土泵的最大出口压力、配管情况、混凝土性能指标和输送量,按下式计算。

$$L_{max} = \frac{P_{max}}{\Delta P} \tag{5-3}$$

式中:L_{max}——混凝土泵的最大水平输送距离,m;

P_{max}——混凝土泵的最大出口压力,Pa;

ΔP——混凝土在水平输送管内流动每米产生的换算压力损失(表5-7),Pa/m。

混凝土泵送的换算压力损失 表5-7

管 件 名 称	换 算 量	换算压力损失(MPa)
水平管	第20m	0.10
垂直管	每5m	0.10
45°管	每只	0.05
90°管	每只	0.10
管卡	每只	0.10
管路截止阀	每个	0.80
3.5m橡胶软管	每根	0.20

(4)混凝土泵的泵送能力,可根据具体施工情况按下列方法之一进行验算,同时应符合产品说明书中的有关规定。

①按表5-8计算的配管整体水平换算长度,应不超过混凝土泵的最大水平输送距离L_{max}。

混凝土输送管的水平换算表 表5-8

类 别	单 位	规 格	水平换算长度(m)
向上垂直管K	每米	100mm	4
		125mm	5
		150mm	6
锥形管t	每根	150→125mm	10
		125→100mm	20
90°弯管b	每根	$R=0.5m$	12
		$R=1.0m$	9
软管f	每根	3m	18
		5m	30

注:该表为一定混凝土条件下试验测得的经验数值,并非理论数值。不同的混凝土条件,其值亦不同,仅做配管之参考。

②按换算的总压力损失,应小于混凝土泵正常工作时的最大出口压力。

(5)就混凝土泵形式而言,由于拖式混凝土泵可以拖行,又比车载式混凝土泵价格低,故优先选用。

(6)就混凝土泵理论输送量而言,50~95m³/h 为优先选用。

(7)在缺少电源及施工现场电网配置容量小的工地,宜选用柴油机驱动。

(8)在隧道施工中,宜选用电动机驱动。

(9)混凝土缸径主要取决于输送量及泵送混凝土压力。输送量大、输送距离短或输送高度小,可选用大直径混凝土缸;输送量小、输送距离长或输送高度大,可选用小直径混凝土缸。

混凝土缸径与集料有关,输送碎石混凝土时,缸径应不小于碎石最大粒径的3.5~4.0倍;输送卵石混凝土时,缸径应不小于卵石最大粒径的2.5~3.0倍。

(10)料斗容积尽可能大一些,一方面可使料斗内经常保持足够的混凝土,避免吸入空气,另一方面可有利于提高混凝土搅拌运输车的利用率。

(11)混凝土输送管应根据粗集料最大粒径、混凝土泵型号、混凝土输送量和输送距离,以及输送难易程度等进行选择。输送管应具有与泵送条件相适应的强度。输送管径有 $\phi 100$、$\phi 125$、$\phi 150$ 三种规格,选择时主要考虑混凝土中集料最大粒径和工程对象,管径应大于集料最大粒径的3倍。大直径输送管可输送较大粒径粗集料混凝土,一般多用于基础工程;小直径输送管轻巧,使用方便,混凝土泌水时在小直径输送管中产生离析的可能性小,一般多用于高层建筑。

(12)混凝土泵的台数,可根据混凝土浇筑量、单机的实际输送量和施工作业时间进行计算。对于重要工程的混凝土泵送施工,除根据计算确定外,宜有1~2台的备用泵。

二、混凝土泵车(图5-34)

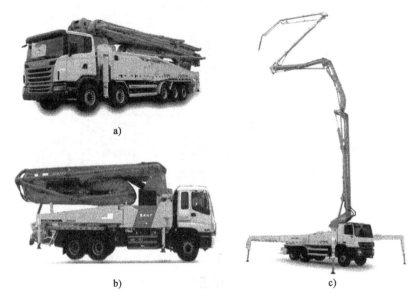

图5-34 混凝土泵车外观图

1. 概述

混凝土泵车也称臂架式混凝土泵车,其形式定义为:将混凝土泵和液压折叠式臂架都安装在汽车或拖挂车底盘上,并沿臂架铺设输送管道,最终通过末端软管输出混凝土的机器。

由于臂架具有变幅、折叠和回转功能,可以在臂架所能及的范围内布料。

目前,在国家重点建设项目的混凝土施工中都采用了混凝土泵车泵送技术,其使用范围已经遍及水利、水电、地铁、桥梁、大型基础、高层建筑和民用建筑等工程中。近年来已经成为泵送混凝土施工机械的首选机型。

混凝土泵车可以一次同时完成现场混凝土的输送和布料作业,具有泵送性能好、布料范围大、能自行行走、机动灵活和转移方便等特点。尤其是在基础、低层施工及需频繁转移工地时,使用混凝土泵车更能显示其优越性。混凝土泵车施工方便,在臂架活动范围内可任意改变混凝土浇筑位置,不需在现场临时铺设管道,可节省辅助时间,提高工效。特别适用于混凝土浇筑需求量大、超大体积及超厚基础混凝土的一次浇筑和质量要求高的工程,目前地下基础的混凝土浇筑有80%是由混凝土泵车来完成的。

2. 混凝土泵车的分类

(1)混凝土泵车的臂架高度是指臂架完全展开后,地面与臂架顶端之间的最大垂直距离。其主参数为臂架高度和理论输送量。臂架高度和理论输送量已系列化。

(2)按其臂架高度可分为:短臂架(13~28m)、长臂架(31~47m)、超长臂架(51~62m)。

(3)按其理论输送量可分为:小型(44~87m^3/h)、中型(90~130m^3/h)、大型(150~204m^3/h)。

(4)按工作时混凝土泵出口的混凝土压力即泵送混凝土压力可分为:低压(2.5~5.0MPa)、中压(6.1~8.5MPa)、高压(10.0~18.0MPa)和超高压(22.0MPa)。

(5)按臂架节数可分为:2、3、4、5节臂。

(6)按其驱动方式可分为:汽车发动机驱动、拖挂车发动机驱动和单独发动机驱动。

(7)按臂架折叠方式可分为:Z形折叠、卷折式(图5-35)。

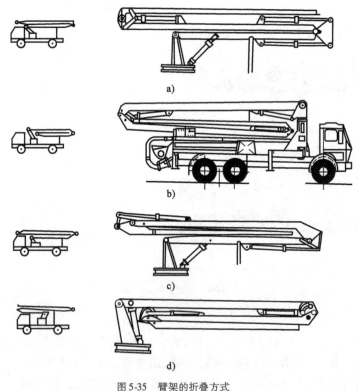

图5-35 臂架的折叠方式
a)、b)Z形折叠;c)、d)卷折折叠

3. 混凝土泵车的主要结构及其特点

混凝土泵车主要由混凝土泵、搅动器、隔筛、臂架、臂架管道、末端软管、分配阀、专用汽车底盘、取力装置(PTO)、操纵系统、液压系统和电气系统等组成,见图5-36。

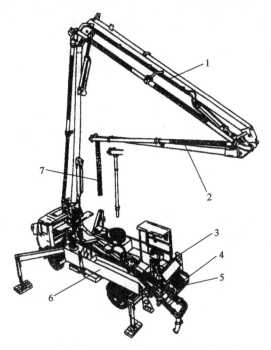

图5-36　混凝土泵车结构
1-臂架;2-混凝土料流;3-混凝土泵;4-分配阀;5-料箱、搅拌器、隔筛;6-专用底盘;7-末端软管

混凝土泵车的泵送机构是通过分配阀的转换,来完成混凝土的吸入与排出动作的。臂架为箱形截面结构,由2~5节铰接而成。取力装置的动力一般来自汽车发动机,通过液压系统进行驱动运转。当混凝土泵车作业时,发动机通过变速器和取力装置驱动液压泵工作。液压系统由泵送(包括换向)、臂架、支腿、搅拌(包括冷却)和水洗等部分的液压系统组成。

4. 混凝土泵车的使用

混凝土泵车已广泛使用在混凝土浇筑施工中,该设备技术的先进性和维修维护的复杂性,决定了对它的使用、维护和管理人员须提出较高的要求。为了确保混凝土泵车在工作时能达到规定的技术状态、降低维修成本、提高使用的可靠性和寿命,必须认真执行使用和维修规程。使用要点如下:

(1)混凝土泵车的操作人员须经专业培训后方可上岗操作,并严格按使用说明书的有关操作规程操纵。

(2)所泵送的混凝土应满足混凝土泵车的可泵性要求。

(3)整机水平放置时所允许的最大倾角为3°,更大的水平倾角会使布料的转向齿轮超载,并危及机器的稳定性。如果布料杆在移动时其中的某个支腿或几个支腿曾经离过地,就必须重新设定支腿,直至所有的支腿都能始终可靠地支撑在地面上。

(4)为保证布料杆泵送工作处于最佳状态,应做到:

①将1节臂提起45°。

②将布料杆回转180°。

③将2节臂伸展90°。

④伸展3、4、5节臂并呈水平位置。

若最后一节布料杆能处于水平位置,对泵送来说是最理想的。如果这节布料杆的位置呈水平状态,那么混凝土的流动速度就会放慢,从而可减少输送管道和末端软管的磨损,当泵送停止时,只有末端软管内的混凝土才会流出来。如果最后一节布料杆呈向下倾斜状态,那么在这部分输送管道内的混凝土就会在自重作用下加速流动,以致在泵送停止时输送管道内的混凝土还会继续流出。

(5)泵送停止5min以上时,必须将末端软管内的混凝土排出。否则,由于末端软管内的混凝土脱水,再次泵送作业时混凝土就会猛烈地喷出,向四处喷溅,那样末端软管很容易受损。

(6)为了改变臂架或混凝土泵车的位置而需要折叠、伸展或收回布料杆时,要先反泵1~2次后再动作,这样可防止在动作时输送管道内的混凝土落下或喷溅。

5. 混凝土泵车选型

(1)应根据混凝土工程对象、特点、要求的最大输送量、最大输送距离、混凝土浇筑计划、混凝土泵形式以及具体条件进行综合考虑。

(2)混凝土泵车的性能随机型而异,选用机型时除考虑混凝土浇筑量以外,还应考虑建筑的类型和结构、施工技术要求、现场条件和周围环境等。通常,所选用的混凝土泵车的主要性能参数应与施工需要相符或稍大,若能力过大,则利用率低;过小,不仅满足不了施工要求还会加速混凝土泵车的损耗。

(3)由于混凝土泵车具有使用灵活性,而且臂架高度越高,浇筑高度和布料半径就越大,施工适应性也越强,在施工中应尽量选用高臂架混凝土泵车。臂架长度28~36m的混凝土泵车是市场上量大面广的产品,约占75%。长臂架混凝土泵车将成为施工中的主要机型。

(4)年产10万~15万m^3的混凝土搅拌站,需装备2~3辆混凝土泵车。

(5)所用混凝土泵车的数量,可根据混凝土浇筑量、单机的实际输送量和施工作业时间进行计算。对那些一次性混凝土浇筑量很大的混凝土泵送施工工程,除根据计算确定外,宜有一定的备用量。

(6)由于混凝土泵车受汽车底盘承载能力的限制,臂架高度超过42m时造价增加很大,且受施工现场空间的限制,故一般很少选用。

(7)混凝土泵车的产品性能在选型时应坚持高起点。若选用价值高的混凝土泵车,则对其产品的标准要求也必须提高。对产品主要组成部分的质量,从内在质量到外观质量都要与整车的高价值相适应。

(8)混凝土泵车采用了全液压技术,因此要考虑所用的液压技术是否先进、液压元件质量如何。因其动力来源于发动机,而一般泵车采用的是汽车底盘上的发动机,因此除考虑发动机的性能与质量外,还要考虑汽车底盘的性能、承载能力及质量等。

(9)混凝土泵车上的操纵控制系统设有手动、有线以及无线的控制方式,有线控制方便灵活,无线遥控可远距离操作,一旦电路失灵,可采用手动操纵方式。

(10)混凝土泵车作为特种车辆,因其特殊的功能,对安全性、机械性能、生产厂家的售后服务和配件供应均应提出要求。否则一旦发生意外,不但影响施工进度,还将产生不可想象的后果。

三、水泥混凝土振捣器(图 5-37)

图 5-37 混凝土振捣器

1. 概述

用混凝土拌和机拌和好的混凝土浇筑构件时,必须排除其中气泡、进行捣固,使混凝土密实结合,消除混凝土的蜂窝、麻面等现象,以提高其强度,保证混凝土构件的质量。混凝土振捣器就是机械化捣实混凝土的机具。

混凝土振捣器的种类较多。常用的分类方法有以下几种:

(1)按传递振动的方法分为内部振捣器、外部振捣器和表面振捣器三种。

内部振捣器又称插入式振捣器(图 5-38)。工作时,振动头 1 插入混凝土内部,将其振动波直接传给混凝土。

这种振捣器多用于振捣厚度较大的混凝土层,如桥墩、桥台基础以及基桩等。它的优点是重量轻、移动方便,使用广泛。

外部振捣器又称附着式振捣器(图 5-39),是一台具有振动作用的电动机,在该机的底面安装上特制的底板,工作时底板附着在模板上,振捣器产生的振动波通过底板与模板间接地传给混凝土。

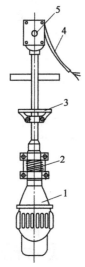

图 5-38 插入式振捣器
1-振动头;2-减振器;3-手把盘;4-橡皮电缆;5-操纵开关

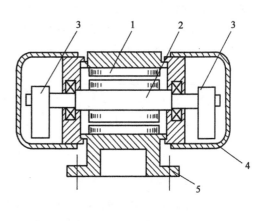

图 5-39 外部振捣器
1-电动机;2-电机轴;3-偏心块;4-护罩;5-固定基座

这种振捣器多用于薄壳构件、空心板梁、拱肋、T形梁等的施工。

根据施工的需要,外部振捣器除附着式外,还有一种振动台,它是用来振捣混凝土预制品的。装在模板内的预制品放置在与振捣器连接的台面上,振捣器产生的振动波通过台面与模板传给混凝土预制品。

表面振捣器(图5-40)是将它直接放在混凝土表面上,振捣器2产生的振动波通过与之固定的振捣底板1传给混凝土。由于振动波是从混凝土表面传入,故称表面振捣器。工作时,由两人握住振捣器的手柄4,根据工作需要进行拖移。它适用于厚度不大的混凝土路面和桥面等工程的施工。

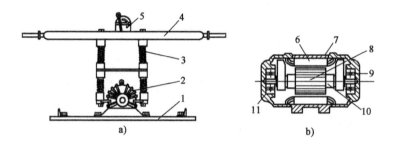

图5-40 平面式表面振捣器和电机振子
a)外形;b)包机振子

1-振捣底板;2-振动器;3-缓冲弹簧;4-手柄;5-开关;6-定子;7-机壳;8-转子;9-偏心块;10-转轴;11-轴承

(2)按振捣器的动力来源分为电动式、内燃式和风动式三种,以电动式应用最广。

(3)按振捣器的振动频率分有低频式、中频式和高频式三种。

低频式的振动频率为 25~50Hz(1500~3000次/分);中频式为 83~133Hz(5000~8000次/分);高频式为167Hz(10000次/分)以上。

(4)按振捣器产生振动的原理分为偏心式和行星式两种。其振动结构和工作原理,如图5-41所示。

偏心式(图5-41a)利用振动棒中心安装的具有偏心质量的转轴,在将高速旋转时所产生的离心力通过轴承传递给振动棒壳体,从而使振动棒产生圆周振动。

行星式(图5-41b)利用振动棒中一端空悬的转轴,在它旋转时,其下垂端的圆锥部分沿棒壳内的圆锥面滚动,从而形成滚动体的行星运动以驱动棒体产生圆周振动。

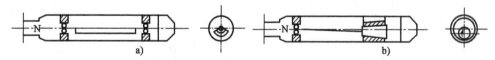

图5-41 振动棒激振原理示意图
a)偏心式;b)行星式

2. 插入式内部振动器的构造

电动软轴偏心式内部振捣器(图5-42)由电动机1、增速器2、传动软轴3和激振体5等组成。其构造特点是激振体用传动软轴与驱动部分联系,形成柔性连接,这样就可以最大限度地减轻操作人员的持重,并且传动软轴允许在一定范围内的各向挠曲。因此,激振体能从任何方向穿过钢筋骨架插入混凝土,操作相当方便。

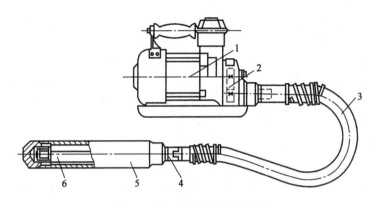

图 5-42 偏心式内部振捣器示意图
1-电动机;2-增速器;3-传动软轴;4-连接套;5-激振体;6-激振子

这种偏心式内部振捣器的软轴在使用中容易损坏,轴承也容易磨损,软轴的转速也不能提得太高,因此振动频率和振捣作用的效果受到一定限制。

3. 插入式振捣器使用注意事项

(1)插入式振捣器的电动机通电后旋转时,若软轴不转,则电动机转向不对,任意调换两相电源线即可;若软轴转动振动棒不起振,可摇晃棒头或将棒头轻磕地面,即可起振动。

(2)作业中应使振动棒自然沉入混凝土,一般应垂直插入,并插到下层尚未初凝层中 5~10cm,以促使上下层相互胶合。

(3)插入式振捣器振捣时,除了做到快插慢拔外,振动棒各插点间距应均匀,不要忽远忽近。一般间距不应超过振动棒有效作用半径的 1.5 倍。

(4)振动棒在混凝土内振捣时间,一般每插点振捣 20~30s,以混凝土不再显著下沉、不再出现气泡、表面泛出水泥浆和外观均匀为止,在振捣时应将振动棒上下抽动 5~10cm,使混凝土密实均匀;棒体插入混凝土的深度不应超过棒长的 2/3~3/4,以免因振动棒不易拔出而导致保护软管损坏;不许将保护软管插入混凝土中,以防砂浆浸蚀保护软管及砂浆渗入软管而损坏机件。

(5)使用插入式振捣器时,应避免将振动棒触及钢筋、芯管及预埋件,不得采取振动棒振动钢筋的方法来促使混凝土振密。以免因振动使钢筋位置变动、降低钢筋与混凝土之间的黏结力。

(6)振捣器作业时,保护软管弯曲半径应大于规定数值,软管不得有断裂。钢丝软轴使用 200h 后应更换,若软管使用过久、长度变长时,应及时进行修复或换新。

(7)振捣器在使用中若温度过高,应停机冷却检查,若是机件故障,要及时修理。冬季低温下,振捣器作业前应缓慢加温,待在棒内的润滑油解冻后,再投入作业。

(8)操作人员应注意用电安全,在穿戴好胶鞋和绝缘橡皮手套后方能操作插入式振捣器进行作业。

(9)振捣器作业完毕,应将振捣器电动机、保护软管、振动棒刷干净,按规定要求进行润滑维护工作;振捣器存放时,不要堆压软管,应平直放好,以免变形,应防止电动机受潮。

4. 混凝土振动台使用注意事项

(1)应将振动台安装在牢固的基础上,地脚螺栓应有足够强度并拧紧,同时在基础中间必须留有地下坑道,以便经常调整与维修。

(2)使用前要进行检查和试运转,检查机件是否完好,所有坚固件,特别是轴承座螺栓、偏心块螺栓、电动机和齿轮箱螺栓等,必须紧固牢靠。

(3)振动台不宜空载长时间运转。在作业中,必须安置牢固可靠的模板锁紧夹具,以保证模板和混凝土台面一起振动。

(4)齿轮箱中的齿轮因受高速重载荷,故应保证润滑和冷却良好;箱内油平时保持在规定的水平面上,工作时温升不得超过70℃。

(5)振动台所有轴承应经常检查并定期拆洗更换润滑脂,使轴承润滑良好,并应注意检查轴承温升,当有过热现象时应立即设法消除。

(6)电动机接地应良好可靠,电源线和线接头应绝缘良好,不得有破损漏电现象。

(7)振动台面应经常保持清洁平整,以便与钢模接触良好。因台面在高频重载下振动,容易产生裂纹,必须注意检查、及时修补。每班作业完毕应及时清洗干净。

第三节 起重机械与架桥设备

一、概述

1. 起重机械的基本组成及分类

起重机械是一种循环作业的工程机械,主要由起升机构、运行机构、变幅机构和回转机构,动力装置,操纵系统及辅助装置组成。

在桥梁工程中所用的起重机械,根据其构造和性能不同分为简单起重设备、桥式起重机械和臂架式起重机械三大类。简单起重设备有千斤顶、葫芦、卷扬机等。桥式起重机械有梁式起重机、龙门起重机等。臂架式起重机械有固定式回转起重机、塔式起重机、汽车起重机等。

2. 架桥设备的分类与特点

架桥设备是将预制好的钢筋混凝土或预应力混凝土构件吊装在桥梁支座上的专用施工机械。我国目前常用的架桥设备可分为导梁式架桥设备、缆索式架桥设备和专用架桥机三大类。

1)导梁式架桥设备

导梁式架桥设备是利用贝雷架(或万能杆件)拼装成的导梁作为承载移动支架,再配置部分起重装置与移动机具来实现架梁。

2)缆索式架桥设备

缆索式架桥设备是利用万能杆件拼装成塔架,在两个塔架之间张紧一根特种承重的主索,利用起重小车在此钢索上来回移动实现架梁。

3)专用架桥机

专用架桥机是在导梁式架桥设备基础上,通过对其起吊、行走等机构的改进而发展起来的专用架桥设备,按导梁形式可分为单导梁型和双导梁型两种。单导梁型架桥机具有结构紧凑、利用系数较高、对曲线及斜交桥梁适应能力强,容易实现架设外边梁等特点。双导梁型导梁的承载能力强,整机横向稳定性较好,目前应用较为广泛。

二、简单起重设备

简单起重设备一般只备有起升机构。具有构造简单、重量轻、便于携带、移动方便等特点。目前,在桥梁工程中常用的简单起重设备有液压千斤顶、滑车和卷扬机等。

1. 液压千斤顶(图 5-43)

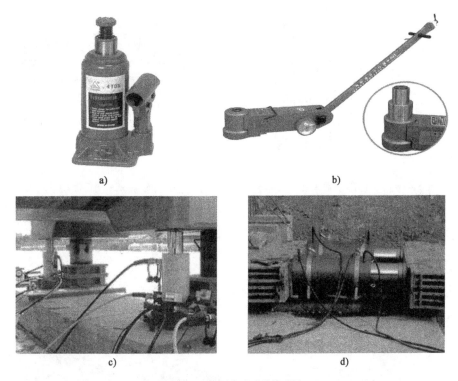

图 5-43 液压式千斤顶外观图

液压式千斤顶结构紧凑,工作平稳,有自锁作用,但起重高度有限(小于1m),起升速度慢。主要有通用和专用两类。

通用液压千斤顶适用于起重高度不大的各种起重作业。它由油室 3、油泵 7、储油腔 2、活塞 1、摇把 8、回油阀 4 等主要部分组成,如图 5-44 所示。

工作时,只要往复扳动摇把 8,使手动油泵 7 不断向油缸 3 内压油,由于油缸内油压的不断增高,就迫使活塞 1 及活塞上面的重物一起向上运动。打开回油阀,油缸内的高压油便流回储油腔 2,于是重物与活塞也就一起下落。

专用液压千斤顶是专用的张拉机具,在制作预应力混凝土构件时,对预应力钢筋施加张力。专用液压千斤顶多为双作用式。常用的有穿心式和锥锚式两种。

穿心式千斤顶适用于张拉钢筋束或钢丝束,它主要由张拉缸 7、顶压缸 8、顶压活塞 9 及弹簧 10 等部分组成。其特点是:沿拉伸机轴心有一穿心孔道,钢筋(或钢丝)穿入后由尾部的工具锚锚固。其工作原理,如图 5-45 所示。

张拉时,打开前后油嘴,从后油嘴 11 向张拉工作油室 4 内供油,张拉缸 7 缸体向后移动。由于钢索锚固在千斤顶尾部的工具锚上,因此千斤顶通过工具将钢索张拉。当钢索张拉到需要的长度时,关闭后油嘴 11,从前油嘴 12 进油至顶压缸 8 内,使顶压活塞 9 向前伸移而顶住锚塞,并将锚塞压入锚圈中,从而使钢索锚固。打开后油嘴并继续从前油嘴进油,这时张拉缸向前移动,缸内油液回流。最后打开前油嘴,使顶压缸内的油液回流,顶压活塞由于复位弹簧10的作用而复位。

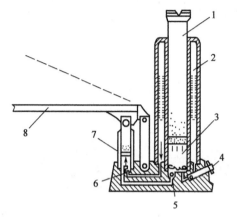

图5-44 液压千斤顶工作原理
1-活塞;2-储油腔;3-油缸;4-回油阀;5-油室进油阀;6-油泵进油阀;7-油泵;8-摇把

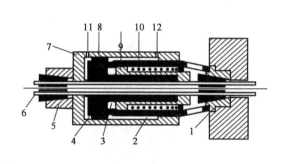

图5-45 穿心式千斤顶工作原理示意图
1-工作锚;2-张拉回程油室;3-顶压工作油室;4-张拉工作油室;5-工具锚;6-钢丝;7-张拉缸;8-顶压缸;9-顶压活塞;10-弹簧;11-后油嘴;12-前油嘴

2.卷扬机

卷扬机又称绞车,主要用于提升和拖曳重物,如图5-46所示。它可以单独使用,也可以配合滑车做其他起重机构使用。

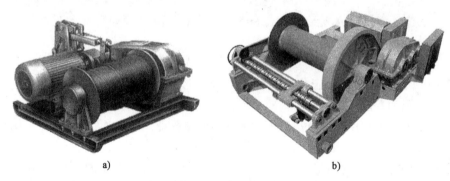

图5-46 卷扬机外观图

卷扬机实际上是由一个卷筒再配上齿轮或蜗轮减速器而组成的简单起重设备,有手动、机动或电动三种。

电动式卷扬机(图5-47a)由机架1、卷筒2、减速器3、制动器4和电动机5等部分组成。电动机的动力输出轴通过弹性联轴器和制动器4与减速器3相连。其传动系统,如图5-47b)所示。

三、自行式动臂起重机(图5-48)

1.自行式动臂起重机的类型及特点

自行式动臂起重机是起重机中应用较广泛的一种类型,按行走装置不同可分为汽车式起重机、轮胎式起重机和履带式起重机三种。自行式动臂起重机由于装有行走装置,灵活性好,广泛应用于流动性较大的桥梁施工现场做吊运、安装工作,具体特点分述如下。

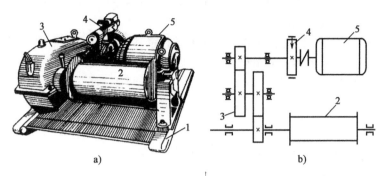

图 5-47　电动式卷扬机
a)结构简图;b)传动系统图
1-机架;2-卷筒;3-减速器;4-制动器;5-电动机

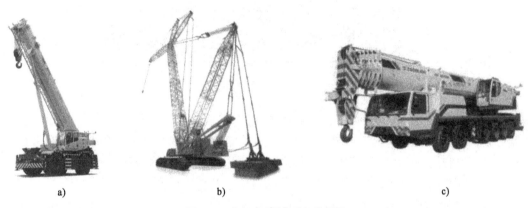

图 5-48　自行式动臂起重机外观图

　　汽车起重机是在通用或专用载货汽车底盘上装上起重工作装置及设备的起重机。它具有制造容易、通过性好、机动灵活、行驶速度快、到达目的地能马上投入工作等优点。因此,它特别适用于流动性大、不固定的工作场所。但汽车起重机车身较长、转弯半径大,转移时需要有较大的工作面。

　　轮胎起重机是将起重工作装置和设备装设在专门设计的自行式轮胎底盘上的起重机。由于其底盘是专门设计的,因此,其轴距、轮距及外形尺寸可根据总体设计的要求合理布置。

　　近年来,随着起重机技术的迅速发展,采用了动力换挡、全轮转向、油气悬架等新技术,从而提高了起重机的机动性、越野性及作业稳定性。

　　履带式起重机是把起重工作装置和设备装在履带底盘上,靠行走支撑轮在自身封闭的履带上滚动行驶的起重机。与轮胎起重机相比,履带对地面的平均比压小,可在松软、泥泞等恶劣地面上作业。此外,它爬坡能力强,牵引性能好,能带载行驶,并可借助附加装置实现一机多用,所以起质量大于100t的大型履带起重机在桥梁施工中占有重要地位,目前世界上起质量最大的履带起重机的起质量可达3000t。但履带起重机自身质量大、行驶速度低(1～5km/h),且会破坏路面。因而目前轻型履带起重机(100t以下)已逐渐被快速方便的液压式汽车起重机所取代。

2. 自行式动臂起重机的基本工作原理

长期以来,国内汽车起重机应用最为广泛,现以 QY12 全液压汽车起重机为例,介绍其主要组成部分的结构及工作原理。

图 5-49 为 QY12 汽车起重机外形图。其主要技术参数如下:

最大起质量:工作半径为 3m 时为 12000kg。

最大起质量力矩:385kN·m。

主臂:3 节

整机质量:13200kg。

行驶性能:最大车速 70km/h,最大爬坡度为 12.9°。

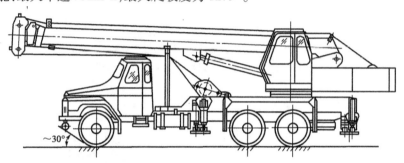

图 5-49　QY12 型全液压汽车起重机外形图

QY12 全液压汽车起重机具有三节伸缩臂,可 360°回转。其取力装置位于起重机底盘变速器右侧,起重机从行驶状态转入起重作业时,在底盘驾驶室内操纵取力操纵杆使取力装置接合,汽车发动机动力经过取力装置传至齿轮泵,使齿轮泵工作。齿轮泵产生的压力油通过液压系统驱动起重机的支腿和上车回转、变幅、伸缩机构以及卷扬机构工作。

支腿为 H 形结构,前后固定腿分别焊接在底架下方,四个活动支腿分别装在前后固定腿箱内,支腿机构为液压驱动。活动支腿通过支腿操纵阀控制,可以同时动作,也可单独动作。操纵支腿伸出时先伸水平腿,再伸垂直腿;缩回时应先缩垂直支腿,再缩水平腿。起重臂的主臂为三节四边箱形吊臂,伸缩机构为单级油缸加钢丝绳。其结构见图 5-50。

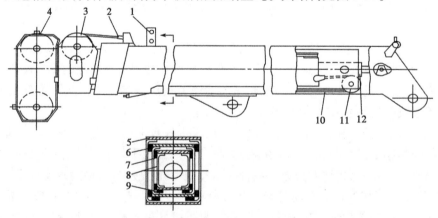

图 5-50　起重臂及伸缩机构

1-导绳器;2-伸臂绳;3-伸臂滑轮;4-导向滑轮;5-基本臂;6-侧滑块;7-二节臂;8-三节臂;9-下滑块;10-缩臂钢丝绳;11-缩臂滑轮;12-伸缩油缸

为提高伸缩油缸的稳定性,将伸缩油缸倒置安装在伸缩臂中,活塞杆头与基本臂尾部铰接固定,缸筒端部与二节臂根部铰接固定。当伸缩油缸伸出时,活塞杆固定于基本臂不运动,则缸筒运动将二节臂推出,当伸缩油缸缩回时,则缸筒运动将二节臂拉回。

起升机构由液压马达、减速器、制动器、卷筒、钢丝绳、起重钩等组成。制动器由制动油缸控制,可在起重过程中任何位置实现重物停稳而不下滑。在起升机构液压回路中装有平衡阀,用以控制重物下降的速度。

回转机构由液压马达、蜗杆蜗轮减速器、回转支承等组成。回转机构工作时,由定量马达驱动,通过回转分配阀的控制,可以实现正反方向全回转。

变幅机构由吊臂、转台与一个前倾安装的双作用油缸所构成。其变幅动作是通过双作用油缸的伸缩实现的,变幅机构的作用是改变吊臂的仰角,从而使吊钩与上车回转中心的距离得到改变。

四、龙门式起重机(图 5-51)

图 5-51 龙门式起重机外观图

1. 龙门式起重机类型及特点

龙门式起重机根据承重钢构梁的形式分为贝雷组合式龙门式起重机、钢梁桁架式龙门式起重机和混合型龙门式起重机。

贝雷组合式龙门式起重机的立柱和横梁主要由贝雷片组装而成。具有适用性强、互换性好、运输方便、用途多、经济节约等特点。

钢梁桁架式龙门式起重机的支柱和横梁都由钢桁架组成,具有横向稳定性好、挠度变形小、跨度大、自重轻的特点。

混合型龙门式起重机主要指横梁由贝雷片组装而成,立柱由其他钢构件组成,并且具有以上两种龙门式起重机有关特点的龙门式起重机。

以上龙门式起重机可分单轨龙门式起重机和双轨龙门式起重机,即可单台起吊或两台抬吊,可根据用户具体施工要求,结合施工现场特点、施工外部条件等因素制定方案,以确保安全性、经济性、可行性和便捷性。

2. 龙门式起重机的基本结构和工作原理

龙门式起重机如图 5-52 所示,它是由龙门架、起重小车和操纵机构三大部分组成。龙门架是由一根水平的主梁和两根垂直的支架焊接而成的Π字形架。主梁有单梁和双梁两种。起重小车总成 7 的滚轮在主梁 1 的轨道上横向移动。吊钩通过钢索及滑轮悬挂在小车的下面，重物的升降及小车沿主梁的横向移动是通过起重和牵引两根钢索，分别由卷扬机的两个卷筒来控制。被吊起的重物可做上下、横向和纵向三个方向的移动。由于它的起重范围大，因此广泛应用于桥梁构件的安装、料场及港口等处的大宗物品的装卸。

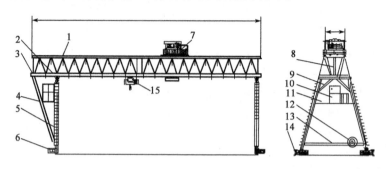

图 5-52　MDSG90/25-10 龙门式起重机

1-主梁；2-主梁座；3-副梁座；4-副支腿；5-主支腿；6-轮箱组件；7-小车总成；8-连接梁；9-稳定杆；10-司机室；11-司机室平台；12-电缆卷筒；13-均衡器；14-夹轨器；15-电动葫芦

五、缆索式架桥设备（图 5-53）

a)　　　　　　　　　　　　　　b)

图 5-53　缆索式架桥设备外观图

缆索式架桥设备（图 5-54）是在两个塔架 6 之间张紧一根特种承重的主索 1，起重小车 5 就在此钢索上来回移动提升重物。它的优点是跨度和起升质量较大（跨度为 100~1800m，起升质量为 3~50t），适用于山区丘陵地带以及有交通线或障碍物的广大施工现场做起重运输工作。特别适用于桥隧工程和水利枢纽工程。

缆索式起重机有固定式、移动式和转动式三种。

固定式缆索起重机的两个塔架是固定不动的，它结构简单、造价低，但工作面只是一个狭长的地带。

移动式缆索起重机的两个塔架下端都装有铁轮，能沿两根平行的轨道平移，故其工作范围为矩形面积。

转动式缆索起重机的一个塔架固定不动，另一个塔架下面装有铁轮，它可绕固定塔架在轨道上转动，其行驶轨迹是扇形或圆。

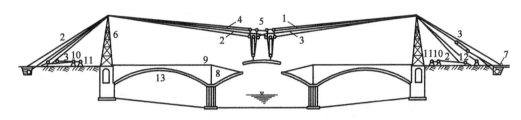

图 5-54 缆索式架桥设备

1-主索;2-左起重索;3-右起重索;4-牵引索;5-起重小车;6-塔架;7-地垄;8-扣索架;9-扣索;10-起重卷扬机;11-牵引卷扬机;12-收紧装置;13-拱肋

在设置缆索式起重机时,对于塔架的强度、主索、起重索和牵引索的拉力以及有关起重机的稳定性等问题,均需经过必要的力学计算。再经过现场试验,以达到经济合理和确保施工安全的目的。

六、导梁式架桥设备(图 5-55)

图 5-55 导梁式架桥设备外观图

目前,利用贝雷钢桁架和万能杆件拼装成的导梁式架桥设备在桥梁的上部施工中较为常用。其中,万能杆件是用角钢制成的可拼成节间距为 $2m \times 2m$ 的桁架杆件,因其通用性强,可根据不同桁架形式,再配制部分自制构件,如横移机构、纵移机构、行走机构等,就可以完成不同架设工序,提高了机械化程度。

图 5-56 所示的架桥机主要由导梁、前支腿、前后行走台车、前后起吊天车及电气设备组成。

导梁和前支腿 1 由万能杆件组拼而成,导梁安装在前、后行走台车上,行走台车可在已架设好的预应力混凝土梁上的轨道上行走。行走系统由行走台车 3 和牵引动力组成。起吊系统的天车横梁可用万能杆件拼装,也可使用型钢组合断面,具体用哪种形式应根据施工现场情况、两个导梁的间距,以及起吊设备的状况等因素综合考虑。

七、专用架桥机(图 5-57)

目前,世界各国的架桥机品种很多。这里重点介绍国产双导梁红旗 130-78 型架桥机。

红旗 130-78 型架桥机(图 5-58)由台车 7、机身 2、机臂 3、前门架 12 与前支腿 17、起吊天车 1 及液压系统、电气系统组成。

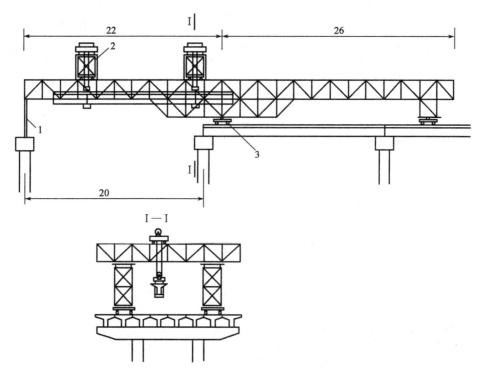

图 5-56 用万能杆件拼装的架设 20mT 梁的架桥设备(尺寸单位:m)
1-前支腿;2-前起吊天车;3-前行走台车

图 5-57 专用架桥机外观图

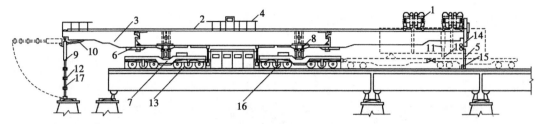

图 5-58 红旗 130-78 型架桥机

1-起吊天车;2-机身;3-机臂;4-人行道及栏杆;5-后门架;6-摆臂机构;7-台车;8-活动横梁;9-前支腿及油缸;10-翘头油缸;11-吊梁扁担;12-前门架;13-行走机构;14-主梁提升油缸;15-座梁;16-台车支腿油缸;17-前支腿下节;18-后支腿下节

机身 2 下的台车 7 共有两辆,每辆台车均有行走装置,可自行调速行走,两侧各设有两个支腿,在架桥机上桥对位后,使支腿支撑牢固,以保证架梁和机臂摆头的安全。

机身依靠升降机构升高或降低,以适应架梁工作的要求。

机臂 3 是箱形截面焊接结构,共 4 片,主梁两端各两片,对称安装。机臂上焊有供起吊天车 1 行走的轨道,并装有人行道和栏杆;机臂在曲线上架梁时,依靠摆臂机构 6 的液压推动,可随线路水平转动。

红旗 130-78 型架桥机轴重轻,梁片可以直接从运梁台车上起吊,可以一次将梁片架设就位,并可以在前后方向架梁。反方向架梁时,架桥机不需要转向,简化了架梁工艺,工作效率高。

八、钢丝绳

钢丝绳是由抗拉强度为 $(1.4 \sim 2.0) \, \text{kN/mm}^2$ 的多根钢丝编绕而成。由于钢丝绳具有强度高、自重轻、柔性好、极少骤然断裂等优点,而成为起重机的重要组件之一。在起升机构和变幅机构中用作承载绳,在运行机构和回转机构中用作牵引绳,有时还用来捆扎货物。

1. 钢丝绳的构造

根据不同的使用要求,钢丝绳的结构和编绕方法各不相同,有单绕绳、双绕绳、三绕绳等形式。起重机多采用双绕绳,即先由钢丝绕成股,再以绳芯为中心由股绕成绳。

绳芯的材料有金属芯、有机物芯(麻芯、棉芯)、石棉芯三种。有机物芯的钢绳具有较大的挠性、弹性润滑性好,但不耐高温,承受横向压力的能力较差;石棉芯钢绳性能与前者相似,但能抗高温;金属芯钢绳强度高,能承受高温和横向压力,但润滑性较差。

一般情况多选用有机物芯钢绳。高温工作宜选用石棉芯或金属芯钢绳。当在卷筒上多层卷绕时,钢绳之间横向压力大,宜采用金属芯钢绳。

2. 钢丝绳的种类

根据钢丝绕成股与股绕成绳的相互方向不同可分为:

1) 顺绕绳(图 5-59a)

丝绕成股与股绕成绳的绕向相同。这种钢丝绳挠性好、寿命较长,但有弹性恢复力,容易自行松散和扭转,故只适用于牵引绳。如电梯、小车运行机构的牵引绳,在起升机构中不宜采用。

2) 交绕绳(图 5-59b)

丝绕成股与股绕成绳的绕向相反。其挠性与使用寿命均较顺绕绳差,但由于绳与股的扭转趋势相反,克服了易扭转和易松散的缺陷,广泛用于起重钢索。

3)混绕绳(图5-59c)

半数股为左旋、半数股为右旋而绕成的钢绳,它的性能介于上述两者之间,因工艺复杂,应用极少。

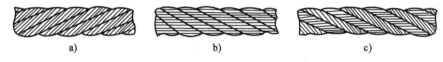

图5-59 钢丝绳的绕向

根据钢绳中丝与丝间的接触状态又可分为点接触绳、线接触绳和面接触钢绳。

3. 钢丝绳的报废标准

钢丝绳的寿命取决于承受拉力的大小、工作时的折弯次数、钢丝强度、绳槽形状、绕制方法、润滑与磨损情况。实践证明,钢丝绳的破坏,首先表现在外层钢丝的断裂,随着断丝数的增多,破坏的速度加快,达至一定限度后,不可继续使用,否则会引起完全断裂,酿成事故。

钢丝绳的寿命规定为从投入使用至报废时的使用期限。现行的报废标准,主要由每一节距内的断丝总数决定,见表5-9。断丝总数与钢丝绳的构造和设计时所选用的安全系数有关。此外,当径向表面磨损或腐蚀量≥40%时,不论断丝多少,均应报废。

根据断丝数和安全系数确定的报废标准　　　　表5-9

断丝根数\安全系数	结构				
	6×19 D型、X-Y型交绕	6×19 X-T型交绕	6×24 D型交绕	6×37 D型交绕	6×7 X-T型交绕
6以下	12	8	14	22	13
6~7	14	10	16	26	14
7以上	16	12	18	30	15

4. 钢丝绳的连接方法

钢丝绳在使用时需要与其他承载零件连接,以传递载荷。连接方法大致有下列几种:

(1)编结法(图5-60a)

利用心形套环,将末端与工作分支用钢丝绳扎紧。捆扎长度$l=(20~25)d$,同时不应小于300mm。

(2)楔形套筒法(图5-60b)

用特制的钢丝绳斜楔固定,方法简便。

(3)灌铅法(图5-60c)

将钢丝绳端拆散,穿入锥形衬套内,并将钢丝末端弯成钩状,然后灌入熔铅,冷却后即成。此法操作复杂,较少采用。

(4)绳卡固定法(图5-60d)

钢丝绳套在心形套环上,用特制的钢丝绳卡头固定。固定时,将U形卡卡在钢丝绳末端的分支上,座板装在工作分支上。钢丝绳卡头数不得少于三个,并按同一方向夹紧。此法简便可靠,应用广泛。钢丝绳卡头标准可查阅有关手册。

(5)铝合金压头法(图5-60e)

将钢丝绳端头拆散后分为六股,各股留头错开,留头最长不超过铝套长度,并切去绳芯,弯转180°后用钎子分别插入主索中。然后套入铝套,在气锤上压成椭圆形,再用压模压制成型。此法加工工艺性好,重量轻,安装方便,一般常作起重机固定拉索用。

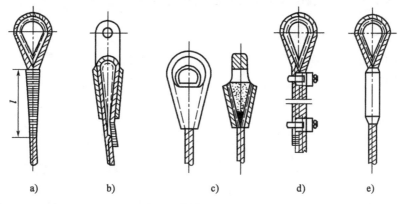

图5-60 钢丝绳端固接

5.钢丝绳的选择

钢丝绳为标准件,可根据工作要求选择钢绳的类型、结构形式,然后根据最大工作静拉力确定直径。再根据这些参数查表即可。

钢丝绳最小直径计算公式如下:

$$d = c\sqrt{s}$$

式中:d——钢丝绳最小直径,mm;

s——钢丝绳最大工作静拉力,N;

c——选择系数,它的取值与机构工作级别和钢丝抗拉强度有关,按表5-10选取。

c 和 n 值(当 $\omega = 0.46, k = 0.82$)　　　　表5-10

机械工作级别	选择系数 c 值			安全系数
	钢丝公称抗拉强度 σ_b (N/mm²)			
	1550	1700	1850	
M1~M3	0.093	0.089	0.085	4
M4	0.099	0.095	0.091	4.5
M5	0.104	0.100	0.096	5
M6	0.114	0.109	0.106	6
M7	0.123	0.118	0.113	7
M8	0.140	0.134	0.128	9

表中数值是在钢丝充满系数 ω 为0.46、折减系数 k 为0.82时的选择系数 c。

当 ω、k 和 σ 值与表中数值不同时,系数 c 按下式求出:

$$c = \sqrt{\frac{n}{k\omega\pi\sigma_b/4}}$$

式中:n——安全系数;

k——钢丝绳绕制折减系数,一般 k 取 $=0.82$;
σ_b——钢丝的抗拉强度,N/mm^2;
ω——钢丝绳充满系数,为绳断面积与毛面积之比。

九、起重机械与架桥设备在桥梁施工中的应用

1. 起重机械安全使用注意事项

起重机的安全使用必须按安全操作规程进行。其要点如下:

(1)起重作业时,必须设有专人指挥,并有统一信号,在进行任何作业前,起重机司机必须先发出信号。

(2)吊装的重物必须绑扎牢固。吊钩的吊点应在重物的重心。提升时勿使吊钩到达顶点。提升速度要均匀平稳,重物下落要低速轻放,禁止忽快、忽慢或突然制动。

(3)在重物或动臂下严禁站人,以防钢丝绳断裂或操纵机构失灵使动臂或重物落下而发生事故。

(4)起升重物时,卷筒上的钢丝绳应排列整齐。放出后,钢丝绳在卷筒上的余量不得少于三圈,并要经常检查钢丝绳的牢固性。

(5)在吊装作业中,禁止同时升降动臂与重物,只有将重物放下后,才能升降动臂。

(6)遇下雨或有雾时,由于带式制动器容易失效,故重物的升降速度应慢些。

(7)在起重作业中,应随时观察风力。在六级以上的大风天气里,应停止露天起重作业。

(8)两台起重机同时吊装一件重物时,重物的质量不得超过两机在各动臂的仰角下起升质量总和的75%。同时要注意负荷的分配,每台起重机分配的负荷不得超过该机允许载荷的80%,并使升降速度保持一致。

(9)起重机在行驶与作业时,为了保证它的稳定性,需注意以下内容:

①在作业时,应按动臂某伸幅所规定的起升质量来起吊重物,不得超载。同时,动臂的最大仰角不得超过原厂规定。

②汽车式起重机不能吊物行驶。若必须吊物行驶时,则重物需在起重机的正前方,且离地高度不得超过50cm,要缓慢行驶,不得转弯。

③起吊重物左右回转时,应注意平稳。不得使用紧急制动或没有停稳前又做反向回转。

④工作时的最大地面倾斜角:汽车式与轮胎式起重机不用支腿时为3°,用支腿时为1.5°。地面应密实平整,必要时垫枕木。

⑤起重机在转移工地前,应将转盘对正,动臂下落,扣上保险。行驶时,要随时随地注意周围的地形和地物,不让动臂碰上建筑物或其他障碍物。

2. 汽车起重机在桥梁施工中的应用

汽车起重机常用于中、小跨径预制梁的架设安装。

1)用单汽车起重机安装

单汽车起重机安装所需作业面小,比使用大型安装机械进度快。对于安装地点分散、安装阶段工序比较复杂的情况,单汽车起重机安装效率较高。当然,停放起重机位置的地基应具有足够的承载力。

其安装的步骤是:修筑运梁道路;清理停放起重机位置的场地;布置起重机;运进安装的

梁,并将钢丝绳挂到梁上(钢丝绳与梁面的夹角不能太小,一般以 45~60°为宜,否则,应使用起重横梁);最后用起重机吊梁,安装到支座上。图 5-61 为单汽车起重机架设法。

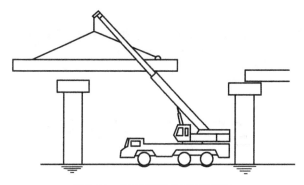

图 5-61　单汽车起重机安装示意图

2)双汽车起重机安装

双汽车起重机安装,是在桥墩附近布置两台起重机,把平板车运来的梁,用两台起重机吊起,安装到支座上。

与单汽车起重机安装相比,双汽车起重机安装一般是在主梁质量较大,或者构件跨度特长,一台起重机架设有困难时采用。

其安装步骤与单汽车起重机安装步骤基本相同。不过要特别注意两机的互相配合,因此现场指挥便特别重要。图 5-62 为双汽车起重机安装示意图。

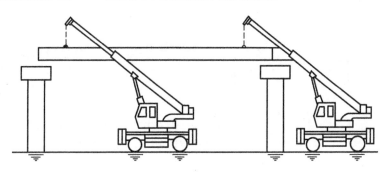

图 5-62　双汽车起重机安装示意图

3.导梁式架桥设备在桥梁施工中的应用

由于桥梁工程采用越来越大的跨径和越来越重的预制梁,一般的起重机难以达到要求,目前常采用专用架桥设备架设桥梁构件。

以用万能杆件拼装的架桥机架设钢筋混凝土桥梁为例,说明其工作过程。

1)移动架桥机

每孔梁架完后,必须在梁上铺好架桥机轨道及标准轨距的运梁台车轨道,然后方可移动架桥机。移动架桥机时,应先将两台起吊天车回到后部(图 5-63),以增加架桥机的平衡质量,保持稳定。再起动架桥机行走机构,使架桥机前进一定的距离,至前一个桥墩上(图 5-63),并对前支腿、前后轮组进行测量、调整。三点高度基本一致,其相对高差不得大于 5mm。

2)架梁

(1)梁片由预制厂装上运梁台车,用牵引车运到桥头。

(2)当运梁线与架梁线在一个平面时,可将梁片直接运至架桥机后部。若运梁线与架梁线不在同一平面时,则在桥头设立提升站。梁片由提升站龙门式起重机自运架线提升到架梁线上的运梁台车上,再由牵引车送至架桥机的后部。

(3)用前起吊天车将梁片吊起,前进至合适位置,如图5-63c)所示。

(4)再用后起吊天车将梁片后部吊起,如图5-63所示。

(5)前、后起吊天车向前行走,将梁片送至桥孔。

(6)将梁片缓慢落下。

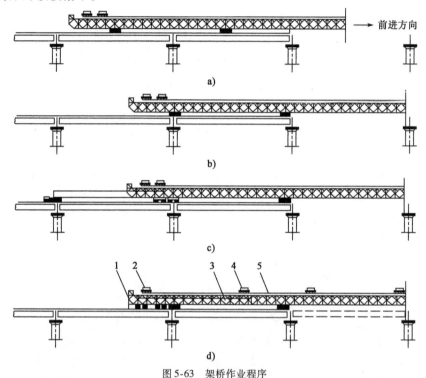

图5-63 架桥作业程序

1-运梁台车;2-后起吊天车;3-梁;4-前起吊天车;5-架桥机

【复习思考题】

1. 画简图说明筒式柴油桩锤的组成和工作原理。
2. 常用钻孔机有哪几种?各有何特点?
3. 如何选用灌注桩施工机械?
4. 说明泥浆护壁现场钻孔灌注桩的施工方法。
5. 插入式振捣器使用时应注意哪些事项?
6. 钢丝绳有几种类型?各有何特点?使用时应注意哪些问题?
7. 起重机的安全使用事项有哪些?
8. 说明导梁式架桥机的工作过程。

第六章
养护机械及其应用

[重点内容和学习要求]

本章讲述了清扫车、洒水车、除雪机械、排障车、画线机械、路面铣刨机械、沥青路面修补车、水泥路面维修机械、沥青路面再生机械、乳化沥青稀浆封层机等的用途、分类、主要机构组成和应用。

通过学习,了解各种养护机械的主要组成,懂得各种养护机械的使用特点。

现今的交通流量及其载重量与日俱增,路面直接承受的流动性行车荷载也在日渐加重。同时,路面还常年经受日晒、雨淋、风雪和冰霜等自然气候的侵蚀,甚至遭受自然灾害的破坏和影响。因此,随着时间推移,路基会发生坍陷;路面会产生泛油、起包、脱皮、麻面、龟裂和裂缝,甚至出现坑洼、波浪等病害,使交通不畅、运输成本上升,并加速公路的损坏。为了延长道路的使用寿命、改善行车条件、确保车辆行驶安全,必须对路面实施预防性日常养护,并根据路面的病害和症状及时进行修理。

一些发达国家,如美国、德国、法国、日本等,每年都投入巨额资金用于道路养护。它们也是养护机械的主要生产国,其技术具有世界领先水平,几乎垄断了国际市场。20世纪80年代中后期特别是90年代以来,随着我国公路建设规模的不断扩大及公路等级的提高,我国养护机械的发展日益受到重视。可以预言,在21世纪里,养护机械的发展会更加迅猛。

由于道路设施的不断完善和多样化,养护机械品种和机型也日益增多。通常,根据机械的作业项目和养护内容可把养护机械分为日常养护作业机械和路面修理与再生机械两大类。日常养护作业机械主要有清扫车、洒水车、排障车、除雪机械、划线机械及多功能工程机等;路面修理与再生机械主要有路面铣刨机械、沥青路面修补车、水泥路面维修机械、沥青路面再生机械、乳化沥青稀浆封层机及道路重铺机等。

第一节　清扫车及其应用

一、概述

清扫车的作用是清扫道路和场地。

清扫车按用途分为扫路刷、清扫收集机和专用收集机三类。扫路刷只能将路面上的垃圾扫到一边,通常仅在郊外的道路上使用。在铺路和修理路面时,也常用它来清扫场地。清扫收集机不但能把垃圾和尘土扫倒一边,而且能自动将垃圾装入垃圾箱中运走,在城市道路清扫中应用广泛。专用收集机系专门用来收集机场上的金属和其他物品。

按清扫作业装置的形式可分为刷式、真空式和刷—真空组式。

按把垃圾送入垃圾箱中的方式不同分为机械式、空气式和空气机械式。

按清扫时洒水与否可分为干式和湿式两种。一般刷式清扫车为湿式(图6-1),而真空式和刷—真空式清扫车为干式(图6-2)。

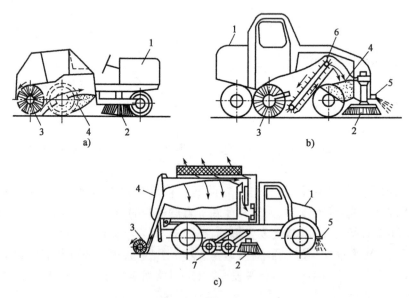

图6-1　湿式清扫车
a)抛垃圾到垃圾箱中;b)机械输送垃圾;c)气力输送垃圾
1-底盘车;2-盘刷;3-主圆柱刷;4-垃圾箱;5-喷水箱;6-输送机;7-辅助圆柱刷

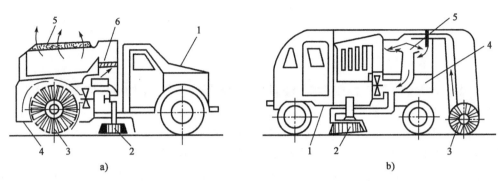

图6-2 干式清扫收集机
a)直接抛垃圾到箱中的机器;b)输送垃圾装置的机器
1-底盘车;2-盘刷;3-主刷;4-垃圾箱;5-棉织物滤清器;6-麻织物滤清器

清扫车一般由机架、发动机、传动系统、扫地刷、垃圾箱、垃圾输送装置和洒水系统等组成。扫地刷是清扫车的主要工作机构,它由刷、刷架、悬杆和驱动机构组成。按刷的功用可分为主刷和副刷。主刷一般做成圆锥形,担负大部分清扫面积的清扫作业,并将垃圾扫到垃圾箱中;副刷则是用来清扫道路边缘,并将垃圾送到主刷的扫道上。

扫地刷常用的有圆柱刷和圆锥刷。圆柱刷由刷芯、刷毛以及把刷毛固定在刷芯上的零件所组成。刷毛的材料常用钢丝、棕榈丝、竹条、人造纤维等。圆锥刷截头呈圆锥形,刷毛安装在一个圆盘上,因此又叫盘刷。它安装在机器的两侧,故又名侧刷。

垃圾箱是存放垃圾的容器,扫地刷扫起的垃圾通过输送装置送入垃圾箱中。垃圾箱一般是固定式的,也可制成可拆的和悬挂式的,通过端盖或倾倒进行卸载。

垃圾输送装置有机械式和真空机械式。机械式输送装置有带式、刮板链式和斗形提升式结构。真空机械式输送装置不仅能从路面上扫起垃圾,而且还可将其抛到垃圾箱中,同时气流还通过扫刷,这样促进了垃圾和灰尘从地面离开,细微的灰尘通过滤清器被留下,排入大气中几乎是无尘的空气,从而避免了空气的污染。该装置在城市的现代清扫收集机中使用最普遍。

洒水系统包括水箱、水泵(或压气机)和喷洒管嘴等。

近年来,国内外清扫车械的发展较快。国内有厂家引进了国外先进吸扫式清扫车工作装置的生产技术,与国产汽车底盘配套生产清扫车,大大提高了国产清扫车的技术性能。

二、清扫车的应用

正确合理地使用清扫车,可以保证清扫车的作业性质,减少故障,提高机械使用效率,延长使用寿命,还可以防止事故,避免人身伤亡。操作清扫车之前,必须仔细阅读随车使用说明书,严格遵守操作规程。通常,应该注意以下几方面:

1. 做好使用前的准备工作

(1)给底盘发动机和副发动机加注燃料油及润滑油;加注冷却液;检查空气滤清器的堵塞情况及安装是否正确;检查齿轮箱润滑油液面;冷却风扇驱动皮带的张紧状况;油门控制是否正常;有无漏水漏油现象。

(2)检查液压油箱的充满状况;有无漏油现象。

(3)检查喷水系统的吸水过滤器是否清洁;水阀通断是否正常;水泵驱动皮带张紧状况;

有无漏水现象。

(4)检查吸扫系统所有摩擦件(扫刷、吸口、耐磨衬板等)的工作状态;风机是否转动自如。

2.保证工作装置的最佳状态

(1)保证侧盘接地方位正确和水平柱刷两端接地压力相等(结构设计成可调节)。否则易造成两端扫除效果不同、刷毛磨损不平衡等问题。

(2)保证吸口的最佳离地间隙,对密度比较大的垃圾尘粒,吸口的离地间隙应小一些;对于轻质垃圾、树叶、纸屑等,特别当数量较大时,吸口的离地间隙应大些。

(3)保证喷水雾化和适当的喷水量,要按照清扫车使用说明书,根据路面垃圾状况选择适当的喷水量,并保证雾化效果。

第二节　洒水车及其应用

一、概述

洒水车的用途是向路面上洒水和冲洗路面,以达到除尘和清洁路面的作用。此外,还可用来浇灌绿化用的花草树木、提高工程用水,以及扑灭火灾,在其上悬挂雪犁和扫刷,可在冬季进行扫雪。

洒水车按用途分为喷洒式、冲洗式、喷洒—冲洗式;根据底盘形式分为汽车式、半拖挂式和拖挂式;按水箱容量可称 $\times \times m^3(t)$ 的洒水机。如用黄河JN150汽车底盘的 $8.4m^3$ 洒水机。

对于公路、城市道路和机场用洒水机,主要安装在载质量为4t或高于4t的底盘上(图6-3)。它的主要组成有牵引车1、水箱2、管路系统3、水泵4、扫刷5和喷嘴6等。

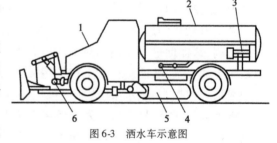

图6-3　洒水车示意图
1-牵引车;2-水箱;3-管路系统;4-水泵;5-扫刷;6-喷嘴

洒水车的工作状态主要有两种:停车吸水和行车洒水。

1.停车吸水

将车停在靠近水源处,连接好吸水管,如水泵为离心泵时,则需加够引水,此时将取力箱换至工作挡,保证水泵以正常转速运转,同时打开吸水开关,将水泵入水箱内,即:

水源→吸水管→水泵→分流阀(执行机构)→水管→水箱

控制阀

2.行车洒水

洒水车到达洒水位置后,停车换上取力箱工作挡和行车挡位,然后操纵离合器按设定车速行驶,同时打开洒水开关,将水箱中的水洒向需要的地方,即:

水箱→水管→水泵→分流阀(执行机构)→水管→喷头

控制阀

随着公路建设的发展,公路工程及养护作业对洒水车不断提出新的要求,如前喷后喷、自流浇灌、冲洗路面及绿化等多种功能。洒水车功能的增加使得其使用范围进一步扩大。

二、洒水车的应用

使用洒水车前应认真阅读使用说明书。严格按使用要求操作,是使用好洒水车的重要保证。

1. 对水源的要求

当洒水车利用河沟、池塘作为水源时,注意使吸水管端部全部没入水中。为避免吸入石块或较多的泥沙、漂杂物,吸水管端部一般设有过滤装置,吸水时严禁将过滤装置拆下。如果水源较浅,需要事先将吸水处挖深一些,以保证不含有杂物及不进空气。不同洒水车的水泵对水源的要求是有区别的,清水泵要求水中不能有杂质、浊水泵则要求水中不能有石块和过多的泥沙。

2. 加引水

离心式水泵每次吸水前,必须向水泵内加入一定量的引水,加完后必须关闭加水口。自吸式水泵第一次使用时,需要加引水,以后则不必再加引水。

3. 进水管必须要真空

吸水时进水管系统必须保持一定的真空度,才能将水吸入箱内。进水管系统务必要密封可靠、软管不能破损、硬管不能有裂纹,否则将产生漏气现象,造成吸不上水的情况出现。

4. 停车换挡

洒水车无论是在吸水前,还是在洒水前,取力装置换挡都必须在停车时进行。

5. 冬季放水

冬季来临前,应将水泵和水管内的水放空,以防冻裂。我国北方地区一般不在严冬施工,故在施工结束后,就应立即将水泵及水管内的水排空,以防后患。

6. 洒水注意事项

洒水车前喷头位置较低,靠近地面,喷洒压力较大,可用于冲洗路面;后喷头位置较高(洒水车后喷头一般左右各安装一个),洒水面较宽,可用于公路施工洒水,使用后喷头时,应将前喷管关闭;使用可调喷头洒水时,洒水宽度可根据需要调整。洒水宽度越宽,中间重叠量越少,洒水密度越均匀。

7. 润滑与紧固

在使用过程中,要定期润滑传动总成各润滑点,经常紧固连接点,以保证使用正常。

8. 定期排污

洒水车储水箱设有排污管,该管的进口为水箱的最低点。经过一段时间的使用后,应定期打开排污管开关,将罐内积存的杂物排除,直到水变清为止。

第三节 排障车及其应用

一、概述

排障车是公路交通工程的重要装备之一。其功能是将公路和城市道路上发生故障而不能行驶的东西、发生肇事而损坏的车辆以及违章停放的车辆拖运移离现场,排除路障,疏解交通,以确保车辆正常运行,避免重复肇事。

排障车按作业功能可分为专用型和综合型。目前,国内普遍使用的是综合型。它具有托举、起吊(拖拽)、牵引等多种功能,适用于不同状态的排障作业,可实现一机多用、利用率高。按作业能力可分为小型(托举能力<2t)、中型(托举能力2~5t)、大型(托举能力5~10t)及超大型(托举能力>10t)。其总体结构,如图6-4所示。

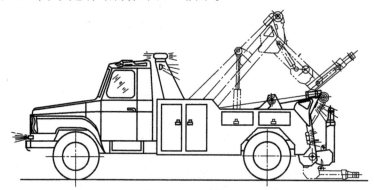

图6-4 排障车外形图

排障车的工作原理是:利用附具将肇事车辆损坏的前桥和后桥稳固在伸缩臂上(常见的肇事车辆是前桥或后桥损坏),然后托举牵引移离肇事现场。如肇事车辆翻倒,则需利用卷扬系统起吊,将其扶正后托举牵引;如肇事车辆掉入边沟,则需利用卷扬系统拖拽、起吊,将其拖到路上扶正后托举牵引,如图6-5所示。

二、排障车的应用

排障工艺因现场情况的不同而不同。对于前桥或后桥损坏的车辆,又因车型的不同,排障工艺可分为钢叉支承法和固定车轮法。

1. 载货汽车和大型客车

由于载货汽车和大型客车的前轴荷(后轴荷)很大,为了缩短托举力臂,对上述车辆可采用钢叉支承法。操作步骤如下:

(1)将托臂翻转下来,并将托臂接近路面。
(2)伸长托臂。
(3)取下叉紧固销。
(4)将横梁插入钢叉插头。
(5)取下止动销。

(6)装上钢叉插头。
(7)将支承钢叉插入钢叉插头。
(8)安装止动销。
(9)将支承钢叉对中车架的纵梁。
(10)将叉头紧固销插入销孔。
(11)将举升臂升高,使被拖车辆前桥(或后桥)离开路面一定高度。
(12)将损坏车辆托走。

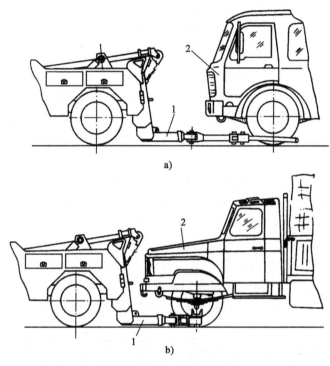

图 6-5 排障车工作原理示意图
1-伸缩臂;2-肇事车辆

2. 小客车和轻型越野车

对于小客车、轻型越野车,可采用固定车轮法。操作步骤如下:
(1)将托臂翻转下来,并将托臂接近路面。
(2)取下叉头紧固销。
(3)将加长梁一端插入横梁,用紧固销固定,另一端插入车轮托架插头,用紧固销固定。
(4)将托臂伸长,使车轮托架插头接触到轮胎前部。
(5)将车轮托架插入托架插头,用弹簧销紧固,用锁紧带将车轮缚系好。
(6)将叉头紧固销插入销孔。
(7)将举升臂升高,使被托车辆轮胎离开地面一定高度。
(8)将损坏车辆拖走。

对于翻车或掉入边沟的车辆的排障,首先利用排障车的起吊和牵引功能,将车扶正或拖拽至路面,然后再进行其他排障操作。

第四节　除雪机械及其应用

一、概述

除雪机用来清除道路、机场(广场)上的积雪。

除雪机主要有转子式、犁式除雪机、除雪平地机和融雪车等。

转子式除雪机用来清除公路、城市道路、机场和广场上的积雪,并可将雪装送到运输工具上去。转子式除雪机的基本工作装置是叶片转子。按照工作原理的不同,分为独立作用式和综合作用式。独立作用式除雪机的切削雪和抛雪这两个工序分别由单独的工作装置来完成。其叶片转子形状制成辐射式;切削雪和集雪的机构制成犁刀式、螺旋式或铣刀式。

综合作用式除雪机的切削雪和抛雪两个工序由一个工作装置来完成。该工作装置制成专门形状的切削转子、综合螺旋转子和综合铣刀转子。目前,使用最广的是螺旋转子和铣刀转子式除雪机。

犁式除雪机适用于清除各种道路上密度较小的新降积雪,以使交通线路畅通。它多由自卸汽车改装而成。此外,一些季节性较强的车辆,如洒水机、扫地机以及农用汽车等,也可改装成除雪车,以提高车辆的利用率。

犁式除雪机(图6-6)的工作装置为装在车辆前端、中部或侧面的各种犁板式除雪装置。犁式除雪机作业效率高、改装容易、价格低、工作可靠,所以是应用较广泛的除雪机械。

除雪平地机是利用自行式平地机的刮刀来刮削积雪。不过,为了扩大其除雪功能,除雪平地机一般还装有前置的V形犁或侧置的翼板。图6-7为除雪平地机进行除雪作业的工作简图。

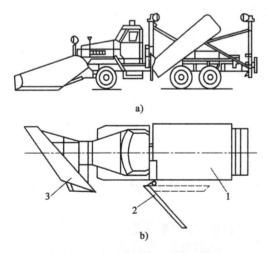

图6-6　10t带单向侧翼板的犁式除雪机
1-除雪车车体;2-单向侧翼板;3-前置单向犁

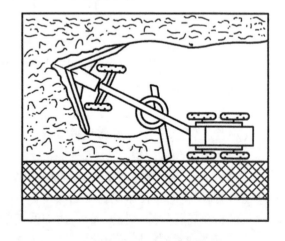

图6-7　除雪平地机除雪作业简图

融雪机(图6-8)是一种能完成集雪、装雪和运雪的全能除雪机械。该机械用前滚轮旋转刮刀将地面上的积雪收集起来,通过滑雪槽送入融雪槽中,积雪在这里被加热融化成水而被排出;也可以将滑雪槽转动90℃,向道路两侧喷散除雪。

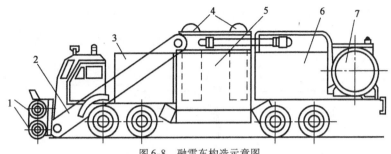

图 6-8 融雪车构造示意图

1-旋切除雪装置；2-传送带；3-行走及旋切装置用发动机；4-燃炉；5-融雪槽；6-发动机；7-燃料箱

二、除雪机械的应用

1. 注意事项

使用除雪机进行作业时，除严格执行操作说明外，还应注意以下几点：

(1) 在使用除雪机进行除雪作业时，首先要对工作路段的雪质、雪的厚度、硬度及路面设障情况进行全面调查了解，按照计划除雪量选用除雪机类型及型号。

(2) 使用前检查液压管路及连接部位是否有松动、渗漏现象，液压油温度是否过低，若不符合要求，要进行预热处理后方可作业。

(3) 调整工作装置、雪橇及支撑轮，使工作装置底部与路面之间的间隙满足路面不平需求，这个间隙一般在 1~2cm 较为适宜。

(4) 对于顶推拖挂式除雪车，要考虑牵引车的抗滑性能及雪雾对驾驶视野的影响，必要时安装防滑链；对于犁式雪车，尽量选用平头牵引车。

(5) 操作时动作要平稳，工作速度适宜，以免损坏工作装置。

(6) 要在除雪机前后适当范围内设立除雪作业标志，以保证行车安全。

2. 除雪车的维护

(1) 除雪车工作结束后，要对除雪装置上的雪块、冰碴进行清理，尤其是轴承、转子叶片与壳体接触面更应及时清理，以免结冰损坏风扇叶片。

(2) 除雪机在闲置不用时，为避免液压油在低温时黏度增高及各部件锈蚀，需将机器晾干停放在车库。

(3) 车辆在车库停放时，使液压油温度保持在一定范围内，从而保证液压系统随时可以进行工作。

(4) 选择液压油时，不仅要考虑其黏度等级，还必须考虑油液黏度指数，相对来说黏度指数高的工作油液所适应的温度范围大。

第五节　画线机械及其应用

一、概述

路面画线机械就是在公路、城市街道等路面上画出各种交通标线的机械，还可在厂矿道路、机场、公园、广场、体育场等画停车线、分区线等其他标线，一般是在干沥青混凝土和水泥混凝路面上以油漆涂料或热塑性材料进行画线。路面划线机(图6-9)可按功能、机动性、所用画线材料和画线方法等进行分类。现有四种供油漆涂料和热塑性塑料用的机械化画线方法：无压缩机式、重力式、气压式和动力式。

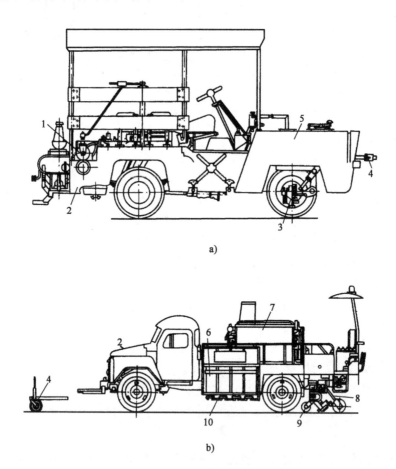

图6-9 画线机外貌图
a)具有动力喷料的机器；b)具有热塑性塑料层画线的机器
1-可伸式涂料喷雾器；2-基础底盘；3-工作机构(涂料喷雾器)；4-指示装置；5-涂料箱；6-气筒；7-热塑性塑料加热锅；8-测量机件；9-画线器；10-带热体系统

无压缩式的画线方法在于从料罐流出的油漆涂料流在压力下进入喷雾器，在喷雾器的喷嘴内被破坏。从喷嘴的出口以单相的一股料流出。在油漆涂料传送系统中的压力由压缩空气或泵建立。

重力式画线方法在于把画线用的料加热到流动状态，以自流的方式流在路面上，依靠料的高稠度和出料口的形状形成标志线外形轮廓。

气压式油漆涂料喷涂法是一种全能性的方法。压缩机从大气中吸入空气，并在压力下把其送入三个管道支路分别进入储气筒、溶剂箱和喷雾器。在供压缩空气的同时，通过机械手控制，向油漆涂料器供入从储料罐中排挤出的油漆涂料或热塑性料。在喷雾器的喷嘴内，料流被有方向的气流分散，并经喷嘴隙孔流出二相分散的混合料。

动力(泵)式油漆涂料(又称高压无气喷涂法)和热塑性涂料喷涂法：物料是由泵送装置在

系统中建立 10~15MPa 压力作用下进涂料喷雾器。当料流经小截面孔流向大气时,由于压力急剧下降,料流分散成细小颗粒,形成雾状。

全自动的画线机一般组装在汽车底盘上,喷涂设备自成系统,独立配套动力,即行走和喷涂互不干扰,在标线的施工时为标线厚薄等调节提供了有利条件。可画单线、双线、间断线,并由计算机控制、自动跟踪、自动定向功能。

二、画线机的应用

1. 高压无气喷涂画线机使用技术

高压无气喷涂画线机在使用前,应做好各项准备工作,一是涂料、稀释剂等材料的准备,二是检查画线机的完好状况以及施工参数的确定和调整,同时要备齐安全设施标志,操作人员要穿安全工作服。

(1)画线机应由专人管理,人员必须经过技术培训,严格遵守操作规程,以免发生机械故障和人员安全事故。

(2)汽油发动机、减速机、发电机、液压元件等配套件,按其出厂说明书的规定进行日常维护。液压系统应按有关规定进行日常维护。

(3)高压无气喷涂泵是画线机上的关键设备,应严格按其设备说明书的要求进行调整、起动以及维修维护。

(4)涂料必须保持清洁,喷涂前涂料必须经过滤网过滤,以免喷涂过程中堵塞喷嘴,影响施工。

(5)施工暂停或下一班继续使用,在保持涂料管路内充满涂料,取下喷嘴并清理干净,再将喷枪置于一小盆水内,使喷枪口隔绝空气。长期存放时,一定要将喷涂泵和管路清理干净。

2. 热熔涂料施工机械的使用技术

1)操作与管理

热熔涂料施工机械应由专人管理,人员必须经过技术培训,严格操作规程,以免发生机械故障和人员安全事故。

设备在使用之前,应分别进行检查,保证设备处于完好状态,必要时还要对设备的工作参数进行调整。液压传动热熔釜应进行空载试运行,检查各部件的顺序联动情况,在各个设备运转正常后才能进行生产作业。

热熔涂料在施工过程中应始终保持一定的加热温度,要经常检测温度(180~230℃),同时进行充分搅拌。施工时应注意不同路面采用不同涂剂,当采用喷涂式的机械施工时,要选用喷涂式的专用涂料。

2)维修维护

内燃机、减速机、液压元件等外购件均有出厂说明书,应按其规定进行维护。

凡有轴承、轮轴、齿轮等旋转处要每周定期检查,加注润滑油,或及时更换配件,保证运转自如。

每次施工结束后,应将剩余涂料全部清除,关闭各放料口及各个开关。

严格按照热熔涂料施工机械各自的使用维修维护说明书有关规定进行日常维修维护。

第六节　路面铣削机械及其应用

一、概述

路面铣削机械是一种利用装满小块铣刀的滚筒(简称铣刨鼓)旋转对路面进行铣刨的一种高效率的路面修复机械。用它来铣刨需要维修的破损路面,对沥青路面和水泥路面均适用,铣刨后形成整齐、平坦的铣刨面和齐直的铣刨边界,为重新铺设沥青混合料或混凝土创造条件。修复后新老铺层衔接良好、接缝平齐。另外,还可用于变形路面的平整、路面切槽及混凝土路面拉毛等作业。采用路面铣刨机可以迅速切除路面的各种病害,并且剥离均匀,不伤基础,易于重新铺筑;切下来的沥青混合料渣可以直接用于路面表层的铺设,如果这些料渣已低于要求,还可以与新的沥青加温搅拌后,再重新铺筑高质量的面层。

路面铣削机械主要有热铣刨和冷铣刨两种。

(1)热铣刨机是在铣刨前先用液化气或丙烷气,或红外线燃烧器将路面加热,然后进行铣刨。这种铣刨方式切阻力小,但消耗能量较大。热铣刨机多用于沥青路面养护及再生作业中。

(2)冷铣刨机是直接在旧路上或需要养护路段上进行铣刨。该机切削的料粒较均匀,适应性广,但切削刀齿磨损较快。冷铣刨机多用于铣削沥青路面隆起的油包及车辙等。

目前,冷铣刨机的发展特点是:为适应各种路面条件下的维修与养护,大、中、小型冷铣刨机规格齐全,各类机型铣刨宽度变化范围为 300~4200mm。中小型一般为轮式,铣刨装置与后轴同轴线,料输送带后置为多,铣削深度只与后轮行车状况有关;大中型一般为履带全液压式,铣刨装置在两轴之间,料输送带多为前置,便于操纵,装有自动调平装置及功率自动调节器,使铣削深度保持恒定及发动机处于高效状态。下面介绍 SF1300C 路面铣刨机,该机是一种全液压轮式中型冷铣刨机。

SF1300C 铣刨机主要由发动机、底盘、铣刨装置、洒水装置、料输送装置等组成。铣刨装置升降机构由后轮升降油缸、单向节流阀、前轮升降油缸、液压锁及多路换向阀等组成;洒水装置由水泵、水箱、水管等组成;料输送装置包括拾料输送带(收集并将经铣刨下来的散料送至装车输送带)和装车输送带(可左右摆动 40°,并能进行高度调节)。其外形图见图 6-10,铣刨装置中的铣刨鼓见图 6-11。主要技术参数如下:

铣削宽度:1300mm。

铣削精度:±2mm。

行驶速度:0~6km/h。

铣削深度:0~130mm。

铣削齿速:0~30m/min。

二、铣削机械的应用

1. 使用与管理

铣削机必须由专人操作,操作人员必须经过严格的技术培训,熟悉整机各系统性能及操作规程,以免发生机械设备故障和人员设备安全事故。

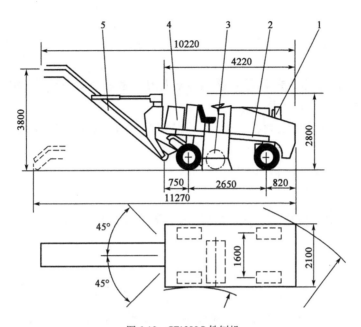

图 6-10 SF1300C 铣刨机
1-发动机;2-底盘;3-铣刨装置;4-洒水装置;5-料输送装置

图 6-11 铣刨鼓

机械在使用前必须对各部件进行空运转试验,检查各部件运转是否正常,在确认正常且各部件又无泄漏的情况下方可进入正常工作。

无论何种型号铣削机,在进行工作时,必须先使机械处于行走状态,然后使转子旋转并缓缓下降,渐渐进入工作状态,此操作顺序不能有误,以免损坏机件或造成安全事故。

2. 维修维护

（1）发动机按说明书要求进行日常维护,并注意在正常技术条件下使用。

（2）液压系统应严格保持清洁,注意经常清洗或更换过滤装置,操作时发现油压异常,应立即停车检查。油路油压的调整应由专业技术人员完成,一般人员不得随意调整,以免发生重大故障。

(3) 各运转部件应在每班工作结束后对其进行润滑维护,并注意检查传动部件的油位情况。

(4) 每班工作后,应打开护罩,检查铣削转子上刀具是否松动,若有松动应及时紧固,刀头磨损严重或折断应及时予以更换。

(5) 每班工作后,整车应进行清洁处理。若暂时不用,应在做好维护和清洗工作后,将机械用护套遮盖。

(6) 其他应严格按使用维护说明书的规定进行维护。

第七节 沥青路面修补车及其应用

一、概述

沥青路面修补车是一种对路面进行综合性修理和养护的机械,可完成路面的破碎、清理、补料、压实等多种工序作业,主要用于公路和城市道路中沥青路面的修理和养护。其作业效率高,机动性能好。

图 6-12 为 XTG5071-DYD 型沥青路面综合养路车。该车是一种自行式沥青路面专用养护机械,具有开挖和破碎沥青路面、沥青混合料保温运输、沥青混合料填补、液态沥青保温运输、沥青喷洒、路面压实等多种功能。修补车备有发电机组,工作装置全部采用电力和液压传动。发电机组还可在夜间为施工提供照明或为其他小功率电动设备提供电源。该车还采用双排座汽车通用底盘,可兼作中、短途路面查巡车。

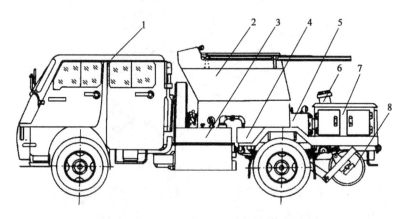

图 6-12 XTG5071-DYD 型沥青路面综合养路车
1-驾驶室;2-沥青混合料保温箱;3-沥青保温箱;4-清洗油箱;5-螺旋输送器;6-电动碾压滚提升油缸;7-液压控制柜;8-电动碾压滚

图 6-13 为美国产加热型沥青路面修补车。修补车的后部有丙烷燃气红外线路面加热器,作业时用液压缸将加热器放下,对旧路面进行加热,使之软化,便于铲挖和填补作业。车上装有各种设备和装置,从驾驶室后部开始依次排列有:沥青箱、平台、侧卸料斗、工具箱等,由于装置比较多,汽车大梁为加长型梁。沥青箱能储存 2t 沥青,沥青箱的顶面及两端均有阀门,便于

沥青的装卸,罐内有丙烷燃气红外线加热装置,使沥青保持在使用温度以内。沥青箱后面为平台,平台装有振动夯板及交通控制标志等。平台下面为存物箱,用于存放工具等物。平台侧后部立置小型起重架,用于起吊振动夯板等重物。平台后部为丙烷气罐,与丙烷气罐相邻的是侧面卸料的料箱,用液压缸使其一端升起,向另一端倾斜出料。车的最后面有左右两个工具箱,存放一些必要的工具。

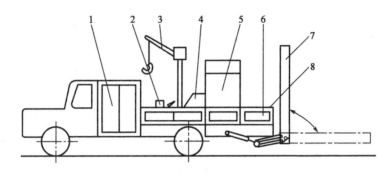

图6-13 美国加热型沥青路面修补车示意图
1-沥青箱;2-板夯;3-起重架;4-丙烷气罐;5-侧卸料箱;6-工具箱;7-红外线加热器;8-平台

二、沥青路面修补车的应用

不同类型的沥青路面修补车,由于底盘、结构、功能及配备的机具不同,其具体使用技术也有所不同,应遵照使用说明书的有关规定进行操作。

1. 动力装置

修补车在路上行驶进行路况巡查和长距离转移作业地点时,除行驶外的动力装置要停止工作,取力器与基础车变速脱挡。修补车在进行作业前,先将动力装置发动,待运转和输出动力正常后再开始工作。取力器换上挡后。要避免发动机空转,以免降低油泵使用寿命和引起故障。

2. 混合料箱

(1)装入混合料箱的材料温度不能低于规定的使用温度,一般在150℃以上。

(2)及时关闭斗门和箱盖,以便保温和防止杂质混入。

(3)及时清除黏结在料箱内壁的残余物料等。

3. 沥青罐

(1)装沥青时,先确定管路、阀门及沥青泵都畅通,再开动沥青泵。

(2)罐内的沥青,除性能达到指标外,温度也要符合要求,一般石油沥青在160℃以上。

(3)罐内的沥青数量达总容量的80%即可,最低液面应使加热管路在沥青面以下100mm。

(4)修补车行驶时不能对罐内沥青加热,停车后才能加热。

(5)每次收工后,要将罐内剩余沥青排除干净。

4. 拌和装置

(1)混合料拌和前,先起动拌和装置空转几分钟,待运转平稳后,再投入拌和。

(2)混合料拌均匀后,要当即出料,不能停留在拌和装置内。

(3)不连续进行拌和时,要将拌和装置内残留的混合料清除干净。

第八节 水泥路面维修机械及其应用

一、概述

水泥路面的维修方法是根据破损的实际情况确定的。维修常用的工艺有:扩缝、清缝、灌缝、凿孔、切槽、罩面、钻孔、振捣、破碎、翻修等。破损形式和维修工艺的多样化,导致维修机具的多样化。常用的机具有:破碎机、凿岩机、空气压缩机、高压水清洗机、切缝机、封层机、搅拌机、振捣器、挖掘机、装载机等。

对于大面积的翻修,要用专门设备将旧路面拆除,然后用施工机械重新铺筑;对于小面积的维修,也可在需要维修的路段经过处理后,利用现有的小型机具进行施工。下面介绍几种常用的小型水泥路面维修机具。

二、水泥路面破碎机(落锤式)

落锤式水泥混凝土路面破碎机,目前应用广泛。中小型落锤式破碎机除了可以破坏混凝土路面外,还可以用来在混凝土上开沟、剥离表层,也能用于打桩、拔桩、夯实路基等作业。

图6-14为落锤式水泥路面破碎机简图。液压油进入提升油缸4的下腔后,相应的定滑轮组10装在油缸4的底座下面。这样,油缸的推力通过滑轮组转变为钢丝绳8的拉力,当此拉力将重锤11提升到一定高度时,油缸下腔的油迅速回油箱。重锤11便以近似于自由落体的速度落下,装在锤头上的刀具冲击地面、击碎混凝土。

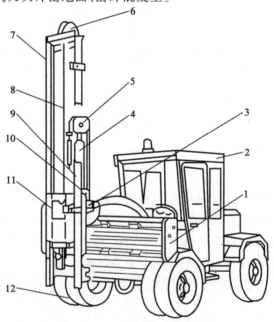

图6-14 落锤式水泥路面破碎机

1-平移导轨;2-驾驶室;3-摆动油缸;4-提升油缸;5-动滑轮组;6-提升滑轮;7-提升架;8-钢丝绳;9-油缸导向机构;10-定滑轮组;11-重锤;12-底盘

该机使用时应注意以下几点：

（1）作业时提升架一般应与工作面垂直，需要斜打时，锤开始不要提得太高，待凿出工作面后方可重打，可减少提升架受到的侧向冲击。

（2）经常清理粘在滑动导轨上的杂物，并在其上涂抹润滑油。

（3）在运输状态下或者有人在锤下作业时，要用安全销将锤固定。

（4）进行破碎作业时，地面上的工作人员应远离作业点，以保安全。

三、高压水泥混凝土切割机

高压水切削技术是近些年来发展起来的冷切割新工艺。20世纪70年代初，美国研制成了高压射流切割样机；80年代，美国首次研制成功了实用的磨料射流切割机。这种切割机可以用来切割各类金属、非金属、塑性或脆性材料。

高压水射流切割原理（图6-15）是利用机械手段将水加至高压（一般100MPa以上，有的可达到700~1000MPa）状态，再经过小孔节流，使水的压力势能转变为射流动能，其流速可达900m/s，利用这种高压射流进行切割。磨料射流则是让高压水射流经过一个混合管，在混合管内向水射流中添加磨料（铁砂、沙子等），使其形成磨料射流。由于磨料的质量大，在射流中被高速加速后，会产生更强的切削效果。

高压水切割有以下特点：

（1）不存在刀具变钝问题，永远"锋利"。

（2）可以切割各种金属，非金属材料。

（3）切缝窄、省材料。

（4）无灰尘、噪声小、不污染环境。

（5）在切割钢筋、混凝土时，只要压力调整适当，可以只切割凝固的水泥而保持其中钢筋完好无损。

（6）与冲击破碎相比，利用高压水拆除坏混凝土时，不会在保留部分中产生裂纹。

四、多功能水泥路面维修机（工程机械底盘式）

这类产品由于采用工程机械底盘，工作装置设计比较灵活，可以用来进行装载、挖掘、推土、松土、挖坑、开沟、铣刨、破碎等工作。其缺点是底盘车上不能携带物料，行驶速度较低。

图6-16所示的路面开凿机是由现有的拖拉机、装载机等基础底盘改装而成。

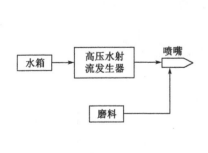

图6-15 高压水射流切割原理

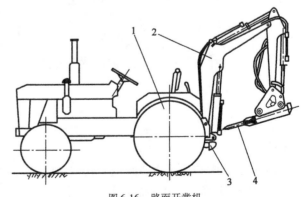

图6-16 路面开凿机
1-拖拉机；2-工作臂；3-支腿；4-工作头

第九节　沥青路面再生机械及其应用

一、概述

沥青路面再生机械是对旧沥青路面材料进行再加工并使其恢复原有形态的机械设备,适用于产生裂缝、车辙、各种变形及磨耗的沥青路面的修复工程,是道路养护专用机械之一。

按再生地点的不同,再生机可分为厂拌再生和就地再生;按加热方式的不同又可分为热再生和冷再生。沥青路面再生工艺的不同,决定了采用机械种类的不同。在工程中采用何种工艺,主要应考虑旧路面基层损坏情况和沥青路面层的厚度,推荐应用工艺见表6-1。

沥青路面再生工艺的选择　　　　　表6-1

基层情况	面层厚度(mm)	再生工艺
损坏	—	厂拌再生
完好	≤40	厂拌再生
	40~60	厂拌再生或就地再生
	≥60	就地再生

二、路面就地再生机械

沥青路面就地再生工艺是采用就地加热、翻松、搅拌、摊铺、压实等连续作业,一次成型新路面的施工方法。一般是在路面的损坏程度还没有波及基层时采用这种方法。该方法可就地恢复原有路面材料的使用性能,同时原有路面材料可得到全部利用。

德国 WIRTGEN 公司生产的道路重铺机(图6-17)由一次加热器具、翻松器、切削器、整型刮刀、二次加热器、分料器、熨平板、水平输送带、液化气罐、倾斜输送带和料斗等组成。该机能对旧路面进行加热、切削、摊铺整型作业。

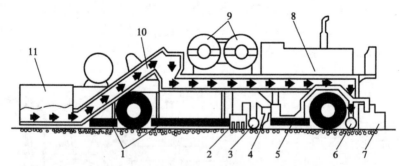

图6-17　WIRTGEN 道路重铺机示意图

1——次加热器;2-翻松器;3-切削器;4-整型刮刀;5-二次加热器;6-分料器;7-熨平板;8-水平输送带;9-液化气罐;10-倾斜输送带;11-料斗

道路重铺机进行施工作业时,必须配备新沥青混合料运输车辆及压实机械,如图6-18所示。在翻修旧路面时,先用一次加热器将路面加热到110~130℃,使路面材料软化,由翻松器和切削器将旧路面切削破碎并由整型刮刀刮平;再经二次加热器加热,并在表面铺上由料斗经倾斜输送带和水平输送带送来的沥青混合料,该混合料由分料器、熨平板摊铺并整型。最后,配套的压实机械碾压成型,至此即完成旧路面翻新的全过程。

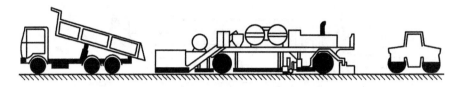

图6-18　道路重铺机和自卸汽车、压路机配合一次通过作业简图

在上述翻修过程中,原路面旧料和补充后的新料分层铺平,一起压实,此为标准的路面重铺工艺。也有将新、旧料混合一起铺平、压实的。有时,还可将各种改性添加剂掺入新、旧混合料内,以提高再生路面的性能。还可以只将旧面料重新铺压,即复原性修复法。

第十节　乳化沥青稀浆封层机及其应用

一、概述

乳化沥青稀浆封层是用适当级配的集料、填料、沥青乳液和水四种材料,按一定比例掺配、拌和,制成均匀的稀浆混合料,并按要求厚度摊铺在路面上,形成密实坚固耐磨的表面处治薄层。乳化沥青稀浆封层机是完成稀浆封层施工的专用设备。

稀浆封层机的特点是在常温状态下在路面现场拌和摊铺,因此能大大降低工人的劳动强度,加快施工速度,并节省资源和能源。适用于公路和城市道路部门对路面磨耗进行周期性预防养护,以保持路面的技术性能和延长使用寿命。还可对路面早期病害进行修复,以提高路面的防水能力,提高平整度及抗滑性能等。

根据稀浆封层施工工艺要求(图6-19),稀浆封层机必须具有给料、拌和、摊铺和计量控制等功能,它能将集料、矿粉、水、乳化沥青按一定比例输送到拌和筒内,加入添加剂,经快速搅拌形成流动状态的乳化沥青稀浆混合料,通过分料器送入摊铺槽内,然后均匀平坦地摊铺在路面上。稀浆封层机的结构可分为两大部分:一是行驶底盘部分,主要完成预定速度行驶、运输及布置全套作业装置;二是作业部分,主要完成作业过程中的各种物料的储存、输送、搅拌、摊铺、控制、操作等。这部分主要由给料系统、拌和系统、动力传动系统和计量控制系统等组成,如图6-20所示。

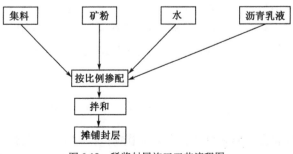

图6-19　稀浆封层施工工艺流程图

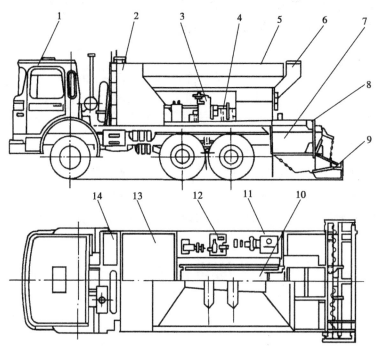

图6-20 稀浆封层机结构示意图

1-行驶系统;2-水箱;3-作业柴油机;4-机械传动系;5-集料仓;6-填料仓;7-搅拌箱;8-操作台;9-摊铺器;10-皮带运输机;11-添加剂箱;12-流控系统;13-乳液箱;14-柴油清洗装置

现代乳化沥青稀浆封层机不仅可以生产和摊铺普通的乳化沥青稀浆混合料,还可以生产和摊铺用于精细表面处治(PSM)和车辙填补修复(PSR)的聚合物改性乳化沥青稀浆混合料。改性稀浆封层摊铺机是当今先进的稀浆封层机。

二、稀浆封层机的应用

1. 稀浆封层机的计量标准

为了对材料进行精确计量,以得到精确的配合比和高质量的稀浆混合料,就必须对稀浆封层机的给料系统进行标定。

计量标定工作是在稀浆封层机初次使用前进行的,而后应每半年或一年进行一次复检标定。标定的基本原理是:固定发动机的输出转速,调节各料门或阀门的开度,得出单位时间各种材料在不同开度下的出料量,绘制成曲线。如集料标定,则固定皮带传动速度,测定在不同料门开度下单位时间的出料量。根据室内试验得出的配合比,在标定曲线图上找出相应所需料门开度,施工前将各材料开度调整并固定,则施工中将按此配合比供料。

稀浆封层机的生产厂家一般都在产品说明书中提供机器的标定方法,使用时可以参考执行。

2. 稀浆封层机的使用

1)操作与管理

稀浆封层施工应有固定的专业施工队伍,其中应包括驾驶员、机修工、试验工、摊铺工、装料工等工作人员,施工前应进行技术培训,使操作人员系统掌握稀浆封层机的各部分的性能及用途,并能熟练操作,同时还需向施工人员就施工要求、质量标准等进行详细的技术交底。

施工前应检查稀浆封层机的油泵、水泵系统、油(乳液)、水管道、各控制阀门有无故障,还应对各部分分别进行起动和停机试验,检查运转是否正常。具有自动控制功能的封层机应使用自动控制操作使其空运转,检查各部件的顺序联动情况。在稀浆封层机整体运转正常后,才能进行施工作业。

2) 稀浆封层的使用技术

(1) 将稀浆封层机开至施工摊铺起点处,调整机前导向链轮,使其对准走向控制线,将摊铺槽调整到要求宽度并挂在封层机的尾部,摊铺槽与机尾保持平行。

(2) 确认封层机上各种材料的输出刻度为设定刻度。

(3) 使用自动控制操作系统,起动后所有材料几乎同时按设计出料量进入搅拌筒。

(4) 接合输送带离合器,同时迅速打开水阀和乳液阀,使集料、乳液、水、水泥等同时按比例进入搅拌筒。待搅拌筒内的稀浆混合料达到半筒时,打开搅拌筒出口,使混合料流入摊铺槽内。此时,仔细观察稀浆混合的稠度,调节给水的出水量,使稀浆混合达到要求稠度。

(5) 当稀浆混合料注满摊铺槽容积的2/3时,开动机器进行均匀的摊铺,同时打开封层机下部的喷水管,喷水湿润路面。

(6) 间断作业的封层机当机上备用材料有一种用完时,应立即脱开输送带离合器,关闭乳液阀和水阀,待搅拌筒和摊铺槽内稀浆混合料全部摊铺完后,即停止前进,清理后,再重新上料摊铺。

(7) 若施工完毕,关闭各总开关,提起摊铺箱,将车开到清理场,用摊铺机上备有的高压水枪冲洗搅拌筒和摊铺箱,尤其摊铺箱后的橡胶刮板必须冲洗干净。乳液输送泵和输送管道进行冲洗时,先用水冲,之后用柴油注入乳液泵内。

3. 作业完毕或长期停放时的维修维护技术

(1) 应按照发动机使用说明的规定对封层机的底盘发动机和作业发动机进行日常维护,液压系统应按液压有关规定进行日常维护。

(2) 利用柴油清洗枪对机器、搅拌器、摊铺器等沾有乳液的部分进行喷洗并用棉纱擦拭。乳液输送系统内的乳液要彻底放净,清洗过滤网,并用少量柴油对系统进行循环清洗。

(3) 清洗各种料斗、料箱内的所有物料。

(4) 各转动件加油或脂润滑。

(5) 在冬季,发动机系统若使用的不是防冻液,应将冷却水全部放净。

(6) 设立库房,避免露天存放。

【复习思考题】

1. 公路为何要进行养护?常用养护机械包括哪些机种?
2. 沥青路面的养护与水泥路面的养护能否使用同样的机种?
3. 厂拌再生机械与就地再生机械相比有何优缺点?

参 考 文 献

[1] 朱保达.工程机械[M].北京:人民交通出版社,1996.
[2] 中国公路学会筑路机械学会.沥青路面施工机械与机械化施工[M].北京:人民交通出版社,1999.
[3] 何挺继,朱文天,等.筑路机械手册[M].北京:人民交通出版社,1997.
[4] 周葶秋,邓爱民,等.现代工程机械[M].北京:人民交通出版社,1997.
[5] 周葶秋.现代工程机械应用技术[M].长沙:国防科技大学出版社,1997.
[6] 鄂俊太,等.压路机选型及压实技术[M].北京:人民交通出版社,1991.
[7] 吴初航,等.水泥混凝土路面施工及新技术[M].北京:人民交通出版社,2000.
[8] 中国铁路工程总公司.进口工程机械技术性能手册[S].1998.
[9] 胡均平,等.ZYB400B型液压静力沉桩机使用说明书.
[10] 李自光.桥梁施工成套机械设备[M].北京:人民交通出版社,2003.
[11] 池淑兰,等.基础工程[M].北京:中国铁道出版社,2003.
[12] 文德云,等.公路施工技术[M].北京:人民交通出版社,2003.
[13] 王明怀,等.高等级公路施工技术与管理[M].北京:人民交通出版社,1999.
[14] 交通部公路科学研究所.公路水泥混凝土路面施工技术规范[S].北京:人民交通出版社,2003.
[15] 交通部公路科学研究所.公路路面基层施工技术规范[S].北京:人民交通出版社,2000.
[16] 交通部第一公路工程总公司.公路路基施工技术规范[S].北京:人民交通出版社,1996.
[17] 交通部公路科学研究所.公路沥青路面施工技术规范[S].北京:人民交通出版社,2004.
[18] 徐永杰.施工机电[M].北京:人民交通出版社,2005.
[19] 徐永杰.公路工程机械化施工技术[M].北京:人民交通出版社,2008.
[20] 荆农.沥青路面机械化施工[M].北京:人民交通出版社,2005.
[21] 单文健.公路工程机械化施工技术[M].北京:人民交通出版社,2007.
[22] 郑忠敏.公路施工机械化与管理[M].北京:人民交通出版社,2004.
[23] 陈兵奎.高等级公路机械化施工设备与技术[M].北京:人民交通出版社,2003.
[24] 曹源文,李红镝,郭小宏,等.公路工程机械化施工与管理[M].北京:人民交通出版社,2009.
[25] 郭小宏.高等级公路机械化施工技术[M].北京:人民交通出版社,2012.
[26] 余清河.公路施工机械化与管理[M].北京:人民交通出版社,2007.
[27] 田启华.施工机械及其自动化[M].北京:中国水利水电出版社,2009.
[28] 任征.公路机械化施工与管理[M].北京:人民交通出版社,2011.
[29] 何挺继.公路机械化施工手册[M].北京:人民交通出版社.2003.
[30] 本社汇编.交通行业标准汇编(桥梁专用设备与材料卷)[M].北京:人民交通出版社,2008.
[31] 王秉纲.水泥混凝土路面设计与施工[M].北京:人民交通出版社,2004.
[32] 徐伟.桥梁施工[M].北京:人民交通出版社,2008.

[33] 华玉洁.起重机械与吊装[M].北京:化学工业出版社,2010.
[34] 中华人民共和国行业标准.JGJ 266—2011 市政架桥机安全使用技术规程[S].中国建筑工业出版社,2012.
[35] 戴强民.公路施工机械[M].北京:人民交通出版社,2001.
[36] 徐永杰.反铲挖掘机在公路施工中的应用[J].公路,2003(9).
[37] 徐永杰.压实特性的分析与作业参数的确定[J].公路,2006(10).
[38] 徐永杰,等.水泥稳定碎石基层机械化施工[J].建筑机械,2005(7).
[39] 徐永杰,等.铲运机在路基土方工程中的应用[J].路基工程,2006(1).
[40] 徐永杰,等.沥青混合料面层平行四边形推进碾压方法数理分析[J].长安大学学报,2012(11).

人民交通出版社股份有限公司 公路教育出版中心
土木工程/道路桥梁与渡河工程类本科及以上教材

一、专业基础课
1. 材料力学(郭应征) ……………………… 25元
2. 理论力学(周志红) ……………………… 29元
3. 理论力学(上册)(李银山) ……………… 52元
4. 工程力学(郭应征) ……………………… 25元
5. 结构力学(肖永刚) ……………………… 32元
6. 材料力学(上册)(李银山) ……………… 49元
7. 材料力学(下册)(李银山) ……………… 45元
8. 材料力学(石晶) ………………………… 42元
9. 材料力学(少学时)(张新占) …………… 36元
10. 弹性力学(孔德森) …………………… 20元
11. 水力学(第二版)(王亚玲) …………… 25元
12. 结构动力学讲义(第二版)(曾庆元) … 36元
13. 土质学与土力学(第五版)(袁聚云) … 35元
14. 土木工程制图(第三版)(林国华) …… 39元
15. 土木工程制图习题集(第三版)(林国华) … 25元
16. 土木工程制图(第二版)(丁建梅) …… 39元
17. 土木工程制图习题集(第二版)(丁建梅) … 22元
18. ◆土木工程计算机绘图基础(第二版)
    (袁 果) ………………………………… 45元
19. ▲道路工程制图(第五版)(谢步瀛) … 46元
20. ▲道路工程制图习题集(第五版)(袁 果) … 28元
21. 交通土建工程制图(第二版)(和丕壮) … 39元
22. 交通土建工程制图习题集(第二版)
    (和丕壮) ……………………………… 22元
23. 工程制图(龚 伟) …………………… 38元
24. 工程制图习题集(龚 伟) …………… 15元
25. 现代土木工程(第二版)(付宏渊) …… 59元
26. 土木工程概论(项海帆) ……………… 32元
27. 道路概论(第二版)(孙家驷) ………… 20元
28. 桥梁工程概论(第三版)(罗 娜) …… 32元
29. 道路与桥梁工程概论(第二版)(黄晓明) … 40元
30. 道路与桥梁工程概论(第二版)(苏志忠) … 49元
31. 公路工程地质(第四版)(窦明健) …… 30元
32. 工程测量(胡伍生) …………………… 25元
33. 交通土木工程测量(第四版)(张坤宜) … 48元
34. ◆测量学(第四版)(许娅娅) ………… 45元
35. 测量学(姬玉华) ……………………… 34元
36. 测量学实验及应用(孙国芳) ………… 19元
37. 现代测量学(王腾军) ………………… 55元
38. ◆道路工程材料(第五版)(李立寒) … 45元
39. 道路工程材料(第二版)(申爱琴) …… 48元
40. ◆基础工程(第四版)(王晓谋) ……… 37元
41. 基础工程(丁剑霆) …………………… 40元
42. ◆基础工程设计原理(袁聚云) ……… 36元
43. 桥梁墩台与基础工程(第二版)(盛洪飞) … 49元
44. ▲结构设计原理(第三版)(叶见曙) … 59元
45. ◆Principle of Structural Design(结构设计原理)
    (第二版)(张建仁) …………………… 60元
46. 混凝土结构设计原理(薛兴伟) ……… 45元
47. 预应力混凝土结构设计原理(第二版)
    (李国平) ……………………………… 30元
48. 专业英语(第三版)(李 嘉) ………… 39元
49. 土木工程材料(孙 凌) ……………… 48元
50. 岩体力学(晏长根) …………………… 38元
51. 道路与桥梁设计概念(程国柱) ……… 42元
52. 道路建筑材料(第二版)(黄维蓉) …… 49元
53. 钢结构设计原理(任青阳) …………… 48元

二、专业核心课
1. ◆路基路面工程(第五版)(黄晓明) …… 65元
2. 路基路面工程(何兆益) ………………… 45元
3. ◆▲路基工程(第二版)(凌建明) ……… 25元
4. ◆道路勘测设计(第四版)(许金良) …… 49元
5. ◆道路勘测设计(第三版)(孙家驷) …… 52元
6. 道路勘测设计(裴玉龙) ………………… 38元
7. ◆公路施工组织及概预算(第三版)(王首绪) … 32元
8. 公路施工组织与概预算(靳卫东) ……… 45元
9. 公路施工组织与管理(赖少武) ………… 35元
10. 公路工程施工组织学(第二版)(姚玉玲) … 38元
11. ◆桥梁工程(第二版)(姚玲森) ……… 62元
12. 桥梁工程(土木、交通工程)(第四版)
    (邵旭东) ……………………………… 65元
13. ◆桥梁工程(上册)(第三版)(范立础) … 54元
14. ◆桥梁工程(下册)(第三版)(顾安邦) … 49元
15. ◆桥梁工程(第三版)(陈宝春) ……… 49元
16. ◆桥涵水文(第五版)(高冬光) ……… 35元
17. 水力学与桥涵水文(第二版)(叶镇国) … 46元
18. ◆公路小桥涵勘测设计(第五版)(孙家驷)
    ………………………………………… 35元
19. ◆现代钢桥(上)(吴 冲) …………… 34元
20. ◆钢桥(第二版)(徐君兰) …………… 45元
21. 钢桥(吉伯海) ………………………… 53元
22. ▲桥梁施工及组织管理(上)(第三版)
    (魏红一) ……………………………… 45元
23. ▲桥梁施工及组织管理(下)(第二版)
    (邬晓光) ……………………………… 39元
24. ◆隧道工程(第二版)(上)(王毅才) … 65元
25. 公路工程施工技术(第二版)(盛可鉴) … 38元
26. 桥梁施工(第二版)(徐 伟) ………… 49元
27. ▲隧道工程(杨林德) ………………… 55元
28. 道路与桥梁设计概论(程国柱) ……… 42元
29. ◆桥梁工程控制(向中富) …………… 38元
30. 桥梁结构电算(周水兴) ……………… 35元
31. 桥梁结构电算(第二版)(石志源) …… 35元
32. 土木工程施工(王丽荣) ……………… 58元
33. 桥梁墩台与基础工程(盛洪飞) ……… 49元

三、专业选修课
1. 土木规划学(石 京) …………………… 38元
2. 道路规划与设计(符锌砂) ……………… 46元
3. ◆道路工程(第二版)(严作人) ………… 46元
4. 道路工程(第三版)(凌天清) …………… 42元
5. ◆高速公路(第三版)(方守恩) ………… 34元

注:◆教育部普通高等教育"十一五"、"十二五"国家级规划教材
　　▲建设部土建学科专业"十一五"规划教材

6. 高速公路设计(赵一飞) …………………… 38元
7. 城市道路设计(第二版)(吴瑞麟) …………… 26元
8. 公路施工技术与管理(第二版)(廖正环) …… 40元
9. ◆公路养护与管理(第二版)(侯相琛) ……… 45元
10. 路基支挡工程(陈忠达) ……………………… 42元
11. 路面养护管理与维修技术(刘朝晖) ………… 42元
12. 路面养护管理系统(武建民) ………………… 30元
13. 道路与桥梁工程计算机绘图(许金良) ……… 31元
14. 公路计算机辅助设计(符锌砂) ……………… 30元
15. 交通计算机辅助工程(任 刚) ……………… 25元
16. 测绘工程基础(李芹芳) ……………………… 36元
17. GPS测量原理及其应用(胡伍生) …………… 28元
18. 现代道路交通检测原理及应用(孙朝云) …… 38元
19. 公路测设新技术(雒 应) …………………… 36元
20. 道路与桥梁检测技术(第二版)(胡昌斌) …… 40元
21. 特殊地区基础工程(冯忠居) ………………… 29元
22. 软土环境工程地质学(唐益群) ……………… 35元
23. 地质灾害及其防治(简文彬) ………………… 28元
24. ◆环境经济学(第二版)(董小林) …………… 40元
25. 桥位勘测设计(高冬光) ……………………… 20元
26. 桥梁钢—混凝土组合结构设计原理
 (黄 侨) …………………………………… 26元
27. ◆桥梁建筑美学(第二版)(盛洪飞) ………… 30元
28. 桥梁检测与加固(王国鼎) …………………… 27元
29. 桥梁抗震(第三版)(叶爱君) ………………… 26元
30. 钢管混凝土(胡曙光) ………………………… 38元
31. 大跨度桥梁结构计算理论(李传习) ………… 18元
32. ◆浮桥工程(王建平) ………………………… 36元
33. 隧道结构力学计算(第二版)(夏永旭) ……… 34元
34. 公路隧道运营管理(吕康成) ………………… 22元
35. 隧道与地下工程灾害防护(张庆贺) ………… 45元
36. 公路隧道机电工程(赵忠杰) ………………… 40元
37. 地下空间利用概论(叶 飞) ………………… 30元
38. 建设工程监理概论(张 爽) ………………… 35元
39. 建筑设备工程(刘丽娜) ……………………… 39元
40. 机场规划与设计(谈至明) …………………… 35元
41. 公路工程定额原理与估价(第二版)
 (石勇民) …………………………………… 39.5元
42. Theory and Method for Finite Element Analysis
 of Bridge Structures(刘 扬) …………… 28元
43. 公路机械化养护技术(丛卓红) ……………… 30元
44. 舟艇原理与强度(程建生) …………………… 34元

四、实践环节教材及教参教辅
1. 土木工程试验(张建仁) ……………………… 38元
2. 土工试验指导书(袁聚云) …………………… 16元
3. 桥梁结构试验(第二版)(章关永) …………… 30元
4. 桥梁计算示例丛书—桥梁地基与基础(第二版)
 (赵明华) …………………………………… 18元
5. 桥梁计算示例丛书—混凝土简支梁(板)桥
 (第三版)(易建国) ………………………… 26元
6. 桥梁计算示例丛书—连续梁桥(邹毅松) …… 58元
7. 桥梁计算示例丛书—钢管混凝土拱桥
 (孙 潮) …………………………………… 32元
8. 结构设计原理计算示例(叶见曙) …………… 40元

9. 土力学复习与习题(钱建国) ………………… 35元
10. 土力学与基础工程习题集(张 宏) ………… 20元
11. 道路工程毕业设计指南(应荣华) …………… 34元
12. 桥梁工程毕业设计指南(向中富) …………… 35元
13. 道路勘测设计实习指导手册(谢晓莉) ……… 15元
14. 桥梁工程综合习题精解(汪莲) ……………… 30元

五、研究生教材
1. 路面设计原理与方法(第三版)(黄晓明) …… 68元
2. 沥青与沥青混合料(郝培文) ………………… 35元
3. 水泥与水泥混凝土(申爱琴) ………………… 30元
4. 现代无机道路工程材料(梁乃兴) …………… 42元
5. 现代加筋土理论与技术(雷胜友) …………… 24元
6. 道路规划与几何设计(朱照宏) ……………… 32元
7. 高等桥梁结构理论(第二版)(项海帆) ……… 70元
8. 桥梁概念设计(项海帆) ……………………… 68元
9. 桥梁结构体系(肖汝诚) ……………………… 78元
10. 高等钢筋混凝土结构(周志祥) ……………… 27元
11. 工程结构数值分析方法(夏永旭) …………… 27元

六、应用型本科教材
1. 结构力学(第二版)(万德臣) ………………… 30元
2. 结构力学学习指导(于克萍) ………………… 22元
3. 结构设计原理(黄平明) ……………………… 47元
4. 结构设计原理学习指导(安静波) …………… 35元
5. 结构设计原理计算示例(赵志蒙) …………… 40元
6. 工程力学(喻小明) …………………………… 55元
7. 土质学与土力学(赵明阶) …………………… 30元
8. 水力学与桥涵水文(王丽荣) ………………… 27元
9. 道路工程制图(谭海洋) ……………………… 28元
10. 道路工程制图习题集(谭海洋) ……………… 24元
11. 土木工程材料(张爱勤) ……………………… 39元
12. 道路建筑材料(伍必庆) ……………………… 37元
13. 路桥工程专业英语(赵永平) ………………… 44元
14. 工程测量(朱爱民) …………………………… 30元
15. 道路工程(资建民) …………………………… 30元
16. 路基路面工程(陈忠达) ……………………… 46元
17. 道路勘测设计(张维全) ……………………… 32元
18. 基础工程(刘 辉) …………………………… 26元
19. 桥梁工程(第二版)(刘龄嘉) ………………… 49元
20. 工程招投标与合同管理(第二版)
 (刘 燕) …………………………………… 39元
21. 道路工程CAD(第二版)(杨宏志) …………… 35元
22. 工程项目管理(李佳升) ……………………… 32元
23. 公路施工技术(杨渡军) ……………………… 64元
24. 公路工程试验检测(第二版)(乔志琴) ……… 55元
25. 工程结构检测技术(刘培文) ………………… 52元
26. 公路工程经济(周福田) ……………………… 22元
27. 公路工程监理(朱爱民) ……………………… 33元
28. 公路工程机械化施工技术(第二版)
 (徐永杰) …………………………………… 32元
29. 城市道路工程(徐 亮) ……………………… 29元
30. 公路养护技术与管理(武 鹤) ……………… 58元
31. 公路工程预算与工程量清单计价(第二版)
 (雷书华) …………………………………… 40元
32. 基础工程(第二版)(赵 晖) ………………… 32元
33. 测量学(张 龙) ……………………………… 39元

教材详细信息,请查阅"中国交通书城"(www.jtbook.com.cn)
咨询电话:(010)85285865,85285984
道路工程课群教学研讨QQ群(教师) 328662128　　桥梁工程课群教学研讨QQ群(教师) 138253421
交通工程课群教学研讨QQ群(教师) 185830343　　交通专业学生讨论QQ群 433402035